全新版

全国经济专业技术资格考试 专用教材

人力资源管理
专业知识与实务 中级

经济师考试研究院 组编

本册主编 殷巧玲

立信会计出版社

图书在版编目(CIP)数据

人力资源管理专业知识与实务：中级 / 经济师考试研究院组编. —上海：立信会计出版社，2023.3
全国经济专业技术资格考试专用教材
ISBN 978-7-5429-7308-5

Ⅰ.①人… Ⅱ.①经… Ⅲ.①人力资源管理—资格考试—自学参考资料Ⅳ.①F243

中国国家版本馆CIP数据核字(2023)第043233号

责任编辑　　毕芸芸

人力资源管理专业知识与实务(中级)

Renli Ziyuan Guanli Zhuanye Zhishi yu Shiwu(Zhongji)

出版发行	立信会计出版社		
地　　址	上海市中山西路2230号	邮政编码	200235
电　　话	(021)64411389	传　　真	(021)64411325
网　　址	www.lixinaph.com	电子邮箱	lixinaph2019@126.com
网上书店	http://lixin.jd.com		http://lxkjcbs.tmall.com
经　　销	各地新华书店		
印　　刷	三河市中晟雅豪印务有限公司		
开　　本	787毫米×1092毫米　1/16		
印　　张	17.5		
字　　数	372千字		
版　　次	2023年3月第1版		
印　　次	2023年3月第1次		
书　　号	ISBN 978-7-5429-7308-5/F		
定　　价	49.00元		

如有印订差错，请与本社联系调换

前言 Preface

通过全国经济专业技术资格考试是取得经济师职称的必要途径。近年来经济师考试热度不减，难度逐年增加。为满足广大考生备考需求，经济师考试研究院结合全新经济专业技术资格考试大纲要求，在深入研究历年考试真题的基础上，总结分析考点，剖析命题规律，倾力打造了本套"全国经济专业技术资格考试专用教材"。

本套教材主要有以下几个特点：

➢ **优化知识框架**——本套教材对经济师考试大纲进行了深入分析，重新优化整合知识结构，帮助考生缩小复习范围，提高学习效率。本册《人力资源管理专业知识与实务（中级）》按照考试大纲展示的章序进行讲解。

➢ **提纲挈领、讲练结合**——在编写过程中，编者分析、整理、研究了近4年考试真题的出题思路，使考点讲解内容紧跟考试趋势，并配套真题练习，使各知识点的考查频率、命题呈现形式及常考的关键词句一目了然，帮助考生抓住命题规律和趋势，准确把握复习重点。

➢ **"懒人"备考秘籍**——大纲再现与解读、知识脉络、考点详解、典型例题四位一体，方便考生根据考试大纲特点有针对性地进行复习。编者精心组织本书内容，去芜存精，对考试大纲所涉及的知识点进行适当精简、整合，从而减少考生备考时间。此外，编者结合最新的学科知识、法律、法规、标准以及近几年专业知识与实务考试的实际情形，对本书进行了内容拓展和补充，精益求精。

➢ **"名师"智慧讲堂**——本套教材汇集业内顶级辅导名师的教学研究成果，融合了多位名师多年潜心研究的智慧结晶。"书山有路勤为径，学海无涯苦作舟"，也希望本套教材可以帮助各位考生在备考之路上少走弯路。

衷心祝广大考生顺利通关！

经济师考试研究院

目录 Contents

第一部分 组织行为学

第一章 组织激励

考点1 需要、动机和激励 …………… 5
考点2 内容型激励理论——需要层次理论（亚伯拉罕·马斯洛提出） …… 6
考点3 内容型激励理论——ERG理论（克雷顿·奥尔德弗提出） … 8
考点4 内容型激励理论——双因素理论（弗雷德里克·赫茨伯格提出） ………………………………… 9
考点5 内容型激励理论——三重需要理论（戴维·麦克利兰提出） ……… 10
考点6 过程型激励理论——期望理论（维克托·弗罗姆提出） …… 11
考点7 过程型激励理论——公平理论（斯塔西·亚当斯提出） …… 12
考点8 行为改造型激励理论——强化理论 ………………………………… 13
考点9 激励理论的实践应用——参与管理 ………………………………… 14
考点10 激励理论的实践应用——目标管理 ………………………………… 15
考点11 激励理论的实践应用——绩效薪金制 ………………………………… 16

第二章 领导行为

考点1 领导的行为理论——密歇根模式和俄亥俄模式 …………………… 19
考点2 领导的行为理论——管理方格理论（罗伯特·布莱克和简·莫顿提出） ……………………………… 20
考点3 权变理论——生命周期理论（保罗·赫塞和肯尼斯·布兰查德提出） ……………………………… 21
考点4 权变理论——路径—目标理论（罗伯特·豪斯提出） ………… 22
考点5 权变理论——权变模型（弗雷德·费德勒提出） ……………… 23
考点6 新领导理论——变革型和交易型领导理论（詹姆斯·麦克格雷格·伯恩斯提出） …………………………… 24
考点7 新领导理论——魅力型领导理论（罗伯特·豪斯提出） ……… 25
考点8 新领导理论——领导—成员交换理论 ………………………………… 26
考点9 早期领导理论——X理论和Y理

论（道格拉斯·麦格雷戈提出） ………………………… 27
考点10　特质理论 …………… 27
考点11　领导技能 …………… 28
考点12　领导决策模型 ……… 29
考点13　领导决策风格 ……… 30
考点14　领导决策过程 ……… 31

第三章　组织设计与组织文化

考点1　组织设计 …………… 35
考点2　组织结构设计 ……… 35
考点3　组织结构类型 ……… 38
考点4　组织变革 …………… 42
考点5　组织发展（简称OD） ……… 42
考点6　组织文化 …………… 44

第二部分　人力资源管理

第四章　战略性人力资源管理

考点1　战略性人力资源管理的概念 … 51
考点2　战略性人力资源管理的工具 … 52
考点3　战略制定与战略执行 ……… 52
考点4　战略管理的层次 …… 55
考点5　组织战略下的人力资源战略 … 55
考点6　竞争战略下的人力资源战略 … 57
考点7　战略性人力资源管理的实践 … 58

第五章　人力资源规划

考点1　人力资源规划的意义和步骤 … 63
考点2　人力资源需求预测 ……… 63

考点3　人力资源供给预测 ……… 66
考点4　人力资源供求平衡的方法 …… 67
考点5　人力资源供求平衡方法的分析
　　　　………………………… 69

第六章　人员甄选

考点1　信度和效度 …………… 75
考点2　评价中心技术 ………… 77
考点3　成就测试 ……………… 80
考点4　心理测试 ……………… 81
考点5　履历分析 ……………… 83
考点6　面试法 ………………… 84
考点7　面试改进的主要方法 … 85
考点8　甄选的意义和注意事项 ……… 87

第七章　绩效管理

考点1　绩效战略 ……………… 91
考点2　绩效管理与绩效考核 … 92
考点3　绩效计划 ……………… 97
考点4　绩效监控与绩效辅导 … 97
考点5　绩效评价（绩效考核） … 97
考点6　特殊绩效考核方法 …… 100
考点7　绩效反馈面谈 ………… 102
考点8　绩效改进 ……………… 103
考点9　绩效考核结果 ………… 105

第八章　薪酬管理

考点1　薪酬体系 ……………… 109
考点2　薪酬确定 ……………… 110
考点3　薪酬成本控制 ………… 111
考点4　长期奖励——上市公司股权激励

（股票期权）⋯⋯⋯⋯⋯⋯ 112

考点5　长期奖励——上市公司股权激励

　　　⋯⋯⋯⋯⋯⋯⋯⋯⋯⋯⋯⋯⋯⋯ 114

考点6　长期奖励——员工持股计划 ⋯ 116

考点7　特殊薪酬类型——销售人员薪酬

　　　⋯⋯⋯⋯⋯⋯⋯⋯⋯⋯⋯⋯⋯⋯ 118

考点8　特殊薪酬类型——年薪制 ⋯⋯ 119

考点9　特殊薪酬类型——专业技术人员

　　　薪酬 ⋯⋯⋯⋯⋯⋯⋯⋯⋯⋯⋯⋯ 120

考点10　薪酬战略 ⋯⋯⋯⋯⋯⋯⋯⋯ 120

第九章　培训与开发

考点1　培训与开发概述 ⋯⋯⋯⋯⋯⋯ 125

考点2　职业生涯管理 ⋯⋯⋯⋯⋯⋯⋯ 127

考点3　职业生涯锚 ⋯⋯⋯⋯⋯⋯⋯⋯ 129

考点4　职业生涯发展阶段 ⋯⋯⋯⋯⋯ 129

第十章　劳动关系

考点1　劳动关系概述 ⋯⋯⋯⋯⋯⋯⋯ 133

考点2　劳动关系系统的概念和内容 ⋯ 134

考点3　劳动关系系统的运行 ⋯⋯⋯⋯ 134

考点4　劳动关系运行的程序规则和实体

　　　规则 ⋯⋯⋯⋯⋯⋯⋯⋯⋯⋯⋯⋯ 135

考点5　劳动关系调整的原则 ⋯⋯⋯⋯ 136

考点6　我国调整劳动关系的制度和机制

　　　⋯⋯⋯⋯⋯⋯⋯⋯⋯⋯⋯⋯⋯⋯ 136

考点7　构建和谐劳动关系 ⋯⋯⋯⋯⋯ 137

考点8　员工申诉管理 ⋯⋯⋯⋯⋯⋯⋯ 137

考点9　劳动争议调解管理 ⋯⋯⋯⋯⋯ 138

第三部分　人力资源管理经济分析

第十一章　劳动力市场理论

考点1　劳动力市场的概念和特征 ⋯ 145

考点2　劳动力市场的结构 ⋯⋯⋯⋯ 146

考点3　劳动力供给理论和曲线 ⋯⋯ 147

考点4　劳动力供给总量 ⋯⋯⋯⋯⋯ 150

考点5　周期性和家庭劳动力供给理论

　　　⋯⋯⋯⋯⋯⋯⋯⋯⋯⋯⋯⋯⋯ 151

考点6　劳动力需求曲线和影响因素

　　　⋯⋯⋯⋯⋯⋯⋯⋯⋯⋯⋯⋯⋯ 153

考点7　劳动力需求的弹性和定理 ⋯ 155

考点8　劳动力市场均衡与非均衡 ⋯ 157

考点9　劳动力市场的工资因素 ⋯⋯ 160

考点10　劳动力市场政策 ⋯⋯⋯⋯⋯ 161

第十二章　工资与就业理论

考点1　实际工资与货币工资 ⋯⋯⋯ 165

考点2　工资水平 ⋯⋯⋯⋯⋯⋯⋯⋯ 165

考点3　工资差别——类别 ⋯⋯⋯⋯ 167

考点4　工资差别——形成原因 ⋯⋯ 168

考点5　工资差别——歧视 ⋯⋯⋯⋯ 169

考点6　失业的类型及其成因与对策 ⋯ 170

考点7　失业统计 ⋯⋯⋯⋯⋯⋯⋯⋯ 172

考点8　就业统计 ⋯⋯⋯⋯⋯⋯⋯⋯ 173

考点9　劳动力市场存量—流量模型 ⋯ 174

第十三章　人力资本投资理论

考点1　人力资本投资的基本原理 ⋯ 177

考点2　贴现率 ⋯⋯⋯⋯⋯⋯⋯⋯⋯ 178

考点 3　高等教育投资的总收益 …… 179
考点 4　高等教育投资的基本推论 … 180
考点 5　高等教育投资的社会收益和私人收益
　　　　……………………………………… 181
考点 6　高等教育的信号模型 ……… 182
考点 7　在职培训的类别和影响 …… 183
考点 8　在职培训 …………………… 184
考点 9　劳动力流动的意义和影响 … 185
考点 10　劳动力流动的形式 ………… 186
考点 11　劳动力流动的主要影响因素
　　　　……………………………………… 187

第四部分　人力资源与社会保险政策

第十四章　劳动合同管理与特殊用工

考点 1　劳动合同解除的规定 ……… 193
考点 2　限制劳动合同解除和终止的规定
　　　　……………………………………… 194
考点 3　劳动合同解除与终止的经济补偿
　　　　……………………………………… 195
考点 4　劳动合同特殊约定 ………… 197
考点 5　劳动合同的履行 …………… 198
考点 6　劳务派遣的合同和条件 …… 199
考点 7　劳务派遣的权利义务 ……… 201
考点 8　退回被派遣劳务者与劳动派遣单位解除或终止劳动合同的规定
　　　　……………………………………… 202
考点 9　非全日制用工 ……………… 203

考点 10　劳动规章制度的规定 ……… 204

第十五章　社会保险法律

考点 1　社会保险法律概述 ………… 209
考点 2　《社会保险法》 ……………… 210

第十六章　社会保险体系

考点 1　基本养老保险 ……………… 215
考点 2　基本医疗保险 ……………… 217
考点 3　失业保险 …………………… 218
考点 4　工伤保险 …………………… 220
考点 5　生育保险 …………………… 225
考点 6　企业年金和职业年金 ……… 226

第十七章　劳动争议调解仲裁

考点 1　劳动争议的特征和适用范围 … 229
考点 2　劳动争议处理程序 ………… 230
考点 3　劳动争议处理——协商和调解
　　　　……………………………………… 230
考点 4　劳动争议处理——仲裁 …… 231
考点 5　劳动争议和诉讼当事人 …… 234
考点 6　劳动争议当事人的举证 …… 236

第十八章　法律责任与行政执法

考点 1　劳动法律责任的形式 ……… 241
考点 2　劳动者违反劳动法律的责任 … 241
考点 3　用人单位违反劳动法律的责任
　　　　……………………………………… 241
考点 4　社会保险和人力资源行政争议的特点
　　　　……………………………………… 243
考点 5　社会保险行政争议的范围 … 243

第十九章 人力资源开发政策

考点1 人才评价机制改革 …………… 247
考点2 职业分类 …………… 247
考点3 职业资格制度 …………… 248
考点4 职称制度 …………… 249
考点5 职业技能等级制度 …………… 251
考点6 创新创业激励 …………… 252
考点7 突出业绩奖励 …………… 252
考点8 收入分配制度 …………… 253
考点9 公务员管理 …………… 256
考点10 事业单位聘用管理 …………… 258
考点11 干部管理 …………… 260
考点12 职业技能培训 …………… 261
考点13 专业技术人员继续教育 …… 261
考点14 公务员培训 …………… 262
考点15 事业单位工作人员培训 …… 263
考点16 人力资源市场建设 …………… 264
考点17 人才流动管理 …………… 265
考点18 人力资源的国际流动 ……… 265

第一部分　组织行为学

【人力资源的研究与实践都与"人"相关，第一部分"组织行为学"中的动机激励理论、领导行为相关理论、组织结构的设计等，是人力资源管理的理论基石。本部分共分为三章，内容占教材总篇幅的11%，但分值占比达17%以上，且核心考点非常密集，历年真题的原题及真题简单变形题的出题比例在全书四个部分中最高，作为重要的得分章节，考生应予以重视。学习难点是各学派理论，内容容易混淆，应把握技巧，理解性记忆，切忌死记硬背。本部分的考题比较简单，学习目标是争取做到单项选择题、多项选择题不丢分。】

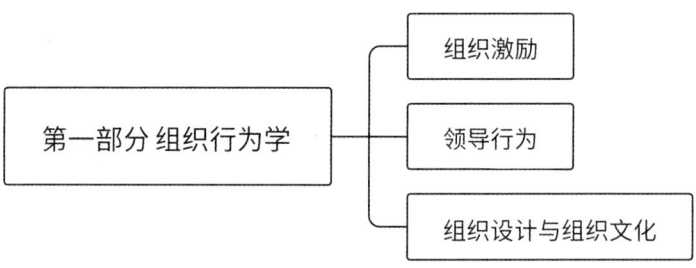

第一章

组织激励

大纲再现

理解需要与动机、主要的激励理论,分析激励与组织绩效的关系,应用激励理论实施激励。

大纲解读

本章常考题型包括单项选择题、多项选择题和案例分析题,历年平均分值为7分左右。

本章以七个激励理论为核心,从不同角度了解员工的需要和动机,以及如何对员工进行激励。参与管理、目标管理和绩效薪金制等管理方法可以在管理实践中直接应用,具有理论和实践相结合的特点。

知识脉络

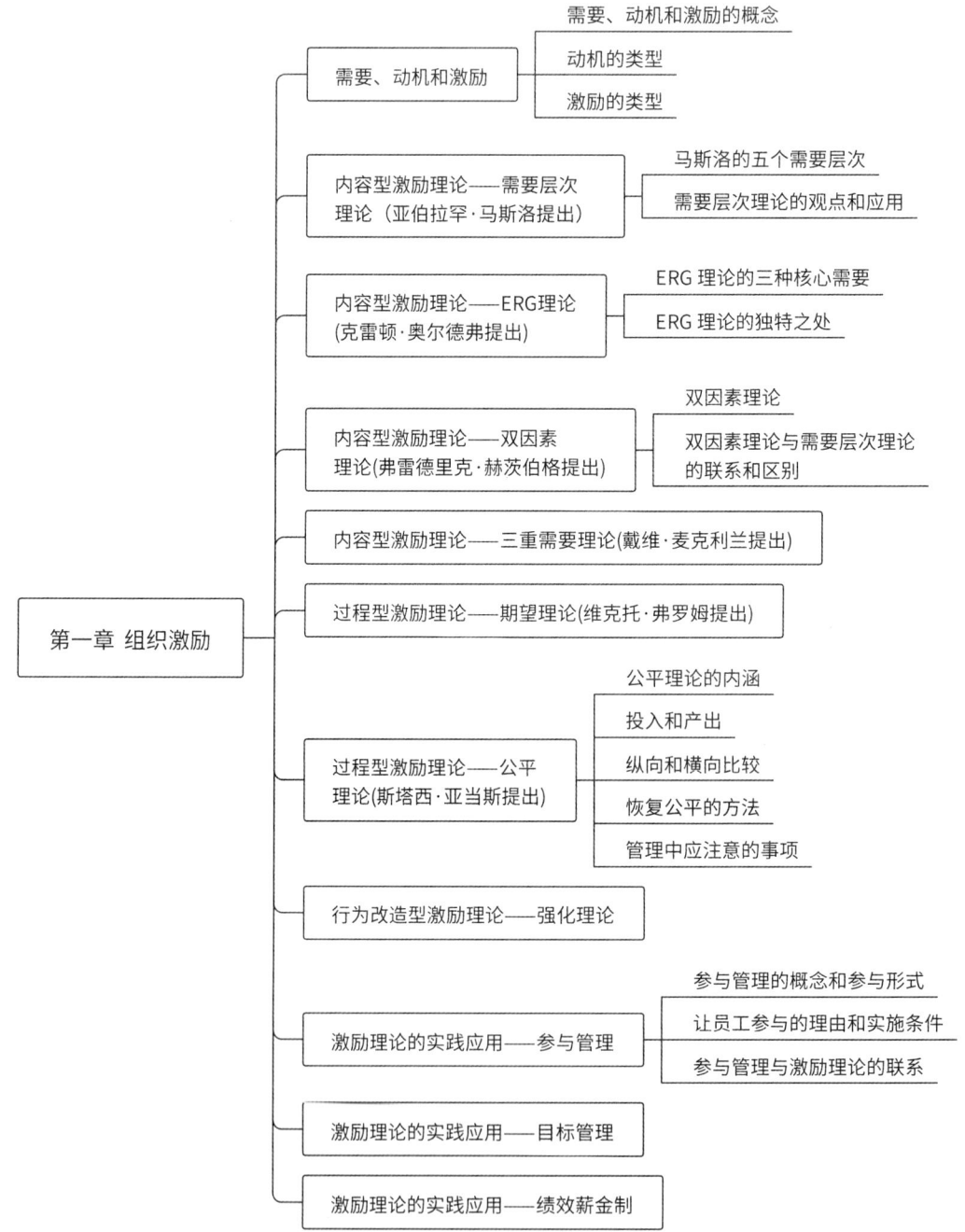

考点1　需要、动机和激励 ☆☆

一、需要、动机和激励的概念

需要、动机和激励三者关系密切。人类的行为活动都是为了满足需要，需要是人的动机产生的基础。未满足的需要是激励的开端，而需要的满足则是激励过程的完成。三者概念如下：

（1）需要是指当一个人缺乏或期待某种结果而产生的心理状态。需要的种类很多，其中包括社会需要和物质需要。社会需要包括对爱、归属等的需要，物质需要包括对水、空气、食物等的需要。

（2）动机是指人类从事某种活动或为某个目标付出努力的意愿，是否采取行动取决于目标能否满足人的需要。

（3）激励是管理心理学的重要课题，它的本质是激发、鼓励并调动人的积极性、主动性、创造性的过程，也可以理解为，激励是通过满足员工的需要促使其努力工作，实现组织目标的过程。

> **知识拓展**
> 这里的"需要"与经济基础中的"需求"是不同的，"需要"是指只要产生了某种想法，人们可以不具备实现的能力，即可构成需要。作为概念性知识点，考试中考核的都是客观题，所以只需要记忆关键词即可。

二、动机的类型

动机可以分为内源性动机和外源性动机，分别又称内在动机和外在动机，动机的类型见表1-1。

表1-1　动机的类型

类型	原因	内涵	举例
内源性动机	行为的本身	当采取行动后能够带来成就感或感到有价值	为组织多做贡献的机会、自我实现（实现个人潜能）的机会、完成具有挑战性的工作等
外源性动机	行为的结果	当采取行动后能够获得物质、报酬或避免惩罚	表扬、社会地位、职位晋升、工资、奖金等

> **知识点拨**
> 1. 出题规律
> 内源性动机和外源性动机的举例反复在历年考题中以单项选择题、多项选择题、案例分析题的形式出现，应特别重视。
> 2. 记忆技巧
> 名利皆是身外之物，在举例中，与名利相关的内容都可以理解为外源性动机（外在动机），工资、奖金属于"利"，表扬、社会地位属于"名"。

三、激励的类型

（一）从激励作用的角度划分

（1）正向激励。

（2）负向激励。

（二）从激励对象的角度划分

（1）自我激励。

（2）他人激励。

（三）从激励内容的角度划分

（1）精神激励。

（2）物质激励。

>> 典型例题

[单项选择题] 关于激励的说法，错误的是（　　）。

A. 根据激励对象划分，可分为他人激励和自我激励

B. 根据激励范围划分，可分为内源性激励和外源性激励

C. 根据激励作用划分，可分为正向激励和负向激励

D. 根据激励内容划分，可分为物质激励和精神激励

[解析] 从激励内容的角度可以将激励分为物质激励和精神激励，从激励作用的角度可以将激励分为正向激励和负向激励，从激励对象的角度可以将激励分为他人激励和自我激励。B项错误。

答案：B

考点2 内容型激励理论——需要层次理论（亚伯拉罕·马斯洛提出）☆☆☆

一、马斯洛的五个需要层次

马斯洛将人的需要由低到高分为生理需要、安全需要、归属和爱的需要、尊重的需要、自我实现的需要，具体内容见图 1-1。

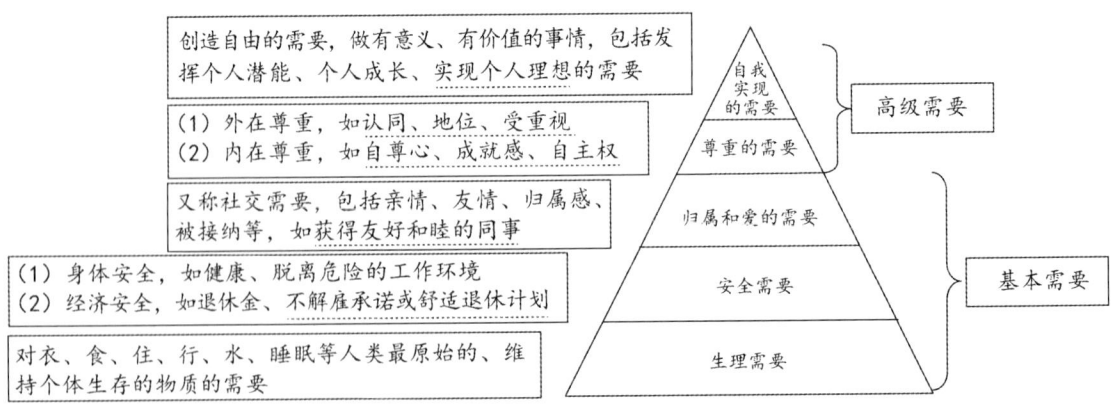

图 1-1　需要层次理论

> **知识点拨**
> （1）每个需要层次的举例内容是历年反复出题的考点，要特别重视，尤其是标注下划线的关键内容。
> （2）五个需要层次由低到高按顺序记忆。

二、需要层次理论的观点和应用

（一）需要层次理论的观点

（1）马斯洛认为，各需要层次之间的关系是逐层递升的，最基本的生理和安全需要得到满足后，高层次的需要才能依次出现并得到满足（下一层需要得到满足后，个体才会追求上一层的需要）。

（2）马斯洛认为，在同一时期内，不同层次的需要可以并存（人均有这五种需要），高层次的需要实现后，低层次的需要仍然存在，只是对行为的影响力减轻而已（不同时期表现出来的各种需要的强烈程度不同）。

（3）已经获得基本满足的需要就不具有激励作用了，没有被满足的需要才是激励的关键。

（二）需要层次理论在实际中的应用

（1）如果员工的基本需要已经得到满足，组织继续对低层次需要进行激励的投入效益是递减的。

（2）管理者需要考虑每个员工的特殊需要，也就是目前占主导地位的需要层次，应当对该层次的需要进行激励。

（3）在组织中，不同的员工所处的需要层次不同，若想达到理想的激励效果，管理者必须针对员工不同层次的需要设计相应的激励措施。

> **知识点拨**
> ①需要层次理论基本上是每年的必考知识点，出题类型包括单项选择题、多项选择题、案例分析题。
> ②金字塔图形中，每个需要层次的举例内容是历年的重要考点，要特别重视。
> ③观点和应用不需要整段背诵，理解意思并记忆标注下划线的关键词即可。

》典型例题

1.［单项选择题］ 获得自主权和成就感属于马斯洛层次中的（　　）。

A. 尊重的需要　　　　　　　　　　　B. 自我实现的需要
C. 安全的需要　　　　　　　　　　　D. 归属和爱的需要

［解析］尊重的需要包括内在尊重（如自尊心、自主权、成就感）和外在尊重（如地位、认同、受重视）。

2.［单项选择题］ 关于马斯洛需要层次理论的说法，错误的是（　　）。

A. 比较可靠准确，有大量研究支持　　B. 合乎人们直觉经验，易于理解

C. 颇受企业管理者欢迎　　　　　　　　D. 较呆板，不完全适用于复杂多变的环境

[解析] 马斯洛的需要层次理论颇受企业管理者的欢迎，因为该理论合乎人们的直觉经验，易于理解。但是，实证研究表明，这一理论并不十分可靠和准确。从某种程度上说，马斯洛的需要层次理论较为呆板，不完全适用于复杂多变的实际环境。A 项错误。

答案：1. A　2. A

考点3　内容型激励理论——ERG 理论（克雷顿·奥尔德弗提出）☆☆☆

一、ERG 理论的三种核心需要

奥尔德弗提出的"生存、关系、成长"（ERG）理论，是在马斯洛需要层次理论的基础上进行的修订，三种需要和需要层次理论间的关系，见图 1-2。

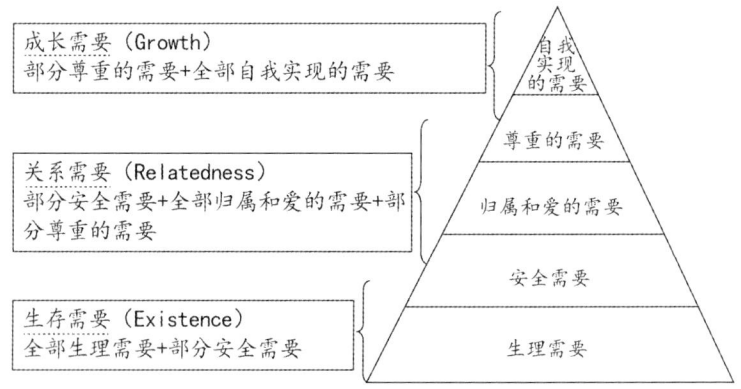

图 1-2　三种需要和需要层次理论间的关系

二、ERG 理论的独特之处

ERG 理论是在对工人进行大量调查研究的基础上，将需要层次理论的五种需要压缩为三种需要，但它并不是简单地把需要层次理论分成三大类，而是很好地补充了它的不足，ERG 理论的独特之处见表 1-2。

表 1-2　ERG 理论的独特之处

关键词	具体内容
同时作用（非阶梯式）	ERG 理论认为各种需要可以同时具有激励作用，与马斯洛主张的"低层次需要的满足是较高层需要的先决条件"有所区别
"挫折　退化"观点	需要层次理论建立在"满足—上升"的基础上，ERG 理论建立在"满足—上升"与"挫折—退化"两个方面，即低级需要满足上升到高级需要，高级需要未满足，低级需要更强烈（追求低层次需要的欲望就会加强）
同时追求、互相转化	ERG 理论更为灵活，人们可以同时追求各种层次的需要，而不是像需要层次理论一样，必须按照阶梯式逐层递升
变通性	可以说明不同国家、文化及环境差异对个体的影响，例如，日本文化和西班牙文化与马斯洛的需要层次理论不相容

第一章 组织激励

> 典型例题

[多项选择题] 关于奥尔德弗的 ERG 理论的说法，正确的有（　　）。

A. 它认为低层次需要的满足是高层次需要产生的先决条件

B. 它是对马斯洛的五种需要层次的简单分类

C. 它比马斯洛的需要层次理论更为灵活变通

D. ERG 理论把需要分为了高级需要和基本需要

E. 它认为各种需要都可以同时具有激励作用

[解析] A 项属于需要层次理论。ERG 理论是对需要层次理论进行的修订，很好地补充了需要层次理论的不足，并非简单的分类，B 项错误。ERG 理论将需要压缩为生存、关系、成长三种需要，D 项错误。

答案：CE

考点4　内容型激励理论——双因素理论（弗雷德里克·赫茨伯格提出）☆☆☆

一、双因素理论

传统的满意与不满意互为对立的观点是不确切的，对此，赫茨伯格提出了双因素理论，具体内容见表 1-3。

表 1-3　双因素理论

双因素	具体内容	具备	缺失
激励因素	工作性质、责任、晋升、成就感、别人的认可等因素	满意	没有满意
保健因素	人际关系、工作环境、工资、组织政策、监督方式等因素	没有不满	不满

> 知识点拨

1. 记忆技巧

激励因素与工作本身及荣誉均相关，而保健因素主要是与工作相关的其他影响因素。

2. 特别注意

关于激励因素中的"责任"，在案例分析题中错误率很高，需要特别关注，如公司让某人承担更多的责任属于激励因素。

二、双因素理论与需要层次理论的联系和区别

（一）双因素理论与需要层次理论的联系

激励因素对应需要层次理论的高级需要，保健因素对应需要层次理论的低级需要（基本需要）。

（二）双因素理论与需要层次理论的区别

双因素理论针对满足这些需要的目标或诱因，需要层次理论针对人类的需要和动机。

> **典型例题**

[单项选择题] 根据赫茨伯格提出的双因素理论，属于保健因素的是（　　）。

A. 责任　　　　　B. 成就感　　　　　C. 认可　　　　　D. 工资

[解析] 双因素理论中的保健因素是指组织政策、监督方式、人际关系、工作环境和工资等因素；激励因素是指成就感、别人的认可、工作本身、责任和晋升等因素。

答案：D

考点5　内容型激励理论——三重需要理论（戴维·麦克利兰提出）☆☆☆

三重需要理论的内容见表1-4。

表1-4　三重需要理论

基本需要	概念	特点	管理特征
权力需要	权力需要是管理成功的基本要素之一，它具有控制他人、让别人顺从自己的欲望的特点	(1) 喜欢支配、命令别人 (2) 喜欢竞争、影响力和地位 (3) 因为希望匹配权力，通常追求出色的成绩	杰出的管理者都有较高的权力欲望，地位越高，权力需要越强
亲和需要	亲和需要也称友谊需要，是保持社会交往和人际关系和谐的重要条件，寻求与别人建立友善的人际关系	(1) 喜欢被夸奖和重视被别人接受 (2) 看重友谊和合作	(1) 在管理上努力维持关系，有时以牺牲工作为代价 (2) 不适合做管理者，一般充当被管理的角色
成就需要	成就需要把个人对成就的追求看得比金钱更重要，是追求优越感的驱动力	(1) 选择一定程度的风险 (2) 得到及时反馈 (3) 具有责任感、喜欢创新	事业心强，但只关心自己的业绩，不一定能带领好团队，所以，可能是好员工，却不一定是优秀的管理者

> **知识点拨**

（1）三重需要理论和ERG理论均将人的需要划分为三种，这增加了做题的易混淆性，在历年考题中两个理论的三种需要经常互相作为干扰项出现，需要特别注意。

（2）三重需要理论可以理解为工作需要理论，与前面学过的几个激励理论不同，它不再研究吃饱穿暖的问题，而是围绕工作需要的角度展开，因此，可以此作为与其他理论相区分的技巧。

（3）在做题中，成就需要的特点和权力需要的特点比较容易被混淆，应当重点记忆成就需要的三个特点。

> **典型例题**

[单项选择题] 关于麦克利兰三重需要理论的说法，错误的是（　　）。

A. 管理上过分强调良好关系的维持通常会干扰正常的工作程序

B. 成就需要高的人常常勇于挑战自我，选择高风险的目标

C. 成就需要高的人通常只关心自己的工作业绩，但不一定能使别人干得出色，所以并不一定能成为优秀的管理者

D. 权力需要高的人喜欢竞争，希望通过出色的成绩来匹配他们渴望的地位

[解析] 成就需要的特点之一是"选择适度的风险"，而非选择高风险，B项错误。

答案：B

考点6 过程型激励理论——期望理论（维克托·弗罗姆提出）☆☆☆

期望理论的具体内容见表1-5。

表1-5 期望理论

项目	具体内容	
概念	期望理论认为，如果某种行为被认为比其他行动更具有成功的可能性（概率高），而且有重要的报酬，人们就会受到激励并采取行动（如努力工作）	
公式	动机＝效价×期望×工具性	
核心要素	效价	(1) 效价是对目标的估价（需要多少报酬） (2) 效价是个体得到报酬的愿望的数量表示，体现个体对报酬的偏好程度
	期望	(1) 期望是实现目标可能性的概率估计 (2) 期望是一个人对努力工作能够完成任务的信念强度
	工具性	(1) 工具性也称关联性，是个人对绩效与奖励之间关系的估计 (2) 工具性是员工对完成任务就一定可以获得报酬的信念
特色及应用	(1) 强调情景性 (2) 产生最强动机的组合是高的正效价、高期望和高工具性	

知识点拨

期望理论的学习难点是效价、期望、工具性三个概念的记忆，因它们彼此间易被混淆，应当理解性记忆并及时复习巩固。举例讲解以便大家更容易理解这三个比较抽象的概念：

(1) 效价：人的需要不同，奖励的效价也不一样，要符合个人的喜好才能达到较大的激励效果。

(2) 期望：不应脱离实际而拔高期望值。期望值太高难以达到，会让人丧失信心；期望值太低很容易达到，时间长了让人产生无事可干或"怀才不遇"的挫败感；而中等强度的激励效果最好，即树上的果子伸手够不到，但往高跳一跳就能摘到。

(3) 工具性：这个内容从理论上不好理解，可以从管理实际出发，它其实就是解决工作绩效和奖励的关系，即奖励必须随个人的工作绩效而定，只贡献不奖励会降低人的积极性，也就是常说的奖赏要得当。

> 典型例题

[单项选择题] 根据弗罗姆的期望理论，决定动机的三种因素不包括（ ）。

A. 情景 B. 工具性

C. 效价 D. 期望

[解析] 弗罗姆的期望理论认为，动机＝效价×期望×工具性，A 项错误。在类似题中要特别注意，如果选项中出现的是工具而非工具性，也应视为正确。

答案：A

考点7 过程型激励理论——公平理论（斯塔西·亚当斯提出）☆☆☆

一、公平理论的内涵

（1）亚当斯的公平理论指出，人们工作的动机不仅受所得的绝对报酬（实际收入）影响，还受相对报酬（即与他人相比较的相对收入）影响。

（2）员工习惯将自己的产出与投入的比率与他人（对照者）的产出与投入的比率相比较。

（3）员工所比较的投入与产出比率是主观的自我知觉，并不是客观测量的结果。

二、投入和产出

（1）投入：员工向组织付出的，包括教育、创造力（智力）、时间、努力程度、资历、忠诚和承诺、工作经验以及工作绩效（工作结果）等。

（2）产出：员工从组织得到的，包括工作安全（如不解雇承诺）、工资和奖金、额外福利等。

> **知识点拨**
>
> "投入"中的工作绩效在做题时容易被选为"产出"。工作绩效是由员工自己的努力程度所决定的，员工投入得多，工作绩效自然提升，反之亦然。企业依据工作绩效结果给予相应的报酬，所以工作绩效应是员工对企业的"投入"。

三、纵向和横向比较

员工在进行公平比较时，既可能是纵向的也可能是横向的，具体内容见表 1-6。

表 1-6 公平理论的纵向和横向比较

比较方式	比较分类	适合的人群
纵向比较	组织内自我比较	教育水平、薪资水准比较低的员工
	组织外自我比较	
横向比较	组织内他比	教育水平、薪资水准比较高，视野较为开阔，依据的信息比较全面的员工
	组织外他比	

> **知识点拨**
>
> 纵向比较和横向比较对应的自我比较和他比，在做题时容易被混淆，可以参考下面的方法记忆：
> （1）纵向比较——自我比较，回头看看过去的自己。
> （2）横向比较——他比，转头看看身旁的别人。

四、恢复公平的方法

缓解不公平感，恢复心理平衡的方式包括：

(1) 辞职。"脱离"不公平的组织或环境，是常见的解决方法。

(2) 改变对照者的投入或产出。施加压力谋求自己的报酬或降低他人的报酬，如向上级反映对照者不如自己，迫使领导要求对照者提高他的工作量或降低他的薪酬。

(3) 改变自己的投入或产出（增减时、增减量、增减质）。例如，员工不再那么努力或要求加薪。

(4) 改变对投入或产出的知觉。例如，自我解释，改变自己的观念，认为他人比自己想象的要好。

(5) 改变参照对象。例如，认为自己比上不足、比下有余，改变对照者，重新选择一个让自己觉得公平的对照者。

> **知识点拨**
>
> 为了方便记忆，可以把恢复公平的五种方法分为两类。前三种方法的共性是当员工感到不公平时采取了实际行动；后两种方法的共性是从思想上改变，并无实际行动。

五、管理中应注意的事项

(1) 组织应确保不同员工的投入/产出比大致相同。

(2) 对于有不公平感的员工应予及时引导或调整报酬。

》典型例题

[单项选择题] 根据公平理论，员工将自己在不同组织中的工作和待遇进行比较的情况属于（　　）。

A. 组织内自我比较
B. 组织外他比
C. 组织外自我比较
D. 组织内他比

[解析] 员工进行公平比较时既可能是纵向的，也可能是横向的。纵向比较既包括组织内自我比较，也包括组织外自我比较。横向比较既包括组织内他比，也包括组织外他比。员工将自己在不同组织中的工作和待遇进行比较，这属于组织外的自我比较。

答案：C

考点8　行为改造型激励理论——强化理论

强化理论的具体内容见表1-7。

表1-7　强化理论

项目	具体内容
概念	强化理论是指人的行为是受外部环境刺激所影响控制的，行为结果对行为本身有强化作用
观点	(1) 强化理论是一种行为主义的观点，重视环境对行为的影响 (2) 强化理论并不关注人的内在心态，只注重行为及其结果

> **知识点拨**
>
> 强化理论历年考查频次很少，只要掌握其是"行为主义的观点""不关注人的内在心态"等关键词即可。

>> 典型例题

[单项选择题] 关于激励理论中的强化理论的说法，正确的是（　　）。

A. 它强调人的内在心理状态　　　　B. 它是一种人本主义的观点

C. 它对解释行为没有帮助　　　　　D. 它是一种行为主义的观点

[解析] 强化理论认为行为的结果对行为本身有强化作用，是行为的主要驱动因素。它是行为主义的观点，并不考虑人的内在心态。

答案：D

考点9　激励理论的实践应用——参与管理 ☆☆☆

一、参与管理的概念和参与形式

（1）概念：参与管理受到年轻一代和受过高等教育员工的喜欢，它的实质是下属人员分享上级的决策权。

（2）参与形式：参加咨询委员会或政策制定小组、参与工作决策或新员工甄选、共同设定目标、集体解决问题等。

（3）质量监督小组：是一种常见的参与管理模式。

①由8~10位员工及1名督导员组成。

②小组成员一般每周一次定期集会，占用工作时间讨论质量方面的相关问题。

③管理层具有最后决定权。

④小组成员必须具备分析和解决质量问题的能力。

> **知识点拨**
>
> 质量监督小组的员工人数为8~10人，这一知识点会出现在考题中，要特别注意。

二、让员工参与的理由和实施条件

（一）将权力与员工分享的理由

（1）工作复杂时，使了解更多情况的人做出贡献。

（2）工作任务相互依赖程度高时，各部门协商，产生的决定都能认可并致力推行。

（3）可以使工作显得更有趣、更有意义。

（4）让参与者有认同感，更有利于决策执行。

（二）推行参与管理的条件

（1）要有充裕的时间来进行参与。

（2）要具有参与的能力，如沟通能力、智力水平、专业知识及技术等。

(3) 参与的问题必须是切身相关（利益相关）的。
(4) 必须有适合的组织文化支持。
(5) 应保护员工和管理者的地位和权力不受到威胁。
(6) 应考虑员工是否具有参与管理的需要。

三、参与管理与激励理论的联系

(1) 参与管理与许多激励理论关系密切，如双因素理论和 ERG 理论。
(2) 越是居于高位的管理者，越不易于接受这种领导风格。

> **典型例题**

[多项选择题] 关于参与管理的说法，正确的有（　　）。
A. 若想成为质量监督小组的成员，需具备分析和解决质量问题的能力
B. 参与管理有共同设定目标、集体解决问题、直接参与工作决策等形式
C. 参与管理可以提供工作的内在奖励，使工作显得更有趣、更有意义
D. 参与管理适用于任何组织和任何群体
E. 参与管理可以让下属人员分享上级的决策权

[解析] 本题考查参与管理的内容。实施参与管理的前提条件是组织文化必须支持员工参与。D 项错误。易错点是 E 项，参与管理的本质就是员工对管理者的分权，故正确。

答案：ABCE

考点10 激励理论的实践应用——目标管理 ☆☆

目标管理的具体内容见表1-8。

表 1-8 目标管理

项目	具体内容
含义	组织上下共同参与制定的具体可行的且能够客观衡量（可量化）的目标
目标设定过程	可以自上而下也可以自下而上地进行
四要素	(1) 目标具体化 (2) 限期完成 (3) 参与决策 (4) 绩效反馈
效果评价	实施的效果有时候并不理想： (1) 管理者的期望过高或不愿意以工作结果为依据进行奖励 (2) 在执行中缺乏高级管理者的支持

> **知识拓展**
>
> 这里的"目标管理"与第七章绩效管理工具中的"目标管理"是相同的，都是由现代管理学之父彼得·德鲁克提出的。要特别注意，目标的设定过程既可以自上而下，也可以自下而上，要同时出现才是正确的。

> 典型例题

[多项选择题]下列属于目标管理要素的有（　　）。

A. 技能薪酬　　　　　　　　　　B. 不限期完成

C. 参与决策　　　　　　　　　　D. 绩效反馈

E. 目标具体化

[解析]目标管理的四要素包括目标具体化、参与决策、限期完成、绩效反馈。

答案：CDE

考点11　激励理论的实践应用——绩效薪金制☆☆

绩效薪金制的具体内容见表1-9。

表1-9　绩效薪金制

项目	具体内容
概念	绩效薪金制是将工作绩效结果与报酬相结合的一种激励方法
形式	工作奖金、利润分成、计件工资、按利分红（针对各级主管）等
分类	可以分为个人绩效、部门绩效、组织绩效
实施前提	实施必须以公平、量化的绩效评估体系为基础
优点	可以有效减少管理者的监督工作，通过工作结果与报酬的挂钩，员工更加自发地工作
与激励理论的联系	绩效薪金制同期望理论关系密切

> 典型例题

[单项选择题]绩效薪金制通常采用的方式不包括（　　）。

A. 随机奖励　　　　　　　　　　B. 工作奖金

C. 计件工资　　　　　　　　　　D. 按利分红

[解析]绩效薪金制通常采用的方式有计件工资、工作奖金、利润分成、按利分红等。

答案：A

第二章 领导行为

📖 大纲再现
　　理解领导、领导角色、领导风格对组织管理的意义以及决策对于领导的意义，分析关于领导、领导风格、领导技能、领导决策的理论和研究，评估领导风格和决策风格，发展领导技能。

✏️ 大纲解读
　　本章历年考查分数一般在8分左右，考查题型包括单项选择题、多项选择题和案例分析题。
　　与第一章激励员工的角度不同，本章站在领导者角度，介绍不同时期的领导理论，重点研究不同情境下适合的领导风格及决策风格。通过学习领导理论，可以提升领导技能，为做好人力资源管理工作奠定理论基础。

知识脉络 ▶

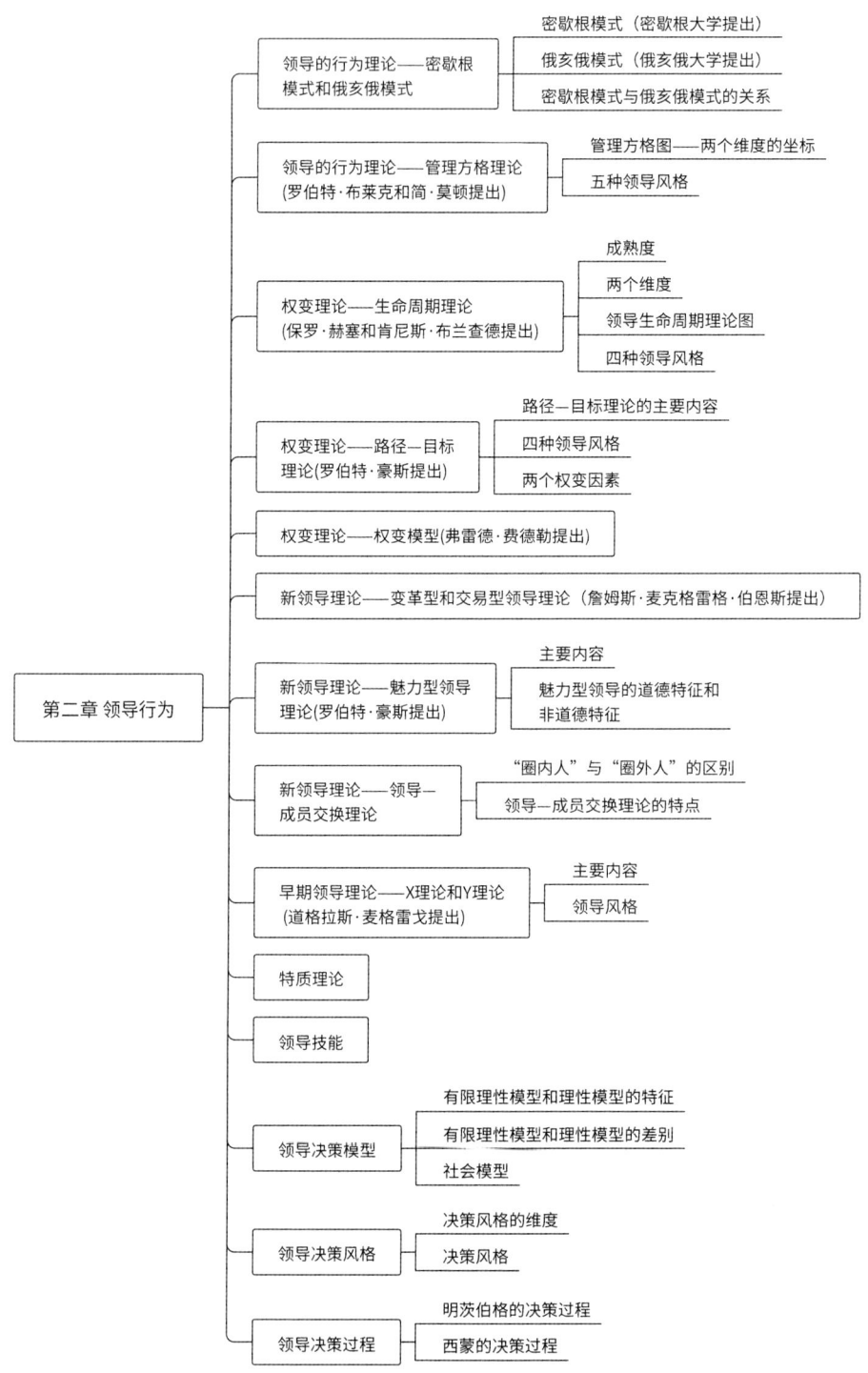

考点1 领导的行为理论——密歇根模式和俄亥俄模式 ☆☆

一、密歇根模式(密歇根大学提出)

密歇根模式将领导行为方式归纳出两个维度,具体内容见表2-1。

表2-1 密歇根模式

维度	具体内容	结论
员工取向	(1)领导者认为每个员工都重要,注重员工的个性与个人的需要,鼓励良好的上下级关系 (2)关注人际关系,关心员工需要并尽力满足	支持员工取向
生产取向	(1)领导者强调生产与技术管理,把员工看成组织目标工具 (2)关注任务进度,关心工作目标的达成	

二、俄亥俄模式(俄亥俄大学提出)

俄亥俄模式是在一千多种领导行为因子的基础上归纳出两个维度,具体内容见表2-2。

表2-2 俄亥俄模式

维度	具体内容	结论
关心人	领导者注重人际关系,他们建立一种相互信任的工作关系,尊重下级意见,关心下级情感、生活和健康,较高人际取向的领导者,能够帮助下属解决个人问题	关心人和工作管理两个维度得分高的领导,更有助于促进员工具有高工作满意度和实现高绩效
(关心)工作管理	领导者为实现目标会明确自己与下属的角色关系,积极介入员工活动,包括明确工作任务、规定工作日程、工作关系、工作目标	

三、密歇根模式与俄亥俄模式的关系

(1)密歇根模式和俄亥俄模式的维度数量和维度性质都非常相似。
(2)两个模式可以互相印证,并且具有很高的效度。

> **知识点拨**
>
> 密歇根模式和俄亥俄模式的维度容易被混淆,可以记忆"两取向、两关心"。虽然名称有差异,但本质相同,都是从"人"和"工作"两个维度展开的。

》典型例题

[单项选择题] 关于研究领导行为的俄亥俄模式的说法,错误的是( )。
A. 工作管理是指领导者为了达成目标而在规定自己与下属的角色时所从事的行为活动
B. 关心人是指领导者注重人际关系,尊重和关心下属的建议与情感
C. 高度人际取向的领导者帮助下属解决个人问题
D. 高度工作取向的领导者更加友善而平易近人,公平地对待每一个下属

[解析] 高度人际取向的领导者更加友善并平易近人,公平地对待每一个下属,D项错误。在解答这类问题时,要注意找关键词,如果是倾向于人际,那么相应的表述应围绕以人为本展开;如果是倾向于工作本身,一切均应以目标、任务等相关内容展开,不会强调对人的关心和

支持,从这个角度,也可以判断出 D 项是错误的。

答案:D

考点2 领导的行为理论——管理方格理论(罗伯特·布莱克和简·莫顿提出)☆☆

一、管理方格图——两个维度的坐标

管理方格图将领导风格画成一个二维坐标方格。方格的纵坐标是"关心人",横坐标是"关心任务",见图 2-1。

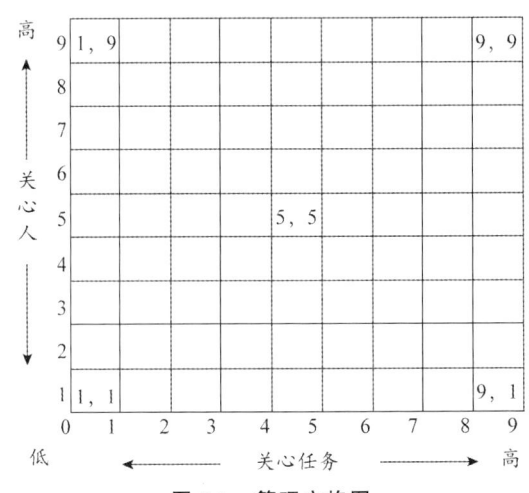

图 2-1 管理方格图

二、五种领导风格

管理方格理论划分为五种领导风格,其具体内容见表 2-3。

表 2-3 管理方格理论

坐标	领导行为类型	具体表现
(1,1)	"无为而治"式	也称虚弱型管理,既不关心人也不关心任务
(5,5)	"中庸"式	力求平衡维持一定的满意程度
(1,9)	"乡村俱乐部"式	也称快乐天堂型管理,非常关心人,但对任务关心不够
(9,1)	"任务"式	也称工作狂型管理,极度关心任务,却对人漠不关心
(9,9)	最理想	也称团队合作兼顾型,重视工作任务的同时也十分关心员工

知识点拨

坐标记忆小技巧:(1,9)可以记口诀"119",即火警,当出现火情时,第一是救人然后才是物;(9,1)可以记口诀"911",即恐怖袭击事件,对应极度关心任务、对人漠不关心的领导风格。

» 典型例题

[单项选择题] 在布莱克和默顿的管理方格图中,纵坐标代表的是( )。

A. 关心人

B. 关心任务

C. 人际关系

D. 工作任务

[解析] 管理方格理论把领导风格画成一个二维坐标方格，方格的纵坐标是"关心人"，横坐标是"关心任务"。

答案：A

考点3　权变理论——生命周期理论（保罗·赫塞和肯尼斯·布兰查德提出）☆☆

兵有兵经，但兵无常势；弈有弈谱，但弈无定型。同样，没有万能不变的领导理论和模型。领导行为理论偏重领导者本身的特性与行为的研究。所谓权变理论，就是研究被领导者的特征、环境因素及领导者与被领导者的关系影响领导行为效率的理论。

> **知识点拨**
> 以上内容作为对权变理论与领导行为理论中若干理论差异的理解即可，不作为考点掌握。

一、成熟度

（1）心理成熟度：从事工作的意愿或动机——意愿。

（2）工作成熟度：知识和技能水平——能力。

二、两个维度

（1）工作取向。

（2）关系取向。

三、领导生命周期理论图

领导生命周期理论在管理方格理论的二维坐标方格图的基础上，与"不成熟—成熟"模型结合起来，创造出三度空间的领导效率模型，见图2-2。

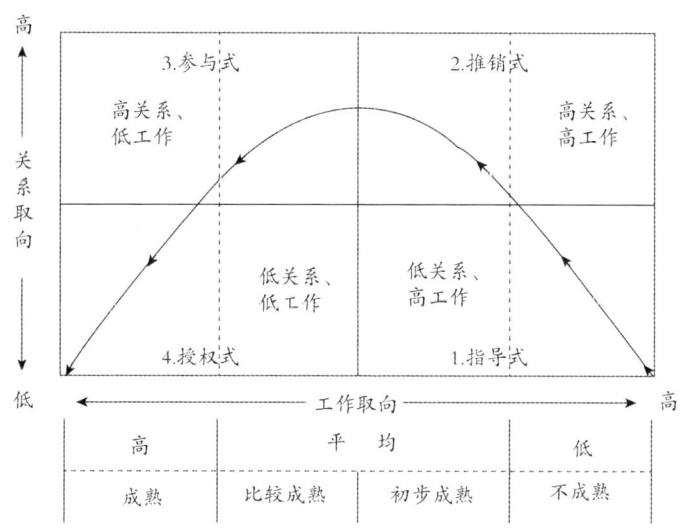

图 2-2　三度空间的领导效率模型（领导生命周期理论图）

四、四种领导风格

两个维度相结合形成四种领导风格，具体内容见表2-4。

表2-4　生命周期理论的领导风格

领导风格	图2-2	领导行为	管理行为模式
指导式	第1象限	高工作、低关系	我来决定，你来做（规定任务）
推销式	第2象限	高工作、高关系	我们探讨，我来决定（指导—支持）
参与式	第3象限	低工作、高关系	我们探讨，我们决定（共同决策）
授权式	第4象限	低工作、低关系	你来决定，你来做（下级自主决定）

知识点拨

根据图2-2中的抛物线走势，结合表2-4中的口诀来记忆关系与工作的联系。

典型例题

[单项选择题] 根据生命周期理论，低工作、高关系的领导风格属于（　　）。

A. 授权式　　　　B. 指导式　　　　C. 推销式　　　　D. 参与式

[解析] 两个维度相结合形成的四种领导风格包括指导式（高工作、低关系）、推销式（高工作、高关系）、参与式（低工作、高关系）、授权式（低工作、低关系）。

答案：D

考点4　权变理论——路径—目标理论（罗伯特·豪斯提出）☆☆☆

罗伯特·豪斯通过研究认为，高工作、高关系组合的领导方式，并不一定是最有效的领导方式，还应该注意环境因素。

一、路径—目标理论的主要内容

路径—目标理论认为，当下属感到有压力和挫折感的时候，领导者要为他们提供必要的支持和指导，为下属提供满足感，帮助下属达到目标。

二、四种领导风格

路径—目标理论认为，有四种领导方式可供同一领导者在不同环境下选择使用，具体内容见表2-5。

表2-5　路径—目标理论的领导风格

领导风格	领导行为	适合的下属
指导式	使员工明确对他的期望、成功绩效的标准和工作程序	外控型下属
参与式	主动征求并采纳下属意见	内控型下属
支持型	建立舒适工作环境，亲切友善，关心下属要求	结构化工作的下属
成就取向式	设定挑战性目标，鼓励下属展现自己的最佳水平	能力强、经验多的下属

三、两个权变因素

（1）环境因素：工作团队、工作结构、正式的权力系统等。
（2）个人特征（下属的）：能力、经验、内一外控等。

> **知识点拨**
>
> 该知识点出题概率极高，需要特别注意。权变因素的相关内容，可以从以下几个方面理解：
> ①工作团队：团队氛围、上下级的关系是否彼此信任、尊重。
> ②工作结构：较高的结构化工作是指工作内容程序化、规则化，按部就班地做着大量重复性工作，这样的工作通常比较枯燥，如生产流水线上的工人、银行窗口接待人员等。
> ③正式的权力系统：领导者的权力大小。
> ④外控型下属：可以理解为"听天由命型"，即工作缺少自觉性和主动性，需要领导强力安排和监督。
> ⑤内控型下属：可以理解为"人定胜天型"，即工作积极性高、愿意表现和参与，工作内驱力强。

▶ 典型例题

[单项选择题] 与罗伯特·豪斯的路径—目标理论内容不相符合的是（　　）。
A. 领导者能够根据不同情况表现出不同的领导行为
B. 不同的领导行为适用于不同的环境因素和个人特征
C. 对于能力强的下属，指导式领导可以带来更高的绩效和满意度
D. 领导者的主要任务是帮助下属达成目标并提供必要的支持和指导

[解析] 能力强的下属适合采取成就取向式领导风格，指导式领导适合外控型下属。四种领导风格对应的下属类型经常被作为考题，要求必须掌握。

答案：C

考点5　权变理论——权变模型（弗雷德·费德勒提出）☆☆☆

费德勒将领导风格同三种情境因素联系起来，得到的领导效能表见表2-6。

表2-6　费德勒的领导效能表

情境类型		一	二	三	四	五	六	七	八
情境维度	上下级关系	好	好	好	好	坏	坏	坏	坏
	工作结构	高	高	低	低	高	高	低	低
	职权	大	小	大	小	大	小	大	小
领导风格	关系取向	低			高			一般	低
	工作取向	高			低			一般	高

> **知识点拨**
> （1）情境因素的三个维度（上下级关系、工作结构和职权）是根据对领导风格影响的重要顺序排列的，并非随机而放。在口诀记忆时，不必担心考试中这三个维度顺序被打乱。
> （2）情境四：好、低、小（口诀：高、低、低）。情境五：坏、高、大（口诀：低、高、高）。在选项中看到"高、低、低"或"低、高、高"，就是关系取向型适合的情境，其余的就是工作取向型适合的情境。
> （3）情境六和情境七在费德勒的研究中，或缺少资料，或没有发现领导风格的显著性，所以考试一般不会出题。

典型例题

[多项选择题] 依据领导权变理论的观点，能使工作取向型的绩效高的情境有（　　）。
A. 上下级关系坏、工作结构低、领导者职权小
B. 上下级关系好、工作结构高、领导者职权大
C. 上下级关系坏、工作结构高、领导者职权大
D. 上下级关系好、工作结构低、领导者职权大
E. 上下级关系好、工作结构低、领导者职权小

[解析] 根据口诀，关系取向型适合的情境是高、低、低（好、低、小）和低、高、高（坏、高、大），C、E两项符合，A、B、D三项是工作取向型适合的情境。

> 答案：ABD

考点6　新领导理论——变革型和交易型领导理论（詹姆斯·麦克格雷格·伯恩斯提出）☆☆

伯恩斯把领导者分为两种类型，即变革型和交易型，具体内容见表2-7。

表2-7　变革型和交易型领导理论

类型	具体内容	领导者特征	研究结果
变革型	（1）变革领导是通过更高的理想和组织价值观激励追随者 （2）能够为组织制定明确的愿景，通过领导风格来影响员工和团队的绩效	智慧型刺激、激励、个性化关怀、魅力	变革型领导能够创造组织在革新和变化中的超额绩效
交易型	（1）交易型领导强调权威和合法性、任务明晰度、工作的标准和产出、任务完成、员工顺从 （2）依靠组织的奖励和惩罚来影响绩效	放任、差错管理（消极型）、差错管理（积极型）、奖励	交易型领导依靠的是消极型差错管理，所以交易型是一种相对平庸的管理

> **知识点拨**
> ①变革型：可以理解为领导通过唤起追随者的更高需要层次，从关注自身利益过渡到自我实现，从而激励其追随者，实现组织目标。
> ②交易型：可以理解为领导以交换手法投员工所好，从而换取他们的努力，达到组织目标。

>> 典型例题

[单项选择题] 变革型领导的特点不包括（　　）。

A. 激励下属

B. 智慧化管理

C. 奖励

D. 个性化关怀

[解析] 变革型领导的特点包括魅力、激励、智慧型刺激、个性化关怀。C项属于交易型领导的特点。

答案：C

考点7　新领导理论——魅力型领导理论（罗伯特·豪斯提出）☆☆

魅力型领导理论是罗伯特·豪斯在伯恩斯变革型领导理论的基础上提出的。

一、主要内容

（1）魅力型领导的个性特征：自信并信任下属，为成员订立高的目标和期望，描绘美好的愿景，使用个性化风格。

（2）魅力型领导的作用：促使追随者实现更高水平的绩效以及强烈的归属感。追随者的自我意识和自我管理越强时，魅力型领导的效果将更好。

（3）魅力本身是一个归因现象，会随着情境发生变化。

（4）促使魅力归因的领导特质：自信、社会敏感性、共情、印象管理技能等。

二、魅力型领导的道德特征和非道德特征

魅力型领导者有道德特征和非道德特征，具体内容见表2-8。

表2-8　道德特征和非道德特征

道德特征	非道德特征
（1）双向沟通 （2）从危机中思考和学习 （3）使用权力为他人服务 （4）使追随者的需要和志向与愿相结合 （5）激励下属独立思考 （6）培训、发展并且支持下属，与他人分享 （7）用内在的道德标准满足组织和社会的兴趣	（1）单向沟通 （2）指责或批评相反的观点 （3）为个人利益使用权力 （4）提升自己的个人愿景 （5）要求自己的决定被无条件接受 （6）对追随者的需要感觉迟钝 （7）用外部的道德标准满足自我兴趣

> 知识点拨

①魅力型与变革型之间的关系是一个考点，需要引起重视。

②魅力型领导理论的道德和非道德特征如何区分是一个重要考点，经常考查多项选择题。记忆技巧是：凡涉及"个人""单向""外在"这些词时，均列为非道德特征。

> 典型例题

[多项选择题] 魅力型领导的道德特征包括（　　）。

A. 遵循外在道德标准
B. 提升自己的个人愿景
C. 双向沟通
D. 从危机中思考与学习
E. 使用权力为他人服务

[解析] A、B两项属于非道德特征。

答案：CDE

考点8　新领导理论——领导—成员交换理论 ☆

一、"圈内人"与"圈外人"的区别

领导—成员交换理论的核心观点是领导者与下属在确立关系的早期，领导就已经分出"圈内人"和"圈外人"，具体区别见表2-9。

表2-9　领导—成员交换理论

类别	与"圈外人"相比，"圈内人"的特点
下属	（1）与领导打交道时更顺畅、困难少 （2）能感觉到领导对自己的关心和尊重 （3）贡献更多 （4）具有更高的责任感 （5）绩效评估更高
领导	（1）投入更多的情感、关注和时间 （2）更加亲和，很少采用正式领导权威

二、领导—成员交换理论的特点

领导—成员交换理论的交换过程是互惠的，在这个过程中下属与领导互相改变，即下属改变领导者的自我图式，领导者改变下属的自我概念，并通过团队反馈。

> 典型例题

[单项选择题] 关于领导—成员交换理论的说法，错误的是（　　）。

A. 领导和下属都以个体身份通过团体进行反馈
B. 领导—成员交换过程是互惠过程
C. 相比"圈外人"，领导更倾向于对"圈内人"投入更多的感情
D. 在确立关系和角色的中后期，领导会把下属分成"圈内人"和"圈外人"

[解析] 领导—成员交换理论认为，团体中领导与下属在确立关系和角色的早期，就把下属分成"圈里人"和"圈外人"两个类别，D项错误。

答案：D

考点9 早期领导理论——X理论和Y理论（道格拉斯·麦格雷戈提出）☆

一、主要内容

（1）X理论：代表了传统权威的管理风格——管理者中心。
（2）Y理论：代表了人性化、启发引导式的管理风格——员工中心。

二、领导风格

领导风格的具体内容见表2-10。

表2-10 领导风格

员工中心	管理者中心
Y理论	X理论
民主	独裁
员工中心	生产中心
关怀	产出
人际关系	任务驱动
支持	督导
参与	指导

》典型例题

[多项选择题] 按照组织行为学中的领导风格理论，以员工为中心的领导风格强调（　　）。

A. 督导　　　　　　　　　　B. 支持
C. 民主　　　　　　　　　　D. 参与
E. 产出

[解析] 以员工为中心的领导风格包括Y理论、民主、员工中心、关怀、人际关系、支持、参与。

答案：BCD

考点10 特质理论☆

特质理论的重要观点和内容见表2-11。

表2-11 特质理论

特质理论代表	特质因素
传统的特质理论	领导者的特质是与生俱来的，但并不是具备某个特质就能够成为成功的领导者，它只是提高了领导者成功的可能性
吉伯的观点	自信、有良好的调适能力、外向有支配欲、聪明但不能过分聪明、身强力壮
斯道格迪尔的观点	自信、勇于冒险并富有创新精神、勇于实践、责任感、热情并持之以恒、能处理人际紧张、能够忍受挫折

> **知识点拨**
>
> 考试中一般将吉伯与斯道格迪尔的影响因素互相作为干扰项，所以，只需掌握吉伯观点中的五个领导特质因素，用排除法即可。

典型例题

[单项选择题] 认为领导者具有某些固定特质且这些特质是与生俱来的观点出自（   ）。

A. 交易型和改变型领导理论

B. 特质理论

C. 魅力型领导理论

D. 路径—目标理论

[解析] 传统的特质理论认为领导者具有某些固有的特质，而且这些特质是与生俱来的。

答案：B

考点11 领导技能 ☆

不同级别的领导者应具备的技能是不同的，且在不同领导层级所占比例也是不同的，具体见表2-12。

表 2-12 领导技能

项目	三种技能	概念
主要技能	概念技能	(1) 是管理者统观全局的能力（按照框架、模型和事物的相互联系进行思考的能力） (2) 关心的是思想、观点
	人际技能	(1) 是处理人事关系、建立团队合作与他人共事的能力 (2) 关心的是人
	技术技能	(1) 是对某种技术或程序所掌握的知识和能力 (2) 关心的是事
结论	(1) 领导的成功需要技能、行动和合适的行为 (2) 管理层级越高，概念技能所占的比例越大，技术技能所占比例越小	

> **知识拓展**
>
> 当管理层级变化，随之变化的是概念技能和技术技能所占的比例，而人际技能所占的比例是不变的。

典型例题

[单项选择题] 关于领导的技能的说法，正确的是（   ）。

A. 管理职位越高，对概念技能的要求越低

B. 人际技能是指在人际关系中操纵他人的能力

C. 技术技能也是领导技能的一种

D. 概念技能主要涉及的是"人"

[解析] 管理职位越高，概念技能的作用也就越重要，A项错误。人际技能是有效地与他

人共事和建立团队合作的能力，并不是操纵他人的能力，B项错误。概念技能处理的是观点、思想，而人际技能关心的是人，D项错误。

答案：C

考点12 领导决策模型☆☆

领导者的决策模型包括三种形式，即有限理性模型、理性模型和社会模型。

一、有限理性模型和理性模型的特征

有限理性模型和理性模型的特征，见表2-13。

表2-13 有限理性模型和理性模型的特征

有限理性模型	理性模型
更接近现实	决策者是完全理性的
(1) 决策者所认知的世界是真实世界的简化模型 (2) 选择令人满意的方案或结果 (3) 采用满意原则，而不是最大化原则 (4) 不必知道所有的方案 (5) 可以采用经验启发式或商业窍门等	(1) 决策完全理性 (2) 对计算的复杂性没有任何限制 (3) 对概率的计算没有任何困难 (4) 可以知道所有备选方案 (5) 存在一致和完整的偏好系统

二、有限理性模型和理性模型的差别

(1) 西蒙的有限理性模型是理性的，只是理性受到了限制，决策者以满意为最终原则。
(2) 理性模型和有限理性模型的差异不在质上，而是理性的程度不同。

> **知识点拨**
>
> 有限理性模型和理性模型的特征，常考题型有单项选择题和多项选择题。在考题中两个模型的特征互为干扰项，在学习时应注意两者区别而不是死记硬背。

三、社会模型

(1) 社会模型与上面两个理性模型完全不同，它来自心理学范畴，是与理性模型相对的另一端。根据弗洛伊德的理论，他认为人类是没有办法进行有效理性决策的，因为人类的行为由无意识需求驱动。

(2) 人们的非理性行为是当发现错误仍然坚持错误决策，而产生这种"投入的增加"的原因包括：

①项目的特点，如项目周期或投资回报期延长。
②组织决定因素，如组织内部系统出现问题，拒绝变革，沟通体系、政治体系的失效。
③社会压力，如迫于团体压力或为了自己的面子。
④心理决定因素，如决策信息加工错误。

》典型例题

[单项选择题] 关于决策模型的说法，正确的是（　　）。
A. 社会模型认为人类可以在无意识的需求驱动下进行有效的理性决策

B. 社会模型将人们存在的坚持错误决策的倾向称为投入的减少

C. 有限理性模型认为决策者追求的是满意而非最大化

D. 理性模型认为决策者无法知道所有备选方案

[解析] 社会模型是与理性模型相对的另一端,是来自心理学的社会模型。根据弗洛伊德的理论,人类的行为主要是由无意识的需求来驱动的,A项错误。社会模型将人们存在的坚持错误决策的倾向称为投入的增加,B项错误。理性模型的特点之一是决策者可以知道所有备选方案,D项错误。

答案:C

考点13 领导决策风格 ☆☆

一、决策风格的维度

决策风格的两个维度见图 2-3。

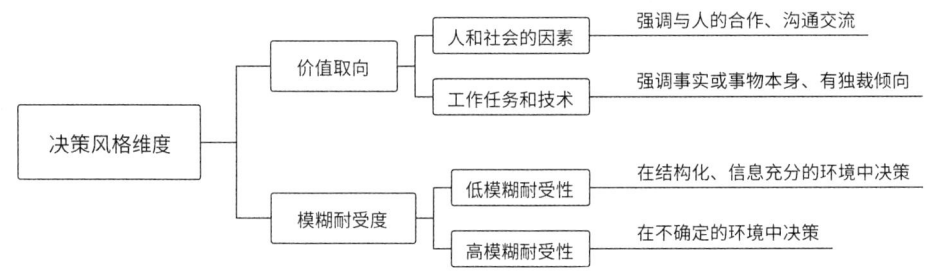

图 2-3 决策风格维度

二、决策风格

两个决策风格维度在不同程度的组合下,分为四种决策风格,具体如下:

(1) 指导型:较低模糊耐受性,关注任务和技能本身。

(2) 分析型:较高模糊耐受性,关注任务和技能本身。

(3) 概念型:较高模糊耐受性,关注人和社会的因素。

(4) 行为型:较低模糊耐受性,关注人和社会的因素。

知识点拨

四种决策风格可以用"政府恭喜"口诀记忆:取每种类型的第一个拼音字母(Z/F/G/X)。

典型例题

[单项选择题] 决策风格常常被分为指导型、分析型、概念型、行为型,其中具有分析型决策风格的决策者的特征是( )。

A. 较低的模糊耐受性水平、倾向于关注人

B. 较高的模糊耐受性水平、倾向于关注人

C. 较高的模糊耐受性水平、倾向于关注任务

D. 较低的模糊耐受性水平、倾向于关注任务

[解析] 分析型的决策者倾向于使用独裁的领导风格，喜欢对情境进行分析，具有较高的模糊耐受性水平，倾向于任务和技术。

答案：C

考点14 领导决策过程 ☆

一、明茨伯格的决策过程

确认阶段→发展阶段→选择阶段。

二、西蒙的决策过程

智力活动→设计活动→选择活动。

> 典型例题

[多项选择题] 美国心理学家赫伯特·西蒙认为，决策过程包括（　　）。

A. 智力活动　　　　　　　　B. 情感活动

C. 意志活动　　　　　　　　D. 选择活动

E. 设计活动

[解析] 西蒙的决策过程分为智力活动、设计活动、选择活动三个阶段。

答案：ADE

第三章

组织设计与组织文化

📖 大纲再现

理解组织结构和组织设计，根据组织设计的程序和不同类型组织的特点开展组织设计；理解组织文化的功能、内容和结构，分析组织文化的类型；理解组织设计与组织文化的关系，应用组织变革的方法和程序以及组织发展的方法实施组织变革和组织发展。

大纲解读 ✎

历年考查分数一般在8分左右。题型包含单项选择题、多项选择题和案例分析题，案例分析题一般每隔一两年出一次题。

组织设计与组织结构是管理学的基础内容，本章要求重点掌握组织设计中的组织结构设计和常见的几种组织结构类型（组织形式），当组织结构不能适应企业发展，就需要运用组织变革和组织发展的方法帮助企业优化调整，同时，组织文化与组织设计联系密切，组织设计直接影响着组织文化的形成。

知识脉络 ▶

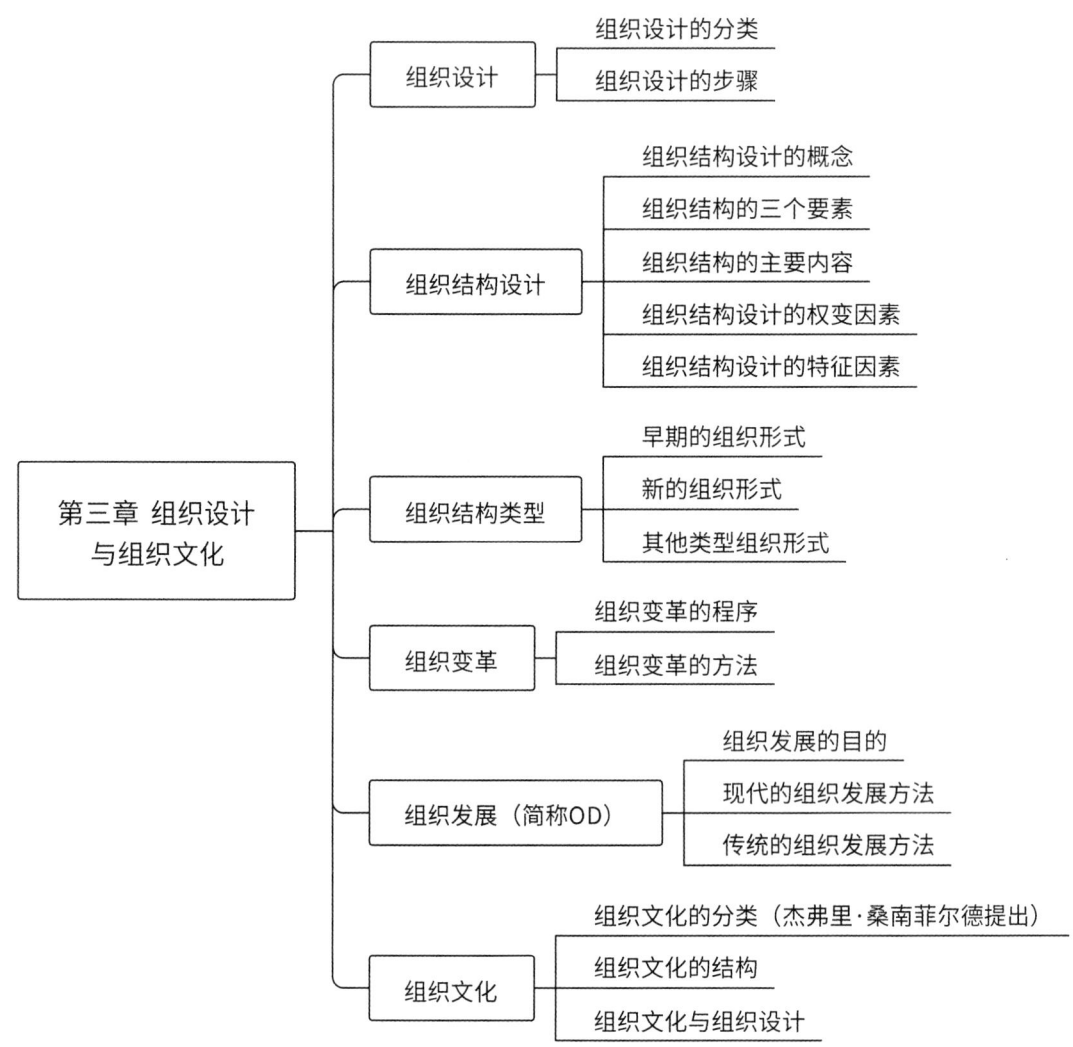

考点1 组织设计 ☆☆

一、组织设计的分类

组织设计的关键是组织结构的设计,也包括对企业运行方式的设计。组织设计可以分为:
(1) 静态设计(古典):只对组织结构的设计。
(2) 动态设计(现代):同时对组织结构和运行制度的设计。

典型例题

[多项选择题] 关于组织设计的说法,正确的有( )。
A. 静态设计是只对组织结构的设计
B. 古典的设计是对组织结构的静态设计
C. 动态设计是只对组织运行的设计
D. 动态设计是对组织机构和运行的设计
E. 现代的组织设计是动态的

[解析] 动态组织设计又称现代的组织设计,是对组织结构和运行制度进行的设计,C项错误。

答案:ABDE

二、组织设计的步骤

(1) 明确组织设计的原则和方针。
(2) 进行组织设计的首要工作——职能分析和职能设计。
(3) 进行组织设计的主体工作——设计组织结构的框架。

知识点拨

组织设计的完整步骤有八步,但可能会出考题的只有前三步。

考点2 组织结构设计 ☆☆

一、组织结构设计的概念

(一) 组织结构的定义

组织结构又称权责结构,组织结构设计的关键是实现组织目标对全体员工进行分工协作,结构体系包括权力、责任、职务范围三个方面。

(二) 组织结构的目的

组织结构的目的是实现组织目标。

(三) 组织结构的本质

组织结构的本质是员工的分工协作。

(四) 组织结构的内涵

组织结构的内涵包含职、权、责的结构体系。

二、组织结构的三个要素

（1）集权度：管理决策权的集中程度。
（2）复杂性：工作分工的细致程度和层次多少等。
（3）规范性：用标准处理方式规范员工工作行为的程度。

> **知识点拨**
>
> 除了记忆三要素外，每个要素对应的概念也要掌握，做到概念和要素对号入座。

三、组织结构的主要内容

（1）层次结构（纵向结构）是指各管理层次的构成。
（2）部门结构（横向结构）是指各管理部门的构成。
（3）职能结构是指完成企业目标所需的业务工作及其关系和比例。
（4）职权结构是指在责任和权利方面的分工和相互关系。

> **知识拓展**
>
> 在组织结构图中，同级别的部门都是横向排列的，所以部门结构为横向结构。层次结构是从最高管理层级到最低管理层级自上而下排列的，因此层次结构是纵向结构。

》 典型例题

[单项选择题] 在组织结构的内容体系中，职权结构指的是（　　）。

A. 组织内的管理层次构成
B. 组织内的管理部门构成
C. 组织各管理层次和部门在权利和责任方面的分工与相互关系
D. 实现组织目标所需的各项业务工作及其比例和关系

[解析] 职权结构是指各管理层次、部门在权利和责任方面的分工和相互关系。

答案：C

四、组织结构设计的权变因素

权变因素是指影响组织结构设计的外部环境和条件，具体包括组织环境、组织战略、组织技术、组织规模、组织生命周期、人员素质等。

> **知识点拨**
>
> 权变因素的出题方式主要是与特征因素互为干扰项，记忆的方法是"组织＋人员素质"。

五、组织结构设计的特征因素

组织结构设计的特征因素包括管理幅度和管理层次、专业化、规范化、制度化、职业化、关键职能、地区分布、分工形式、集权程度、人员结构十个因素。

（一）特征因素——管理幅度和管理层次

管理幅度和管理层次的具体内容见表3-1。

表 3-1 管理幅度和管理层次

项目		概念和关系
特征因素	管理幅度（管理跨度）	(1) 管理者直接管理的下级的数量 (2) 管理幅度越大，说明管理的下级人数越多，其负责的业务活动量越大
	管理层次（纵向结构）	(1) 从组织结构的最高一级管理组织到最低一级管理组织的组织等级 (2) 管理层次越多，说明组织结构的纵向结构越复杂
两者关系		(1) 管理幅度和管理层次是反比例的关系 (2) 管理幅度决定管理层次，因此管理幅度起主导作用 (3) 管理层次对管理幅度存在制约作用

【知识拓展】

关于管理幅度和管理层次的说明：

(1) 管理幅度是指直接管理的下属人数，其间接管理的下属人数不能计算在内。如一个经理下面有两个主管向他汇报工作，两个主管下面各有三名员工，则这名经理的管理幅度是两人，主管的管理幅度是三人。

(2) 计算管理层次时要注意，处在最高一层的总经理或厂长等，其本身也是一个层次，需要计算在内，组织的每个等级就是一个管理层次。

(3) 计算管理幅度和管理层次经常出现在案例分析题中。

》典型例题

[单项选择题] 关于管理层次与管理幅度之间关系的说法，错误的是（　　）。

A. 两者存在反比例关系

B. 同样规模的企业，减少管理幅度，管理层次就会增加

C. 两者都是组织结构的主要特征因素

D. 两者相互制约，其中管理层次起主导作用

[解析] 管理幅度和管理层次是反比例关系，因此，当管理幅度减少时，管理层次必然增加，两者都是组织结构的特征因素，A、B、C 三项正确。两者相互制约，其中管理幅度起主导作用，管理层次起制约作用，D 项错误。

答案：D

（二）特征因素——"四化"

特征因素总共有十个，其中，专业化、规范化、制度化和职业化（简称"四化"）较为重要，具体见表 3-2。

表 3-2 特征因素——"四化"

特征因素	概念
专业化	企业不同职能分工的精细程度，分工越精细，专业化程度越高
规范化	不同员工以相同方式完成相似工作的程度

续表

特征因素	概念
制度化	书面文件的数量程度，制度化高的多以书面文件传达，而非口头传达
职业化	接受正规教育和培训的程度

> **知识点拨**
> 该知识点的出题形式主要以考查概念的单项选择题为主，要注意概念中的关键词与特征因素的对应。

（三）特征因素——关键职能

关键职能是指企业中最重要的职能部门，即对实现企业目标起到关键作用、具有较大的权限和职责、处于组织结构的中心地位的职能部门。

> **知识点拨**
> 关键职能知识点容易考查案例分析题，需要掌握：在组织中为实现组织战略目标起到最关键作用的就是关键职能部门。

考点3 组织结构类型 ☆☆☆

一、早期的组织形式

（一）行政层级式（马克斯·韦伯提出）

（1）行政层级式的特点：行政层级式组织认为最理想的组织形式就是官僚（科层）制，这种组织形式强调规章与规范、权威与等级。

（2）行政层级式的优点：集权、强调等级管理、稳定（如制定的程序和规章不需要频繁改动）。

（二）职能制（亨利·法约尔提出）

（1）职能制的概念：职能制又称法约尔模式，是按职能划分组织部门的一种组织形式。

（2）职能制的特点：

①集权（管理权力集中）。

②直线—参谋制。

③按职能分工。

（3）职能制的优缺点见表3-3。

表3-3 职能制的优缺点

优点	缺点
①管理权力集中 ②组织稳定性高 ③实行专业分工，专业管理，有利于提高工作效率 ④能够充分利用资源，消除劳动力和设备的重复使用，适合发展专家 ⑤各职能的职责和任务明确，在同一个职能内因工作相似可以相互支持和影响	①部门只顾自身利益的狭隘职能观念 ②各部门间横向协调差 ③企业领导负担重 ④对外的适应性差 ⑤不利于培养全面经营企业的管理人才

(4)职能制的适用范围：适合产品单一的、外部竞争环境稳定的、生产技术发展缓慢的中小型企业。职能制组织形式见图 3-1。

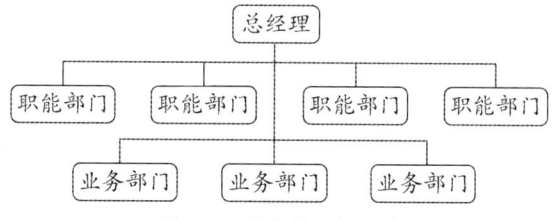

图 3-1　职能制组织形式

知识点拨

职能制的优点可以用三个字概括，即"权、稳、专"。

典型例题

[单项选择题] 职能制组织形式的缺点不包括（　　）。

A. 横向协调性差

B. 管理权力过于分散

C. 适应性差

D. 狭隘的职能观念

[解析] 职能制组织形式的缺点包括狭隘的职能观念，横向协调差，适应性差，企业领导负担重，不利于培养具有全面素质、能够经营整个企业的管理人才。职能制组织形式的优点之一是管理权力高度集中，便于最高领导层对整个企业实施严格的控制。

答案：B

二、新型的组织形式

（一）矩阵制

(1) 矩阵制的概念：将按职能、产品（或项目）组合的业务活动相结合的方式。

(2) 矩阵制的特点。

①每位员工有两名领导。

②有两个层次的沟通协调（项目小组内部协调、项目经理与职能经理协调）。

③项目小组横向联系非常灵活多样。

(3) 矩阵制的优缺点见表 3-4。

表 3-4　矩阵制的优缺点

优点	缺点
①有利于消除各职能部门间的壁垒，加强彼此的协作配合 ②有利于职能部门与产品部门相互制约 ③有利于提高企业的适应性 ④两个层次的协调可以解决大部分问题，这样，有利于减轻高层管理者的负担	①双重领导的存在 ②稳定性较差 ③用人较多，机构相对臃肿

(4) 矩阵制的适用范围：适合创新性强、产品品种多、管理复杂、外部技术发展迅速的企业。矩阵制组织形式见图3-2。

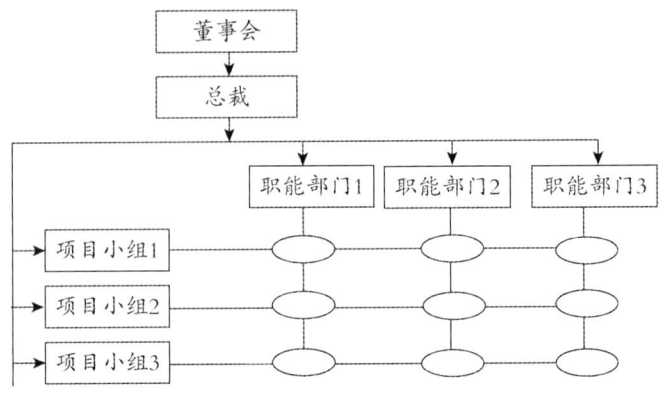

图 3-2　矩阵制组织形式

> **知识点拨**
>
> 矩阵制的优缺点与职能制的优缺点是相反的，即职能制存在的问题在矩阵制中却可以很好地解决。这两个组织形式的优缺点是每年的必考点，放到一起对应记忆可以避免做题时混淆。

【总结】行政层级式、职能制、矩阵制三种组织形式在不同环境中的效果对比见表3-5。

表 3-5　三种组织形式在不同环境中的效果对比

组织形式	适合的环境	特别说明
行政层级式	复杂/静态	同属早期组织形式，都体现为集权、适应性差，只适应静态的环境
职能制	简单/静态	
矩阵制	复杂/动态	适应性好，可以适应各种复杂、动态的环境

典型例题

[多项选择题] 关于矩阵制组织形式优点的说法，正确的有（　　）。

A. 它有利于职能部门与产品部门相互制约，保证企业整体目标的实现

B. 它有利于提高组织的稳定性

C. 它有利于加强各职能部门之间的协作配合

D. 它有利于提高企业的适应性

E. 它有利于减轻高层人员的负担

[解析] 矩阵制的优点包括：①有利于消除各职能部门间的壁垒，加强彼此的协作配合；②有利于职能部门与产品部门相互制约；③有利于提高企业的适应性；④两个层次的协调可以解决大部分问题，这样，有利于减轻高层管理者的负担。

答案：ACDE

(二) 事业部制（美国通用公司原总裁阿尔弗雷德·斯隆提出）

(1) 事业部制的特点。

①总部集中决策，各经营事业部分散经营。

②独立核算、自负盈亏。

③各事业部下设有职能部门。

（2）事业部制的优缺点见表3-6。

表3-6 事业部制的优缺点

优点	缺点
①能够增强企业的活力 ②有利于高层集中精力进行战略决策和规划 ③将专业化与联合化经营相结合，有利于提高生产效率	①因职能部门重复而增加管理成本 ②容易削弱公司整体的协调一致性

（3）事业部制的适用范围：适合产品种类多且产品之间工艺差别大，或要求适应性强、市场情况变化快且分布广的大型联合企业。事业部制组织形式见图3-3。

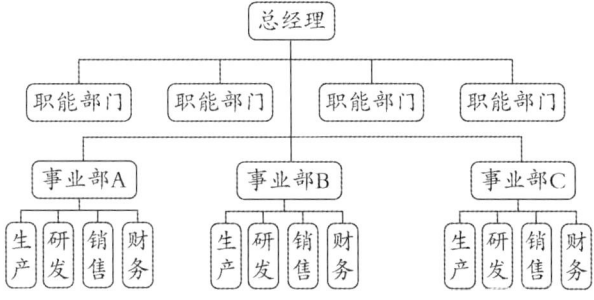

图3-3 事业部制组织形式

[知识点拨]

事业部制的适用范围为"产品种类多且产品之间工艺差别大"，在考题中经常出现"工艺差别小"，一字之差要特别注意。

>> 典型例题

[单项选择题]事业部制组织形式的优点不包括（　　）。

A. 它有利于把联合化和专业化的优点结合起来，提高生产效率

B. 它有利于高层管理者集中精力进行战略决策和长远规划发展

C. 它有利于增强企业活力

D. 它有利于减少管理成本和费用

[解析]事业部制组织形式的缺点是公司和各个事业部的职能机构重复设置会增加费用和管理成本，D项错误。

答案：D

三、其他类型组织形式

除了上面常见的四种组织形式，还有其他类型的组织形式，具体见表3-7。

表 3-7　其他类型组织形式

组织形式	概念及特点
无边界组织	不限制管理幅度，减少或取消职能部门，以团队组织替代，通过组织扁平化来减少指挥链，提高沟通效率
团队结构	打破部门的界限，将管理决策权下放到团队中（在大型组织中，这种组织形式可以作为行政层级式的补充）
虚拟组织（哑铃型组织）	规模较小、决策集中度高、部门化程度低或根本不存在。其优点是组织非常灵活，但管理层对公司的重要职能活动不能很好地控制

考点4　组织变革 ☆

一、组织变革的程序

确定问题→组织诊断→实行变革→变革效果评估。

二、组织变革的方法

组织变革方法的具体内容见表 3-8。

表 3-8　组织变革的方法

变革方法	具体内容
以结构为中心	是对组织结构的调整，包括调整管理幅度和管理层次、任免责任人、明确责任和权力、拆分或合并新的部门等
以人员为中心	最重要、最根本的变革
以技术为中心	是对组织中工作流程的再设计
以系统为中心	以系统观点考虑组织变革，同时考虑组织内部系统与外部环境之间的平衡

知识点拨

该考点经常出现在案例分析题中，主要考查"以结构为中心的变革"，如果案例中涉及重新任命责任人，要注意其不属于以人员为中心的变革，而属于以结构为中心的变革。

考点5　组织发展（简称OD）☆☆

一、组织发展的目的

组织发展的目的包括员工合作与参与过程、重视员工与组织的成长、质询精神。组织发展的观念与目标包括对人的尊重、鼓励参与、正视问题、信任和支持、权力平等。

二、现代的组织发展方法

（一）团队建设

1. 团队建设的特征

（1）有相同的目标、意愿和工作方法。

（2）愿意共同承担责任。

（3）规模小且能力互补。

2. 团队建设的结论

团队建设在工作和员工业余生活中都可以应用,如果双管齐下则效果更好。

(二) 全面质量管理

1. 全面质量管理的特征

全面质量管理需要在长期经营中持续不断地改进质量。

2. 全面质量管理的实施条件

(1) 在实施全面质量管理之前必须先进行或同时进行组织文化的改变。

(2) 应从上而下推行,从下向上实施。

(3) 一个重要环节是要挑选有高度责任感的员工。

(4) 推行全面质量管理必须得到最高管理层的支持。

三、传统的组织发展方法

(一) 人文技术(以人为中心的技术)

人文技术以人为中心,通过沟通等方式改变组织成员的行为和态度,能够增强组织成员的凝聚力、减少人际冲突,主要包括四种方法:

(1) 敏感性训练。这是一种学习方式,又称T团体训练、实验室训练、交友团体训练等,是指通过无结构小组的交互作用方式改善行为(经理人员对人群关系感受性)的方法。

(2) 质量圈。它是一种员工参与计划的形式。

(3) 调查反馈。以填写问卷的形式,评估组织成员的态度,了解员工在认识上的差异。

(4) 团际发展。可以改善团体间的相互关系。

> **知识点拨**
>
> ①敏感性训练中,团队注重的是相互作用的过程,而不是讨论的结果。
> ②团际发展是解决团队与团队间的问题,而其他技术是解决团队内部员工间或领导者与员工间的问题。

(二) 结构技术(以组织结构为中心的技术)

结构技术是指通过改变组织结构的三要素(集权度、复杂性、规范性),有计划地改革组织的结构。具体包括:

(1) 调整集权度:扩大员工自主性(相当于放权)。

(2) 调整复杂性:工作进行再设计、合并职能部门、减少垂直分化度。

(3) 调整规范性:简化规章。

》典型例题

[单项选择题] 在组织发展方法中,关于敏感性训练的说法,错误的是( )。

A. 在敏感性训练中团队更为注重讨论的结果,而不是相互作用的过程

B. 它有助于减少人际冲突

C. 它是一种人文技术

D. 它有助于增强群体凝聚力

[解析] 敏感性训练中,团体注重的是相互作用的过程,而不是讨论的结果。A项错误。

答案:A

考点6 组织文化 ☆☆☆

一、组织文化的分类(杰弗里·桑南菲尔德提出)

组织文化的类型包括四种,具体见表3-9。

表3-9 组织文化的类型

类型	组织特点	管理特点
俱乐部型	重视忠诚感、承诺和适应	(1) 年龄、资历、经验非常重要 (2) 把管理人员培养成通才
学院型	培养专长	(1) 从事职能类的专业化工作 (2) 喜欢雇用年轻的大学毕业生
棒球队型	鼓励冒险和创新	(1) 以员工绩效结果发放薪酬 (2) 员工具有较大自由度 (3) 巨额奖励 (4) 员工一般都拼命工作
堡垒型	关注公司的生存	(1) 工作安全保障不足 (2) 主要吸引喜欢挑战性和流动性的人

【知识点拨】

组织文化的四种类型是每年的常考点,其中组织特点、管理特点都会涉及。在记忆时,俱乐部型可以记为会员准入制,所以看重身份(年龄、资历);学院型可以记为擅长教学,从零培养新人;棒球队型可以记为运动冒险;堡垒型可以记为防御求生存。

【典型例题】

[单项选择题] 在企业文化类型中,喜欢冒险、具有革新精神的属于( )。

A. 学院型 B. 俱乐部型
C. 棒球队型 D. 堡垒型

[解析] 棒球队型组织文化鼓励冒险和革新,这类组织在招聘时,从各种年龄和经验层次的人中寻求有才能的人,薪酬制度以员工绩效水平为依据。

答案:C

二、组织文化的结构

(一)组织文化结构的三个层次

组织文化结构的具体内容见表3-10。

表 3-10 组织文化的结构

组织文化结构的层次		具体内容
物质层	表层	包含企业名称、建筑（装修）风格、产品外观及包装、纪念物等外显性特征
制度层	中间层（里层）	指组织的规章制度（规范）和行动准则
精神层	深层	是组织文化的核心和灵魂，一个企业是否形成了自身的组织文化，有无精神层是其衡量的重要标准

（二）组织文化结构三个层次的关系

(1) 物质层是制度层和精神层的物质基础，是组织文化的外在表现。
(2) 制度层规范和制约着物质层及精神层的建设。
(3) 精神层是形成制度层和物质层的思想基础。

> 知识点拨
> 该知识点以单项选择题和多项选择题的形式考查，均以原文的关键词作为考点反复出题，注意掌握近几年真题即可。

» 典型例题

[多项选择题] 关于组织文化的说法，正确的有（　　）。

A. 组织文化分为物质层、制度层和精神层三个层次
B. 制度层制约和规范着物质层及精神层的建设
C. 有无制度层是衡量一个组织是否形成了自身组织文化的主要标志
D. 物质层是制度层和精神层的物质基础
E. 精神层是形成物质层及制度层的思想基础

[解析] 有无精神层是衡量一个组织是否形成了自身组织文化的主要标志，C项错误。

答案：ABDE

三、组织文化与组织设计

组织文化受组织设计的影响，具体见图 3-4。

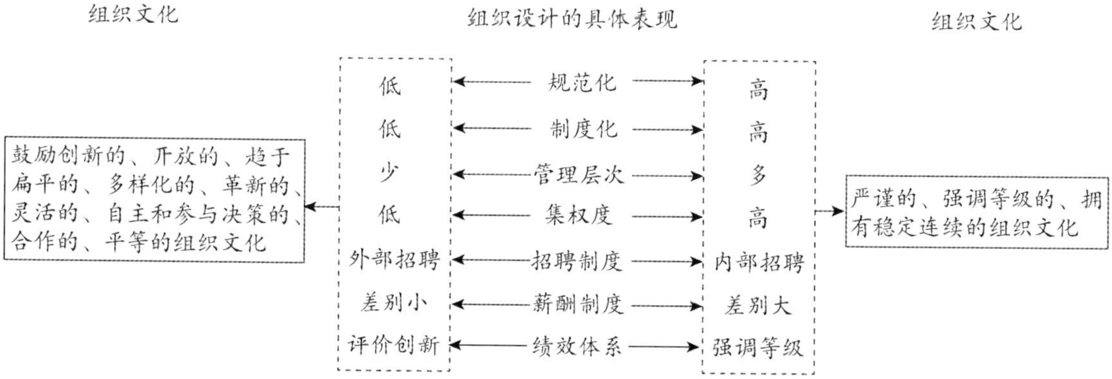

组织文化	组织设计的具体表现		组织文化
鼓励创新的、开放的、趋于扁平的、多样化的、革新的、灵活的、自主和参与决策的、合作的、平等的组织文化	低 ← 规范化 → 高 低 ← 制度化 → 高 少 ← 管理层次 → 多 低 ← 集权度 → 高 外部招聘 ← 招聘制度 → 内部招聘 差别小 ← 薪酬制度 → 差别大 评价创新 ← 绩效体系 → 强调等级		严谨的、强调等级的、拥有稳定连续的组织文化

图 3-4 组织文化与组织设计的关联图

> **知识点拨**
> 该知识点可以结合图3-4和下面的例题来掌握。

典型例题

[**多项选择题**] 如果企业想要构建一个自由、平等、开放、创新的组织文化，可以采用的组织设计手段包括（　　）。

A. 提升组织制度化和规范化的程度
B. 减少管理层次，形成趋于扁平的组织
C. 以外部招聘为主，提高员工的多样化程度
D. 建立强调等级差异的绩效评估体系
E. 建立不同职位等级间薪酬差异很大的薪酬制度

[**解析**] 如果企业想鼓励创新、开放的组织文化，就需要降低组织的制度化程度和规范化程度，A项错误；企业希望有一种冒险、创新的组织文化，则绩效评估体系应将重点放在评价创新的努力上，而不是建立强调等级差异的绩效评估体系，D项错误；不同级别间薪酬差别很大的薪酬体系适合于强调等级的组织文化，不适合崇尚平等的文化，E项错误。

答案：BC

第二部分　人力资源管理

【第二部分"人力资源管理"共七章,在四个部分中内容最多、分值最高,是人力资源管理实务的核心内容。本部分围绕人力资源管理工作六大模块的内容展开,每章的结构设置主要包括概念、程序、方法等,其中应用方法是考查的重点,各种方法的概念、特征、优缺点对比是本部分学习的难点,考生需要特别注意。】

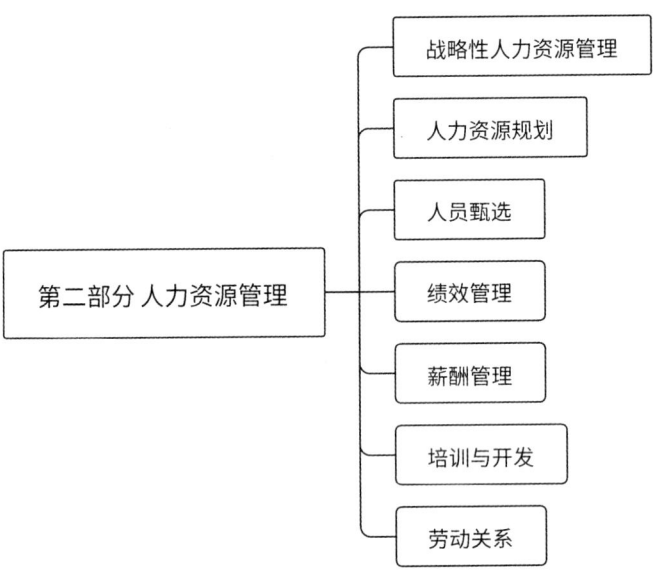

第四章

战略性人力资源管理

📖 **大纲再现**

理解战略性人力资源管理与组织战略管理的关系,分析人力资源管理在组织战略规划和战略执行过程中的作用,采用战略性人力资源管理工具和恰当的管理方法实施战略性人力资源管理,建立高绩效工作系统,实施人才管理。

大纲解读 ✏️

历年考查分数在6分左右,本章主要考查题型为单项选择题和多项选择题。

实现组织战略目标是所有人力资源管理工作的出发点和目的,本章考查的重点是战略性人力资源管理与组织战略之间的关系、如何制定和实施组织战略(战略制定与战略执行)、战略性人力资源管理及其与传统人力资源管理的区别、高绩效工作系统概念和人才管理的内容与特征。

知识脉络

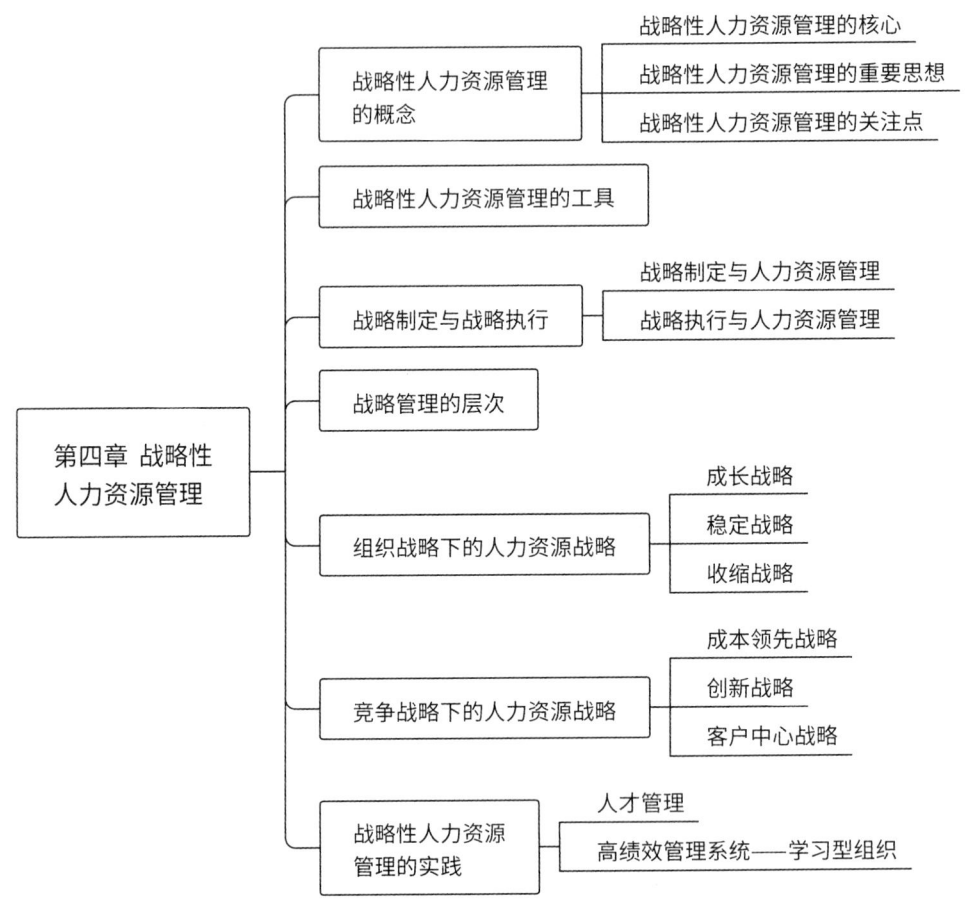

考点1 战略性人力资源管理的概念 ☆

一、战略性人力资源管理的核心

（1）核心理念：人力资源管理必须能够帮助组织实现战略以及赢得竞争优势，战略性人力资源管理不再是简单的"成本中心"，而是一种"利润中心"。

（2）核心概念：战略契合或战略匹配强调人力资源管理的一致性，具体见图4-1。

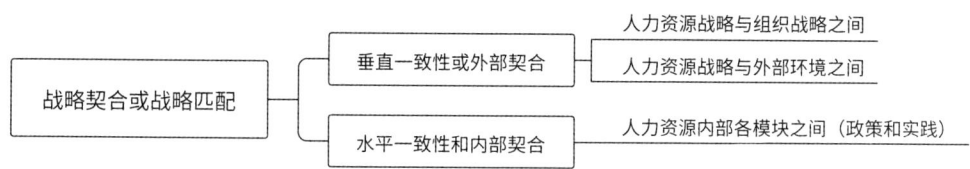

图 4-1 战略契合或战略匹配

> **典型例题**

[多项选择题] 某公司总裁最近对人力资源部的工作提出了批评，指出公司的人力资源管理工作层次过低，今后应当向战略性人力资源管理的层次迈进。为此，该公司今后的人力资源管理工作应当做到（　　）。

A. 确保人力资源管理战略与本公司的外部环境和组织战略相匹配
B. 确保公司的各项人力资源管理政策和实践之间保持高度一致性
C. 将人力资源管理工作的重点放在帮助企业降低成本方面
D. 不再从事日常行政事务性工作
E. 向公司的其他人证明人力资源管理专业人员对公司的目标实现做出了贡献

[解析] 战略性人力资源管理被看作是一种"利润中心"，而不再是简单的"成本中心"，C项错误；战略性人力资源管理将重心放在实现组织战略目标上，但并不表示日常的人事行政管理工作不需要做了，D项错误。

答案：ABE

二、战略性人力资源管理的重要思想

战略性人力资源管理在实际工作中应该贯彻的重要思想主要包括：
（1）以利润为导向，而不仅仅是以成本或服务为导向。
（2）擅长利用成本与收益的分析来发现人力资源管理的问题。
（3）为人力资源管理职能人员进行人力资源战略思想的培训。
（4）为组织及时提供人力资源管理方面的建议性解决报告。

> **知识点拨**
>
> 该知识点一般是与战略性人力资源管理的核心融合在一起出题，所以只要记忆关键词即可。

三、战略性人力资源管理的关注点

战略性人力资源管理会将工作的关注点集中于以下四个方面：①管理变革；②改变结构和文化；③开发特殊能力；④提升组织效率和组织业绩。

考点2 战略性人力资源管理的工具 ☆☆

战略性人力资源管理的三个工具是按照战略性人力资源管理实施步骤的顺序出现的，首先，战略地图根据价值链的信息梳理出对完成组织战略目标最重要的业务活动；其次，在战略地图的基础上，通过人力资源计分卡把各业务活动变为可衡量的指标；最后，数学仪表盘帮助组织在执行中监控各项指标的完成进度情况。三大工具的具体内容见表4-1。

表4-1 战略性人力资源管理的工具

三大工具	具体内容
战略地图	战略地图指明了组织战略实施的路径和总体脉络，是对组织战略实施过程的主要活动进行分解的一种工具，它明确了组织必须完成的各种关键活动及其相互之间的驱动关系
人力资源计分卡	人力资源计分卡是为人力资源管理活动链设计的各种非财务类和财务类的可衡量指标或目标
数字仪表盘	数字仪表盘是指能够在电脑上显示的各类图表，可以向管理者形象地展示出在战略地图上出现的各项目标目前在公司中进展到了什么阶段，可以有效帮助管理者及时修正和调整

知识点拨

对于三大工具的概念只需记住关键词、做到对号入座即可，往年已经考过战略地图和人力资源计分卡的概念，有重复出题的可能性，同时应特别注意数字仪表盘的概念。

典型例题

[单项选择题]某公司希望通过对组织战略实现过程进行分解，帮助公司各部门理解公司战略实现过程，适合运用的工具是（　　）。

A. SWOT分析

B. 数字仪表盘

C. 战略地图

D. 人力资源计分卡

[解析]战略地图实际上是对组织战略实现过程进行分解的一种图形工具，它形象地展示了确保组织战略得以成功实现而必须完成的各项关键活动及其相互之间的驱动关系。

答案：C

考点3 战略制定与战略执行 ☆☆☆

战略制定（战略规划）与战略执行（战略实施）是战略管理中的两个核心阶段。要注意战略执行并不是永远在战略制定之后，当战略执行过程本身存在缺陷或问题时，会导致战略制定的调整和改变，两者是不断循环的过程。

一、战略制定与人力资源管理

（一）战略制定的过程或任务

战略制定的过程主要包括三个方面，具体内容见图 4-2。

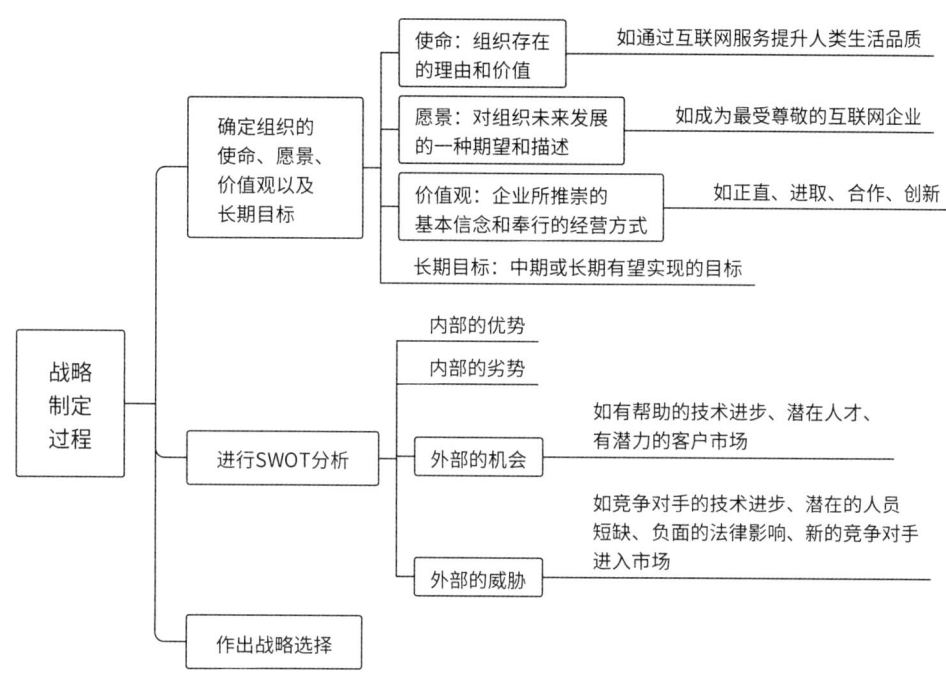

图 4-2　战略制定过程

> **知识点拨**
>
> 图 4-2 中使命、愿景、价值观和 SWOT 分析的举例部分是常考点，应当特别注意。

典型例题

[多项选择题] 企业常常会使用 SWOT（即内部的优势和劣势、外部的机会和威胁）分析来制定战略，其中属于战略威胁的有（　　）。

A. 本企业的人力资源管理水平较低

B. 可能对本企业不利的法律即将出台

C. 竞争对手实现技术创新

D. 强劲竞争者的数量增加

E. 劳动力市场上缺乏本企业所需的高素质人才

[解析] 在 SWOT 分析中，战略威胁（T）包括潜在人员短缺、新的竞争对手进入、即将出台的可能会对公司产生负面影响的法律、竞争对手的创新技术等。A 项属于企业内部的劣势。

答案：BCDE

（二）人力资源管理在战略规划过程中的作用

（1）战略规划一般由战略规划小组决定。

（2）战略规划发生在高层。

（3）人力资源管理职能应参与战略决策的每一个步骤。

> **知识点拨**
> 战略规划发生在高层而不是管理层，管理层包括基层、中层和高层管理，两者概念不同，要特别注意。

（三）战略规划与人力资源管理之间的联系

（1）一体化联系：是一种理想的状态，人力资源全面参与战略制度，其联系是全方位的和动态的，人力资源高层本身就是战略规划团队的成员。

（2）双向联系：人力资源参与战略制定和战略执行，但参与战略制定是按照固定的步骤进行，形成了相互作用关系。

（3）单向联系：人力资源不参与战略制定，但配合战略规划执行。

（4）行政管理联系：人力资源部门与企业的战略管理过程是完全分离的，既不参与战略制定，也不参与战略执行。

> **典型例题**
>
> [单项选择题] 在制定战略规划阶段，关于人力资源管理与战略规划之间联系的说法，错误的是（　　）。
>
> A. 所谓单向联系，是指人力资源部门能够参与战略制定的过程
>
> B. 所谓双向联系，是指战略规划和人力资源管理之间形成了互动联系
>
> C. 所谓一体化联系，是指战略规划与人力资源管理之间的互动是动态和全方位的
>
> D. 所谓行政管理联系，是指人力资源部门不参与组织战略制定的过程
>
> [解析] 单向联系是组织自行制定战略规划，然后将这种战略规划告知人力部门，让其配合战略实施，并未参与战略制定的过程，A 项错误。
>
> 答案：A

二、战略执行与人力资源管理

如果战略制定是高层管理的职责，战略执行就是人力资源管理部门的责任。在战略执行过程中，组织战略能否被成功执行，主要取决于五个重要因素。

（一）人力资源管理负有主要责任的因素

（1）报酬系统。

（2）人员的甄选、培训与开发。

（3）工作任务设计。

（二）人力资源管理直接影响的因素

（1）组织结构。

(2) 信息系统。

> **典型例题**

[多项选择题]组织战略执行过程中的五大要素除了信息系统，还包括（　　）。

A. 组织结构　　　　　　　　　　B. 工作任务设计

C. 员工关系　　　　　　　　　　D. 报酬系统

E. 人员甄选、培训和开发

[解析]一个组织的战略是否能够得到成功的执行，主要取决于以下五个要素：组织结构，工作任务设计，人员的甄选、培训与开发，报酬系统，信息系统。

答案：ABDE

考点4　战略管理的层次☆☆

战略管理可以分为三个层次，具体见图4-3。

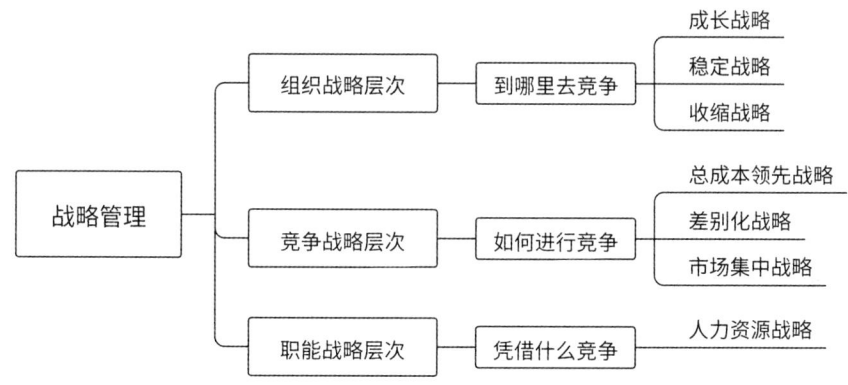

图4-3　战略管理

> **典型例题**

[单项选择题]某高科技公司认为区块链技术的未来前景巨大，于是做出了进入该领域的战略决策，这属于（　　）层次。

A. 职能战略　　　　　　　　　　B. 竞争战略

C. 组织战略　　　　　　　　　　D. 公司战略

[解析]组织战略主要回答到哪里去竞争的问题，即做出组织应该选择经营何种业务以及进入何种行业或领域的决策。

答案：C

考点5　组织战略下的人力资源战略☆☆

一、成长战略

成长战略是一种以创新、合并为主要内容，关注市场和产品开发的战略。成长战略包括内部成长战略和外部成长战略。内部成长战略是指组织通过自身实力的增长实现成长。外部成长战略是指通过兼并、收购的方式，进行横向一体化或纵向一体化的方式扩张。

（一）内部成长战略的人力资源特点

（1）招聘：招聘压力较大。

（2）培训：多类型、全方位。

（3）晋升：以内部晋升为主。

（4）绩效和薪酬：看重绩效的结果。

（二）外部成长战略的人力资源特点

（1）招聘：较少的招聘需求，不同组织人员重新配置的工作压力大。

（2）培训：整合统一文化和价值观，以及技能再培训。

（3）绩效和薪酬：标准化和规范化。

二、稳定战略

稳定战略强调维持自己在市场中已有的优势，提升市场份额或降低运营成本。从人力资源角度出发，应当注意人员的稳定性以及管理的公平性和规范性。

（1）招聘：招聘需要较少。

（2）培训：提升当前工作效率和技能。

（3）晋升：能够获得缓慢晋升。

（4）绩效和薪酬：看重行为规范和内部一致性。

三、收缩战略

收缩战略一般与裁员联系在一起，是指因经营困难而缩小经营的业务。从人力资源角度出发，应当注意如何以代价最小的方式精简人员，并且在人员精简后如何提升留在企业的员工的士气。

（1）招聘：基本无招聘需求。

（2）培训：培训压力大，主要更新员工技能。

（3）绩效和薪酬：薪酬与业绩挂钩。

> 【知识点拨】
> 成长战略、稳定战略和收缩战略应重点掌握各自的概念，以及招聘、培训和晋升的特点，绩效和薪酬的特点在本章没有详细列出，以第七章和第八章的相关内容为主。

▶ 典型例题

[单项选择题] 下列人力资源管理活动中，与稳定战略相匹配的是（　　）。

A. 不断为组织招聘新员工

B. 以低福利、高刺激的方式激发员工

C. 快速晋升内部员工

D. 注重人力资源管理的内部一致性和公平性

[解析] 稳定战略的整体人力资源战略就是保持组织内部人力资源的稳定性以及管理手段

的规范性、一致性和内部公平性。对人员的招募需求不大，内部员工能够获得缓慢晋升；组织的培训主要关注员工当前所从事的工作的需要；绩效管理的重点是员工的行为规范以及员工的工作能力和态度。在薪酬管理方面，更加重视薪酬的内部一致性。A、B、C 三项属于内部成长战略。

答案：D

考点6　竞争战略下的人力资源战略 ☆☆

一、成本领先战略

成本领先战略（低成本战略）是指在市场上采取低于竞争对手价格的策略。
（1）招聘：希望招用兢兢业业做事的人。
（2）培训：当前所从事的工作。
（3）职责描述：对工作内容和职责进行的描述比较详细、具体。
（4）绩效和薪酬：考核员工的行为规范和流程，薪酬低于竞争对手。

> **知识点拨**
> 代表企业如小米科技、吉利汽车。

二、创新战略

创新战略将缩短产品的生命周期和创新视为最重要的目标，重视客户的满意度，满足用户的个性化需求。
（1）招聘：希望招用富有创新精神和勇于承担风险的人。
（2）职责描述：非常灵活，不局限于具体清晰的职位描述，更看重员工的技术水平和创新能力。
（3）绩效和薪酬：对创新成功者给予高额回报。

> **知识点拨**
> 代表企业如苹果、华为。

三、客户中心战略

客户中心战略是指重视客户的服务质量、服务效率和满意度，以服务赢得竞争胜利的战略。
（1）招聘：看重服务的能力和经验。
（2）培训：以客户为中心的各方面内容。
（3）绩效和薪酬：根据客户的评价支付薪酬或根据向客户提供服务的质量和数量支付薪酬。

> **知识点拨**
> 代表企业如海底捞。

>> 典型例题

[单项选择题] 某公司采用的战略是在确保产品质量的基础上尽可能地降低成本,这种战略属于（　　）。

A. 组织战略　　　　　　　　　　　　B. 人力资源管理战略
C. 职能战略　　　　　　　　　　　　D. 竞争战略

[解析] 根据题干的表述"尽可能地降低成本",该战略属于成本领先战略。

答案：D

考点7　战略性人力资源管理的实践☆☆

一、人才管理

（一）人才管理的目的

人才管理实施的关键点在于对人才的吸引、保留、开发和使用（选、留、育、用）。

（二）人才管理的特点

（1）人才是指构成员工队伍的大多数员工（绩效稳定的B类人才），而不仅仅是组织中最优秀的少数员工（A类人才）。

（2）人才不是绝对的，更不是抽象的。对人才评价包括绩效和潜力，其中绩效代表的是过去和现在，而潜力代表的是未来。

（三）与传统的人力资源管理的区别

（1）人才管理具有明显的主动性、前瞻性和灵活性。

（2）人才管理致力于打破各职能之间的壁垒,借鉴其他的管理方式帮助实现人才管理,比如客服关系管理、六西格玛、供应链管理以及精益生产等。

（四）人才管理的主要内容

（1）降低人才流动风险,形成新型人才队伍调节机制。

①提高人才开发的投资回报率。

②多批次、小规模地培养人才。

③利用制造人才（内部培养）和购买人才（高薪外聘）两种策略。

④利用各种方式平衡组织和员工之间的利益,以最小代价吸引保留更多员工。

（2）构建灵活多样的人才获取途径,实现动态人才匹配。

（3）建立多元化的员工价值主张。

①适应员工队伍的多元化特征。

②建立富有同情心且统一、平等的组织文化。

③以魅力影响型替代传统的指令型。

（4）加强人力资源能力建设,对各人力资源职能加以整合,改善人力资源管理流程,实现战略性人力资源管理。

二、高绩效管理系统——学习型组织

（一）学习型组织的定义

学习型组织中，员工是最基本的组成要素，组织支持并重视员工终身学习的文化。

（二）学习型组织的五个关键特征

(1) 重视员工，确保每一位员工的发展。

(2) 致力于持续学习。

(3) 知识获取与分享。

(4) 采用系统性和批判性的思维方式。

(5) 具有一种学习文化。

第五章

人力资源规划

📖 大纲再现

理解人力资源规划的意义和作用,分析人力资源需求预测、供给预测的影响因素,制定平衡人力资源供求关系的组织对策,选择恰当的人力资源需求预测、供给预测以及供需平衡的方法开展人力资源规划。

大纲解读 ✏️

历年考查分数在6分左右,本章主要考查题型为单项选择题、多项选择题,一般每隔两三年出一次案例分析题。

本章结构是按照人力资源规划的步骤设计的,学习的关键是掌握人力资源需求预测和供给预测的方法,人力资源需求预测和供给预测的影响因素也是本章常考点。

知识脉络 ▶

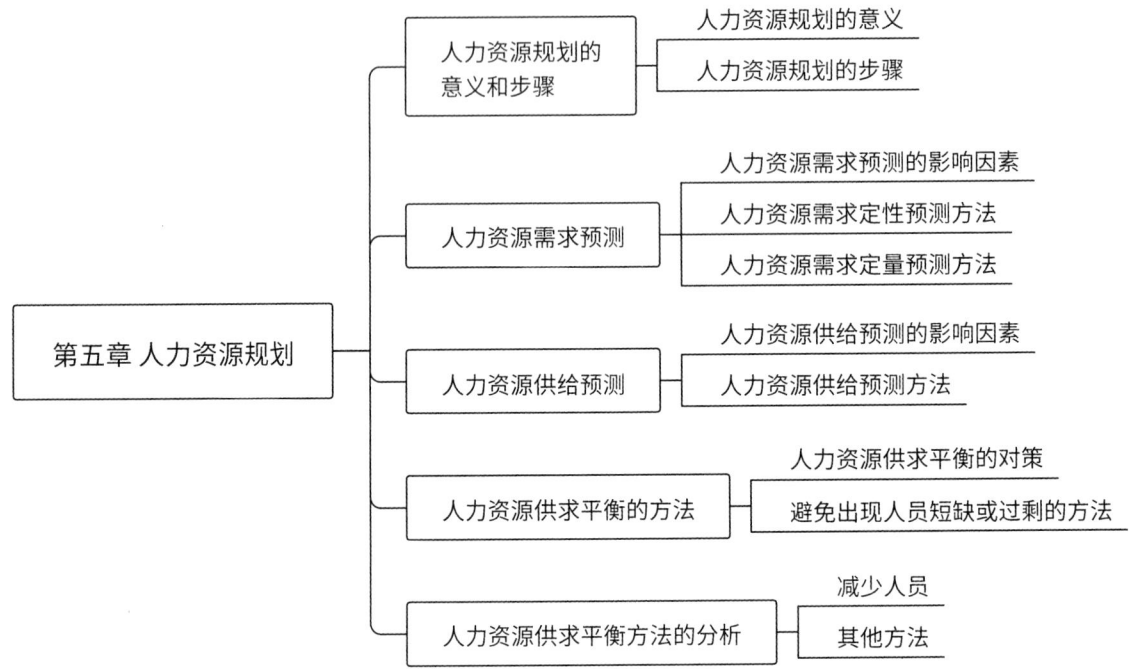

考点1 人力资源规划的意义和步骤 ☆

一、人力资源规划的意义

(1) 人力资源规划对组织战略目标的实现有着重要意义。
(2) 人力资源规划有助于组织合理控制人工成本（节约人工成本支出）。
(3) 人力资源规划有助于组织整体人力资源管理系统的一致性、稳定性和有效性。

二、人力资源规划的步骤

(1) 人力资源需求预测。
(2) 人力资源供给预测。
(3) 人力资源供求平衡分析。
(4) 实施人力资源供求平衡计划。

考点2 人力资源需求预测 ☆☆☆

一、人力资源需求预测的影响因素

人力资源需求预测共有四个影响因素，具体内容见图 5-1。

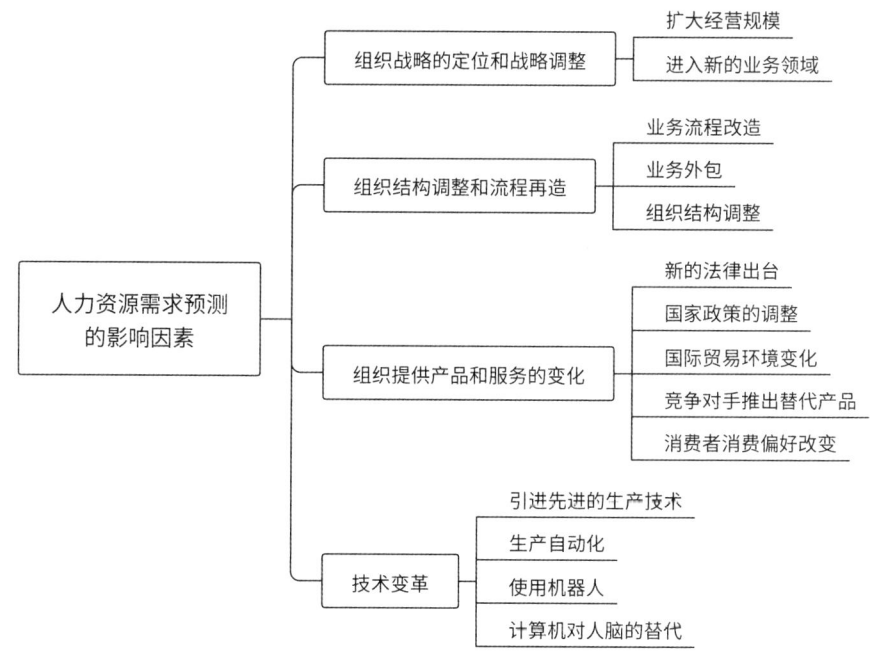

图 5-1 人力资源需求预测的影响因素

> **知识点拨**
>
> 人力资源需求预测的四个影响因素和每个影响因素下的举例内容都是重要考点，举例内容要做到能够和四个影响因素对号入座。

> 典型例题

[单项选择题] 某企业决定进入新业务领域,急需大量该业务领域的优秀人才,这表明影响其人力资源需求的因素是(　　)。

A. 组织战略的定位和战略调整　　　　B. 组织结构调整
C. 技术变革　　　　　　　　　　　　D. 业务流程再造

[解析] 人力资源需求预测的影响因素包括组织战略的定位和战略调整、组织结构调整和流程再造、组织提供产品和服务的变化、技术变革。其中,组织战略的定位和战略调整包括组织进入一个新的业务领域和扩大经营规模。

答案:A

二、人力资源需求定性预测方法

(一) 德尔菲法

1. 德尔菲法的优点

(1) 采用多轮预测,专家有修正自己观点的机会,结果具有较高的准确性。
(2) 匿名进行,专家们不见面、不集体讨论,均独立做出判断,有效避免从众行为。
(3) 能够避免个人预测的片面性。

2. 德尔菲法的注意事项

(1) 选择的专家要具有代表性。
(2) 专家人数至少达到20～30人。
(3) 不要让专家一次回答过多的问题,问题的设计要合理。
(4) 尽量向专家提供更充分的资料和信息,有助于他们进行预测和判断。

> 知识点拨

德尔菲法是每年的常考点,需要掌握它的优点和注意事项。

(二) 经验判断法

1. 经验判断法的概念

经验判断法是最简单的,也是最常用的需求预测方法,是指让组织中的中高层管理者依据个人的直觉或过去积累的工作经验,对组织未来所需要的人力资源数量和结构等进行估计的方法。

2. 经验判断法的局限性

(1) 适合企业规模较小、经营环境相对稳定、人员流动率较低的企业。
(2) 只适合对企业人员需求情况做出短期预测。
(3) 为保证预测结果的准确性,管理人员必须具有比较丰富的工作经验。

> 典型例题

[单项选择题] 关于人力资源需求预测方法的说法,错误的是(　　)。

A. 德尔菲法一般要进行多轮预测

B. 德尔菲法能够避免从众行为

C. 经验判断法适用于规模较小或环境稳定的组织

D. 经验判断法适用于长期预测

[解析] D项，经验判断法主要适用于短期预测，以及那些规模较小或经营环境相对稳定、人员流动率不太高的组织。

答案：D

三、人力资源需求定量预测方法

（一）趋势预测法

1. 趋势预测法的概念

趋势预测法（又称时间序列分析法）是根据组织若干年来雇佣水平的总体变化趋势，利用数学工具的计算，对组织未来人力资源的发展状况进行预测的方法。

2. 趋势预测法的特点

（1）实用性比较强。

（2）预测方法比较粗糙，准确性会打折扣，一般和历史时间长短密切相关。

（3）只能在组织经营环境及重要技术稳定的情况下使用。

（二）比率分析法

1. 比率分析法的概念

比率分析法是一种基于某种关键的管理或经营指标与组织的人力资源需求量之间的固定比率关系进行预测的方法。

2. 比率分析法的特点

必须要假定人均生产率不变。

（三）回归分析法

1. 回归分析法的概念

回归分析法是依据事物发展变化的因果关系来预测的，通过建立人力资源需求数量与其影响因素之间的函数关系的预测方法。

2. 回归分析法的分类

（1）回归分析法分为多元回归分析法和一元回归分析法。多元回归分析法预测准确性高于一元回归分析法。

（2）回归分析法分为线性回归和非线性回归。在实践中经常采用线性回归分析法进行预测。

> **知识拓展**
>
> 在相关条件满足的情况下，定量预测法比定性预测法更准确，但当缺乏历史数据等情况发生时，就需要专家或管理者依据个人经验做出判断，两者各有优劣，需要结合实际情况使用。

> 典型例题

[多项选择题] 关于人力资源需求预测方法的说法,正确的有( )。

A. 经验判断法是一种定性的主观判断法

B. 回归分析法是一种定量的预测方法

C. 德尔菲法要求专家们一起开会,集体进行需求预测

D. 定量的需求预测方法准确性往往比较高

E. 定性的需求预测方法过于主观,不适合使用

[解析] 人力资源需求定性预测法包括经验判断法、德尔菲法,人力资源需求定量预测方法(预测更精确)包括趋势预测法、比率分析法、回归分析法。A、B、D三项正确。德尔菲法是指参与的专家成员彼此之间并不见面,以匿名的方式参与的方法,C项错误。定性的需求预测方法适合中小型企业,并非不适合使用,E项错误。

答案:ABD

考点3 人力资源供给预测 ☆☆☆

一、人力资源供给预测的影响因素

人力资源供给预测是指组织对自己未来一段时间内所要获得的人力资源结构、质量、数量等所作的估计。影响因素主要包括两个方面:

(1) 外部劳动力市场(地区性和全国性的)。

(2) 内部劳动力市场(员工技能库:了解内部人员结构及现有人员的技能水平)。

二、人力资源供给预测方法

(一) 马尔科夫分析法

马尔科夫分析法主要是利用一种转移矩阵的统计分析程序,基于多种职位以及人员流动状况进行预测的方法。

(二) 人员替换分析法

1. 人员替换分析法的概念

人员替换分析法针对组织内部的具体(某个或某些)职位,确定能够在未来承担该空缺职位的合格候选人。

2. 人员替换分析法的特点

有利于激励员工士气,降低招聘成本,提前做好人才储备。

> 知识点拨

人力资源供给和需求预测方法常见的出题形式是"方法归类"的问题,如需求预测的定量分析方法有哪些,通常将供给预测的方法作为干扰项。人力资源供求预测方法见图5-2。

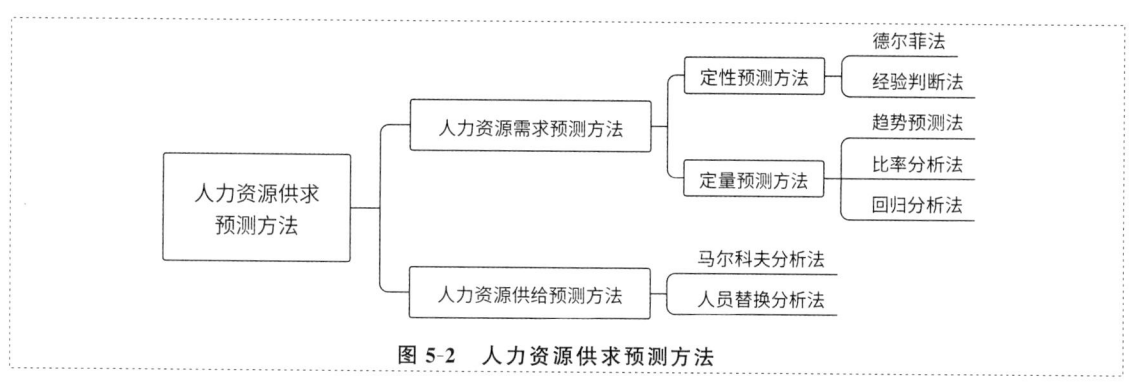

图 5-2 人力资源供求预测方法

> **典型例题**

[多项选择题] 马尔科夫分析法的特点包括（　　）。
A. 体现了企业内部职业晋升的通道
B. 是人力资源供给预测的方法
C. 反映不同时间人员的占比、人数
D. 通过供给更好预测未来人员的需求
E. 属于人员替换分析法

[解析] 马尔科夫分析法主要是利用一种所谓转移矩阵的统计分析程序来进行人力资源供给预测。转移矩阵能够显示在不同时间，不同职位类型的员工所占的比例（或数量）。人员替换分析法能够体现企业内部职业晋升的通道，A、E 两项错误。马尔科夫分析法在企业某种程度上比较稳定时，可以用来预测企业人力资源供给状况，并不能预测未来人员的需求，D 项错误。

答案：BC

考点 4　人力资源供求平衡的方法 ☆☆☆

一、人力资源供求平衡的对策

人力资源供求数量的对比会产生三种结果，具体见表 5-1。

表 5-1　人力资源供求平衡

三种情形	供求平衡的措施
需求小于供给	（1）鼓励员工提前退休 （2）冻结雇用 （3）采用工作分享或缩短现有员工工作时间 （4）对富余人员实施培训 （5）永久性裁员或临时性解雇
需求大于供给	（1）雇用非全日制员工或聘用已退休人员（适合长期） （2）延长工作时间，让员工加班（适合短期） （3）提高员工的工作效率 （4）降低现有人员的流失率 （5）非核心业务外包
结构性不匹配	（1）自然退休、人员置换或到期终止劳动合同 （2）对现有人员进行培训 （3）将技能不足的老员工替换到辅助性岗位

> **知识点拨**
>
> 三种情形的理解：
>
> (1) 需求小于供给是指组织目前需要的人少而组织内存在的人（供给）多了，即组织内人多了，有富余。
>
> (2) 需求大于供给是指组织需要的人多而组织内可以供给的人不足，即组织缺人了，需要补充。
>
> (3) 结构性不匹配是指需求和供给的数量虽然正好相等，但是质量或结构上不匹配，比如 A 部门人有富余，而 B 部门缺少人，所以结构性不匹配，需要进行人员置换。

» 典型例题

> [多项选择题] 企业面临需求大于供给时，可采取的措施有（　　）。
>
> A. 员工加班加点　　　　　　　　　　B. 返聘退休员工
>
> C. 部分业务外包　　　　　　　　　　D. 降低员工离职率
>
> E. 冻结人员雇用
>
> [解析] 当企业面临需求大于供给时，即劳动力人数不足，要增加劳动力或工作时间。E 项属于需求小于供给的措施。
>
> 答案：ABCD

二、避免出现人员短缺或过剩的方法

（一）避免出现人员短缺的方法

避免出现人员短缺方法的具体内容见表 5-2。

表 5-2 避免出现人员短缺的方法

方法	速度	可撤回程度
加班加点	快	高
雇用临时工	快	高
外包	快	高
再培训后换岗	慢	高
降低流动率	慢	中等
从外部雇用新人	慢	低
技术创新	慢	低

> **知识点拨**
>
> (1) 再培训后换岗。因为培训需要一定的时间，所以在补充人的效率上"慢"，一旦岗位不再需要这个人可以安排调回，所以可撤回程度"高"。
>
> (2) 降低流动率。组织出台政策或采取能够影响员工离职意向的措施需要有一个消化的时间，因此速度"慢"，政策或措施是否撤回情况差异较大，所以可撤回程度"中等"。

(3) 雇用临时工。相对更简单、录用标准更低，所以速度"快"，而雇用正式员工所需要花费的时间会比较多，所以速度"慢"。

（二）减少出现人员过剩的方法

减少出现人员过剩方法的具体内容见表 5-3。

表 5-3 减少出现人员过剩的方法

方法	速度	员工受伤害的程度
裁员	快	高
降薪	快	高
降级	快	高
职位调动	快	中等
职位分享	快	中等
冻结雇用	慢	低
自然减员	慢	低
提前退休	慢	低
重新培训	慢	低

【知识拓展】

裁员、降薪和降级会直接损害员工的切身利益，但会快速帮助企业降低成本。职位调动和职位分享也可以快速调整人员，减少成本，员工的个人利益会受到一定影响，但相比降薪、裁员，其伤害程度要小很多，所以伤害程度是"中等"。

【典型例题】

[单项选择题] 为应对劳动力稀缺的情况，企业可以采取的见效速度快的方法是（　　）。

A. 加班加点　　　　　　　　　　B. 技术创新
C. 招聘新员工　　　　　　　　　D. 降低员工离职率

[解析] 技术创新、从外部雇用新人属于速度慢、可撤回程度低的方法，B、C 两项错误；降低离职率，属于速度慢、可撤回程度中等的方法，D 项错误。

答案：A

考点5　人力资源供求平衡方法的分析 ☆

一、减少人员

（一）提前退休计划

企业采取提前退休计划的原因分析：

(1) 年纪较大的员工（资历久、薪酬高）成本有时比年轻员工要高。

(2) 占据着高薪酬水平或重要的职位，阻碍了年轻员工的招聘和晋升。

（二）裁员

1. 裁员的负面影响

（1）如果产生负面公众印象，将有损企业在外部劳动力市场上的形象，影响今后的招聘。

（2）错将重要的员工裁掉，如被裁掉的员工可能是企业无法替代的。

（3）管理不当的裁员有可能产生长期性的负面作用。

（4）裁员后侥幸留在企业的员工会对企业心存戒备。

2. 裁员的注意事项

（1）应当采用手术式的战略裁员，要避免不加选择地任意实施全面裁员。

（2）组织有必要为裁员提供合理、充分的解释说明，并且保证裁员过程是人性化的、公平的。

> **知识拓展**
>
> 手术式的战略裁员是指通过科学的数据分析，只对存在冗员的部门进行针对性的裁员，精准裁员就像做手术一样。

二、其他方法

（一）外包、离岸经营和移民

（1）实施外包最好先从小的工作开始。

（2）需要被外包出去的工作最好是相对独立的或"模块化"的。

（3）选择外包服务供应商时，机构历史越长、规模越大越好。

（二）雇用临时员工或劳务派遣人员

1. 雇用临时员工或劳务派遣人员的优势

（1）缺乏甄选能力的小公司通过临时雇用或使用劳务派遣人员甄选到合适员工。

（2）帮助企业减少财务负担和管理任务。

（3）能够降低企业的培训成本，因为临时员工派遣出来之前会进行必要的培训。

（4）由于临时员工或劳务派遣人员新到企业中，对于企业存在的问题可能有比较客观的看法，能够帮助组织改进效率和绩效等。

2. 雇用临时员工或劳务派遣人员的注意事项

（1）雇用临时员工不应对正式员工有太大威胁。

（2）不能在组织中形成临时员工或劳务派遣人员是"二等公民"的感觉。

（3）在裁员和招用临时员工或劳务派遣人员之间应当留出一段必要的缓冲时间。

（三）调整薪酬和工作时数

工作共享或职位共享是指员工的单位时间的薪酬水平不变，减少全体员工的工作时间，降低员工薪酬，以避免裁员。

>> **典型例题**

[单项选择题]一些美国公司将原本在本土的客户呼叫服务中心迁往印度，这种做法属

于（　　）。

A. 离岸经营　　　　　　　　　B. 培训转岗

C. 临时用工　　　　　　　　　D. 工作分享

［解析］离岸经营是一种特殊的业务外包形式，即将工作岗位从一个国家转移到另一个国家。

答案：A

第六章

人员甄选

大纲再现

理解人员甄选对组织的价值,采用常用的信度、效度指标对人员甄选方法的可靠性和有效性实施评估,选择恰当的人员甄选方法实施有效的人员甄选。

大纲解读

历年考查分数在15分左右,本章主要考查题型为单项选择题、多项选择题和案例分析题。

人员甄选是招聘模块中最重要的一个环节,常考查的内容有面试方法、心理测试、成就测试和针对管理人员的评价中心法等甄选方法。另外,信度和效度的关系和类型也是常考点,大家应了解只有在测试本身具有较好的信度和效度的情况下,甄选测试才是有意义的。

知识脉络 ▶

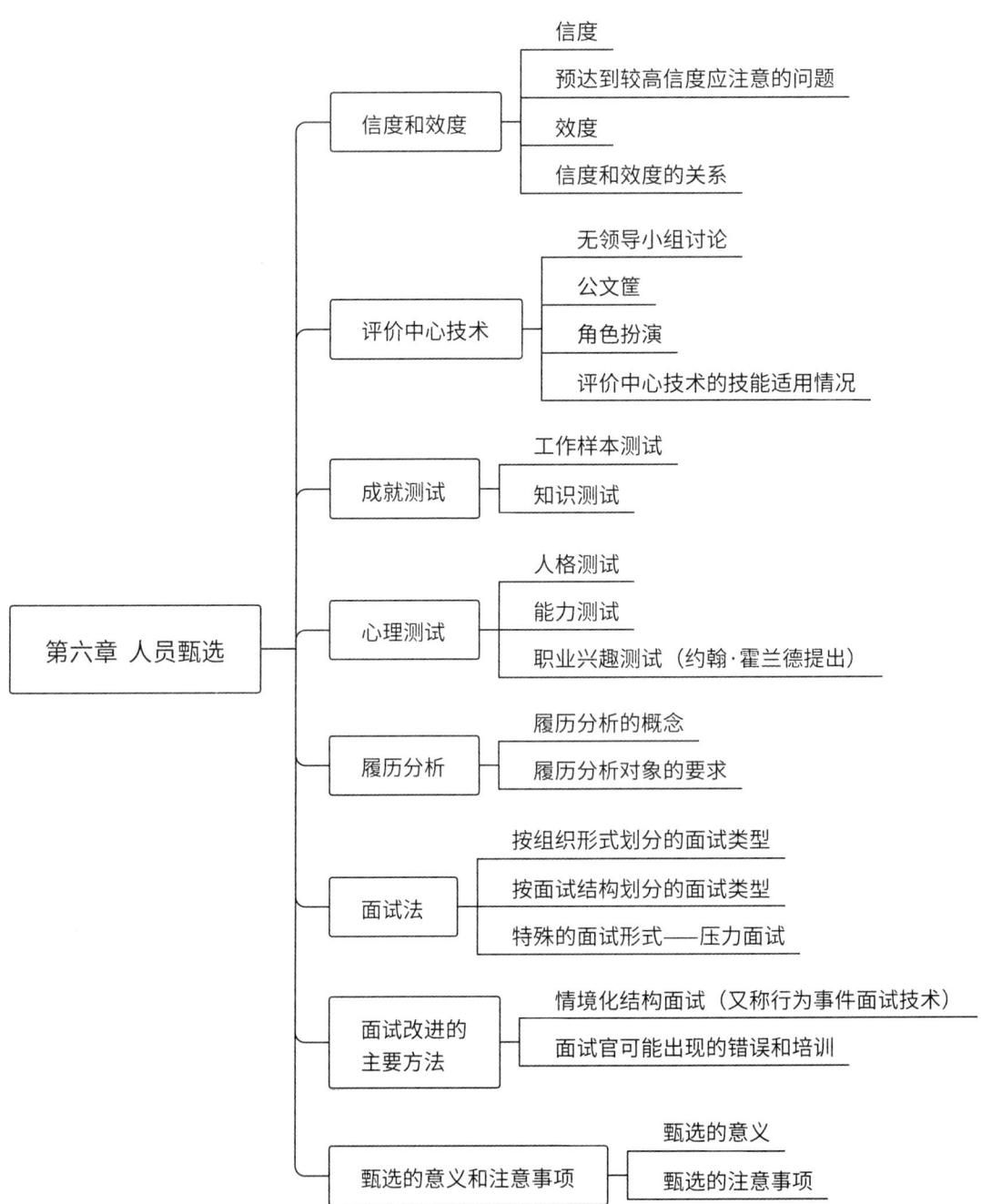

考点1　信度和效度 ☆☆☆

一、信度

信度是指测试的稳定性和可重复性，主要反映测试的稳定性程度和内部一致性程度，是对测试工具的基本要求。信度的系数介于 0 至 1 之间，信度最低用 0 表示，最高用 1 表示。一般信度系数不低于 0.70，这个测试工具就被视为信度较好。信度具体包含以下四种类型。

（一）重测信度

重测信度又称再测信度，是指对同一群人使用相同的测试工具在不同的时间进行多次测试，观察结果的一致性程度。

（二）复本信度

复本信度是指使用两种功能等值（难度相当）但是表面内容不同的测试工具，对相同的被测试者实施测试，观察两种等值的测试中被测试者取得的分数之间的相关程度，如高考试题中的 A 卷和 B 卷。

（三）内部一致性信度

内部一致性信度是指考察同一测试内容的不同题目得分一致性程度。具体可分为两种：

（1）同质性信度：测验内部的各题目在多大程度上考察了同一内容。

（2）分半信度：测验两半题目的结果变异程度，即将包含的题目均分成两份，然后考察这两个半份测试结果之间的相关系数。比较常用的方法是根据奇偶数顺序划分。

（四）评价者信度

评价者信度是指不同评分者在使用同一种测试工具时所给出的分数之间的一致性程度。

> **知识点拨**
>
> 信度的理解：
>
> （1）重测信度：对同一群人，使用相同的测试工具，只是时间不同。
>
> （2）复本信度：对相同的人用不同的试卷（表面看着不一样，但其实难度一样）进行测试。
>
> （3）内部一致性信度：问卷设置 10 个问题来测试一个人的自信心，想知道这 10 个问题到底是不是都测试了自信心，就需要内部一致性。具体可以用两种方法：把问题一分为二来对比，即分半信度；将所有问题放在一起使用数学方法测量异质性，即同质性信度。

▶ 典型例题

[单项选择题] 内部一致性信度反映的是（　　）。

A. 采用两个测验复本测量同一群体时得到的两个分数间的相关性

B. 不同评分者对同一对象进行评定时的一致性

C. 用同一方法对一组应聘者在两个不同时间进行测试的结果间的一致性

D. 在同一测验内部，不同题目的测试结果间的一致性

[解析] 内部一致性信度主要反映同一测试内部不同题目的测试结果是否具有一致性，是检验测验本身好坏的重要指标。

答案：D

二、预达到较高信度应注意的问题

（1）测试过程尽可能按测量学的要求做到标准化。

（2）应保持良好的测试环境（包括物理环境和心理环境），这样被测试者会保持轻松自然的心态以便于发挥。

（3）抽样时不能集中于某一类人，而应使样本尽量具有异质性。

（4）注意测试设计的难度，避免出现"天花板效应"或"地板效应"；同时也要注意测试的长度，避免过长时间的测试引起被测试者的疲乏而令其感到厌倦，影响测试质量。

三、效度

效度是指测试的有效性或准确性，一个测试工具仅仅是可重复的或稳定的还远远不够，还需要测试结果与目标具有一致性。因此，效度反映了一种测试工具对于它所要测量的内容或特质进行准确测量的程度。效度具体包含以下三种类型。

（一）效标效度

效标效度（也称效标关联效度）是指一种测试或甄选技术对被测试者的工作绩效或工作行为进行预测的准确程度。

与甄选工作有关的效标包括销售额、产出数量或质量、缺勤率、事故发生率、上级的评价结果等。效标效度中比较常用的有预测效度和同时效度两种。

1. 预测效度

预测效度是指观察员工被雇用之前的测试分数与其被雇用之后的实际工作绩效之间是否存在实证性关系。其缺点是组织必须在员工入职工作一段时间后，才能得到效标关联效度所需要的数据。

2. 同时效度

同时效度是指让已经在岗工作的员工完成某种测试并得到测试分数，观察测试结果和员工实际绩效数据之间的相关关系。

（二）内容效度

1. 内容效度的概念

内容效度是指一项测试的内容能够代表它所要测量的主题或特质的程度，即测试的内容与测试所要达到的目标之间的相关程度。

2. 内容效度的特点

（1）通常采用专家判断法。

（2）不太适合对比较抽象的特质进行评价，如智力、诚实性或领导能力等。

（3）在人员甄选中，较高内容效度的测试会使求职者仿佛处在与实际工作非常类似的情境之中。

3. 内容效度的局限性

（1）如果企业准备雇用求职者后再培训其相关工作技能，内容效度就不太适合。

（2）内容效度的操作过程主观成分较大，应当将评价者的评分建立在可观察的行为或相对具体的基础上。

（三）构想效度

构想效度（也称结构效度），是指一项测试对于某种比较抽象的、不可观察的特质或构想进行测量的程度。

》典型例题

[单项选择题]能够真正测出工作绩效的某些重要因素的测验方法具有较高的（　　）。

A. 效标关联效度　　　　　　　　B. 预测效度

C. 内容效度　　　　　　　　　　D. 构想效度

[解析]内容效度是指测试的内容与测试所要达到的目标之间的相关程度。

答案：C

四、信度和效度的关系

信度是效度的必要条件（但不是充分条件），即如果甄选测试的信度不好，其效度也一定不好。但是，如果测试的效度极好，则其信度一定也比较高。

考点2　评价中心技术☆☆☆

评价中心技术采用情境模拟的方式进行评价，主要用于考察求职者是否具备从事管理类工作的能力。

一、无领导小组讨论

（一）无领导小组讨论的概念

无领导小组讨论采用情境模拟的方式，以集体讨论的形式观察他们在讨论过程中的言行，同时，组织者不会为该小组指定领导人，所有参与者的地位是平等的，大家自由发言。

（二）无领导小组讨论的实施要求

无领导小组讨论一般每组由5~7名求职者组成，他们会就组织提前准备好的某一问题进行1小时左右的讨论。评价者不参与讨论过程，甚至不在现场出现，可以通过摄像机将过程记录下来，评价者观看回放进行评价。

（三）无领导小组讨论的适用场合

在企业招聘大学生时应用较多。

（四）无领导小组讨论存在的问题

（1）对评价者的评分技术要求较高，参与评价者应接受过专门的培训。

（2）对测试题目的要求较高，需要精心准备。

(3) 被测试者仍然有可能掩饰自己以达到通过测试的目的。

（五）无领导小组讨论的试题类型

无领导小组讨论的试题类型见表 6-1。

表 6-1 无领导小组讨论的试题类型

试题类型	具体内容	举例
开放式问题	没有标准答案或固定答案，答案范围很广	你认为什么样的员工才是好员工
两难性问题	在两种互有利弊的答案中选择一种	你吃水果时，会先吃坏了一点的，还是先吃好的
多项选择问题	对备选答案按照重要性排序，或在多种备选答案中选择有用的几种	飞机坠毁在原始丛林，只能拿3样东西（列举出很多物品），你会选择带上的物品有什么
资源争夺性问题	指定角色的无领导小组讨论，让处于相同地位的被测试者对规定的资源进行分配	—
操作性问题	利用给出的材料、工具等设计出一个或一些指定的物体	—

> **典型例题**

[**多项选择题**] 关于无领导小组讨论的说法，正确的有（　　）。

A. 对考官的评分技术要求低

B. 鼓励求职者自由发言

C. 可以使用两难性问题、多项选择问题作为试题

D. 在讨论过程中考官不事先指定领导者

E. 考官不参与讨论过程

[解析] 无领导小组讨论存在的问题之一是对评价者的评分技术要求较高，A 项错误。

答案：BCDE

二、公文筐

（一）公文筐的概念

公文筐（又称公文处理测验）是一种情境模拟测试，在规定时间内对每一份公文进行处理，处理时间通常为 1~3 小时。

（二）公文筐的优点

(1) 对场地要求较低，操作比较简单。

(2) 具有较高的效标关联效度和内容效度。

(3) 被测试者容易理解和接受。

(4) 适合对管理人员进行测试。

（三）公文筐的缺点

(1) 不同的评价者对公文处理方式的看法可能不同。

(2) 编制成本较高，评分难度较大。
(3) 无法观察被测试者的人际交往能力和团队工作能力。

> **知识点拨**
> 公文筐测试要给出一些情境材料和要求，然后求职者根据这些条件做出符合逻辑性的安排和回答，要求出题人和评价者具有丰富的经验和足够的高度，否则将影响评价效果。因此，编制成本高，评分难度大。

三、角色扮演

角色扮演是指让求职者根据自己对担任相关角色的经验或对角色的认知进行相应的语言表达和行为展示。被测试者既可以扮演管理者，也可以扮演员工。

> **知识点拨**
> 评价中心的三种技术均是情境模拟测试，且均适合针对管理人员的测试。其中，无领导小组讨论首先要清楚其操作过程，然后再理解概念和内容，就会容易很多。

四、评价中心技术的技能适用情况

评价中心技术的技能适用情况见表6-2。

表6-2 评价中心技术的技能适用表

技能	无领导小组讨论	公文筐	角色扮演
人际交往能力	√		√
人格（压力承受能力）	√		√
问题解决能力	√	√	√
领导能力	√	√	√
行政管理能力	√	√	

> **知识点拨**
> 可以将五项技能中每个技能的第一个字重新排序组合，组成口诀"人人问领导行不行"，"人人"是人际交往能力和人格，"问"是问题解决能力，"领导"是领导能力，"行不行"是行政管理能力。
> (1) 公文筐测试的全程操作均是以独立写作的方式进行的，在测试过程中没有与人沟通的安排，所以公文筐测试无法评价涉及表达能力和"人"的问题（口诀：问领导行不行）。
> (2) 无领导小组讨论可以进行五项全部技能的评价（口诀：人人问领导行不行）。
> (3) 角色扮演主要是一对一的人际交流，不能很好地考察其行政管理能力（口诀：人人问领导）。

> **典型例题**

[单项选择题] 评价中心的公文筐技术的特点不包括（　　）。

A. 操作简单容易

B. 不能考查人际技能

C. 编制成本低

D. 效度比较高

[解析] 公文筐技术的缺点包括：①编制成本高，且评分比较困难；②无法通过测试考查被测试者的人际交往能力和团队工作能力。

答案：C

考点3　成就测试 ☆☆

一、工作样本测试

（一）工作样本测试的概念

工作样本测试是指让求职者实地完成某些具体的工作任务的一种测试方法，对于被测试者未来的工作绩效有很高的预测效度。

（二）工作样本测试的优点

（1）测试环境与实际工作环境具有高度的一致性。

（2）测试的效标关联效度和内容效度都很高。测试结果与绩效高度相关，所以效标关联效度高；测试内容与实际工作内容高度一致，所以内容效率高。

（三）工作样本测试的缺点

（1）普遍适用性很低。需要针对不同的工作内容开发相应的工作样本测试，不像性格测试那样具有普遍适用性。

（2）开发成本较高。因为每个职位都是针对性设计测试，所以成本较高。

（四）工作样本测试与评价中心技术测试的联系与区别

（1）两者的联系：工作样本测试是评价中心技术测试的基石。

（2）两者的区别：评价中心技术是模拟工作的测试，工作样本测试是实际工作的测试。

二、知识测试

知识测试（考试）是考察一个人在一定的领域中掌握的知识深度和广度。知识测试一般采用笔试的方法，但并不是所有笔试都是知识测试。知识测试类型包括专业知识测试、综合知识测试、外语测试等。

> **知识点拨**
>
> 学习该知识点时需要注意两个方面：一是工作样本测试与评价中心技术的联系与区别；二是各种测试的归类问题，如"以下属于成就测试的方法有哪些"，会有其他测试方法作为干扰项，要求能够识别出来。

>> 典型例题

[单项选择题] 考察人力资源管理岗位求职者对劳动法律法规条文掌握程度的甄选测试是（   ）。

A. 一般认知能力测试　　B. 身体能力测试　　C. 心理测试　　D. 知识测试

[解析] 知识测试就是我们通常所说的考试，它所要考察的是一个人在特定领域掌握的知识的广度和深度。知识测试又可以划分为综合知识测试、专业知识测试、外语测试等不同类型。

答案：D

考点4　心理测试☆☆

一、人格测试

（一）评价量表法

评价量表法是指提供一组描述特质的词句，让评价者通过对被测试者的观察或了解做出评价。

（二）自陈量表法

自陈量表法是指被测试者根据人格测试问卷上的问题，结合自己的实际情况或感受来回答。

（三）投射法

投射法在现实中使用并不普遍，它首先向被测试者提供一些比较模糊的刺激情境，然后让被测试者自由发挥并表现出自己的反应。

（四）人力资源领域常用的两项人格测试

1. "大五"人格测试

五个人格特征方面包括外向性、愉悦性、神经质性、公正严谨性和开放性。

2. MBTI人格类型测试

根据四个两极性的维度判断人的行为风格，这四个两极维度分别反映：

（1）一个人注意力的方向。（外倾—内倾）

（2）获取信息的方式。（感觉—直觉）

（3）处理信息和做出决策的方式。（理性—情感）

（4）表现出来的对待外界的方式。（判断—感知）

[知识点拨]

评价量表法是他人评价，自陈量表法是自我评价，两者都是回答问题的人格问卷。投射法是根据图片等刺激情境，自由发挥式地表达出自己的真实感受，之所以不被普遍使用，主要原因是该测试法需要有心理学背景的专家支持才可以操作。

>> 典型例题

[单项选择题] 某公司招聘新员工时采用了人格测试，具体方式是向求职者提供一些刺激情境，然后让求职者自由地表达对刺激情境的认识和理解，这种测试方法是（   ）。

A. 标杆法　　　　　　　　　　　　　　　B. 投射法

C. 评价量表法　　　　　　　　　　D. 自陈量表法

[解析] 投射法指向求职者提供模糊的刺激情境，然后让被测试者在不受限制的情境下自由表现出自己的反应。

答案：B

二、能力测试

能力测试的具体内容见图 6-1。

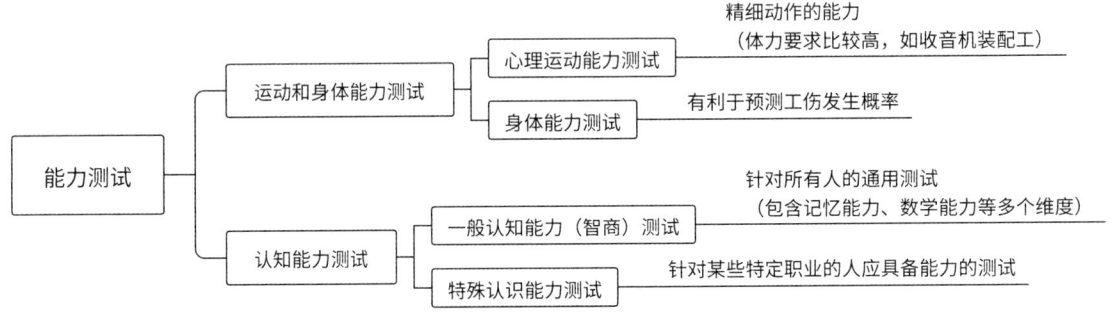

图 6-1　能力测试

三、职业兴趣测试（约翰·霍兰德提出）

霍兰德的职业兴趣测试将职业兴趣分为六种类型，具体内容见表 6-3。

表 6-3　职业兴趣测试表

职业兴趣类型	具体内容
现实型	偏好使用具体物体（如操作机械等），喜欢基本操作性的工作
	适合从事技能性的职业等
研究型	喜欢进行创造性工作，偏好对各种现象进行分析、观察和推理
	适合从事工程设计类工作等
社会型	合作、友善、善于社交，愿意指点、教导、培养别人
	适合从事社会、教育工作等
企业型	喜欢追求地位、财富和权力，喜欢说服别人接受自己的观点
	适合担任企业领导或政府官员
艺术型	具有想象力、有创意，偏好模糊、自由的活动
	适合从事文学方面的工作
常规型	喜欢条理性强的工作，偏好对文字和数据的整理，看重地位和财富
	适合从事行政、会计类工作

知识点拨

霍兰德职业兴趣的六个维度（图 6-2）可以分组记忆。

（1）现实型和研究型。这两种类型都是以做事为主，区别是现实型偏重动手（技能），研究型偏重动脑（设计）。

（2）社会型和企业型。这两种类型都是以与人打交道为主，区别是社会型偏重培养、帮助人，企业型偏重管理、命令人。

（3）现实型和社会型处于对角线上，研究型和企业型处于对角线上，常规型和艺术型处于对角线上，处在对角线上的两个类型的特点完全相反，差异巨大，如常规型偏重按部就班、循规蹈矩，艺术型偏重天马行空、自由自在。

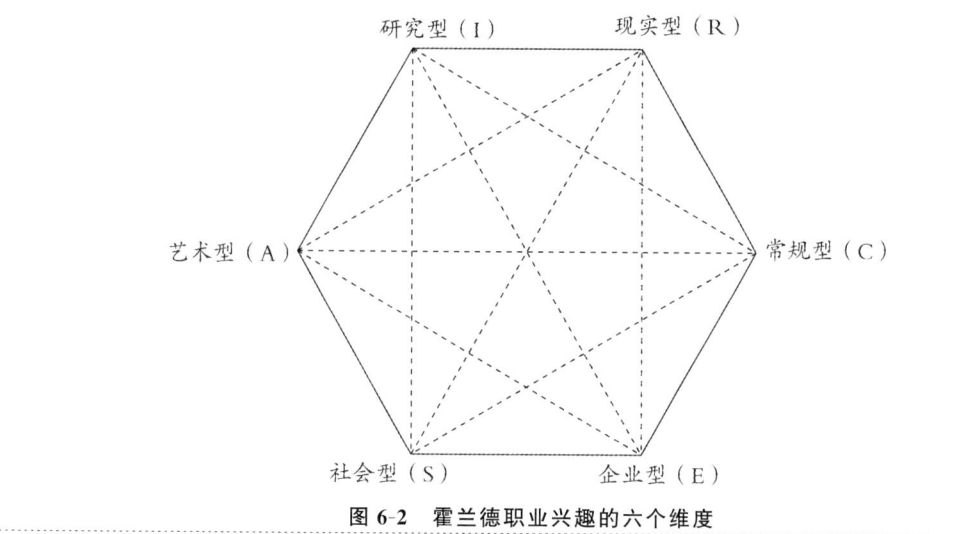

图 6-2 霍兰德职业兴趣的六个维度

典型例题

[单项选择题] 根据霍兰德的职业兴趣理论，冒险、乐观、自信、有进取心、喜欢承担领导责任的职业兴趣类型是（　　）。

A. 现实型　　　　　　　　　　　　B. 企业型
C. 常规型　　　　　　　　　　　　D. 艺术型

[解析] 根据霍兰德职业兴趣测试，企业型的特点是冒险、乐观、自信、精力充沛、有野心、喜欢担任有领导责任的工作，看重政治和经济方面的成就，喜欢追求财富、权力和地位，喜欢与人争辩，喜欢说服别人接受自己的观点，适合担任企业领导或行政管理人员。

答案：B

考点5　履历分析

一、履历分析的概念

履历分析是通过对面试者的学习、工作经历、背景等与工作相关的履历信息进行分析和判断其是否能够胜任。

二、履历分析对象的要求

(1) 履历信息必须具有全面性。

(2) 履历信息必须具有真实性。

(3) 履历信息必须具有相关性。

考点6　面试法☆☆

一、按组织形式划分的面试类型

按组织形式划分的面试类型见表6-4。

表6-4　按组织形式划分的面试类型

类型	具体内容
集体面试	多位被面试者在同一时间和同一场合，共同接受面试考官面对面的询问，面试考官可以是一个人也可以是多人
小组面试	由一组面试考官在同一场所和同一时间，共同对一名被面试者进行面试
系列面试（顺序面试）	组织根据先后顺序安排面试官对同一名被面试者进行多轮面试
单独面试（一对一面试）	面试考官和被面试者两个人一对一面谈沟通

> **知识点拨**
> 该知识点的易错点是集体面试和小组面试。目前，我国公务员面试就是采用小组面试，一名被面试者面对多名面试官的提问，即面试官组成小组（组团）开展面试；集体面试可以理解为"群面"。

典型例题

[单项选择题] 多位被面试者在同一时间和同一场合，共同接受面试官面对面的询问，这种面试称为（　　）。

A. 单独面试　　　　　　　　　B. 系列面试

C. 小组面试　　　　　　　　　D. 集体面试

[解析] 多位被面试者在同一时间和同一场合，共同接受面试官面对面的询问，这种面试称为集体面试。

答案：D

二、按面试结构划分的面试类型

（一）结构化面试（标准化面试）

1. 结构化面试的优点

(1) 评分标准、面试问题都是固定的，标准化程度高，有助于降低面试考官的个人偏见。

(2) 可以保证被面试者们被问到的问题是相同的，也可以确保所有面试需要问的问题都会被问到，不出现遗漏。

(3) 面试的信度、效度以及公平性都比较高。

2. 结构化面试的缺点

(1) 问题是标准化并提前设计好的，作为面试考官没有可以发挥的余地。

(2) 严格按照顺序提问使得谈话不那么顺畅和自然。

(二) 非结构化面试

1. 非结构化面试的优点

(1) 谈话内容前后连贯，比较顺畅自然。

(2) 能够更深入地探讨个性化的问题。

2. 非结构化面试的缺点

(1) 容易受到面试考官个人主观因素的影响。

(2) 对不同的求职者提出的问题不同，不能保证关键问题都被问到，公平性不佳。

(3) 信度和效度比结构化面试低得多。

(三) 半结构化面试

介于结构化和非结构化面试形式的中间，具备结构性与灵活性相结合的特点。

> **知识点拨**
>
> 结构化面试与非结构化面试的优缺点是相反的，比较容易记忆。当选项里出现"结构性与灵活性相结合"，这是半结构化面试的特点，而不是非结构化面试的特点，做题时出错频率较高，要重点记忆。

三、特殊的面试形式——压力面试

(一) 压力面试的概念

压力面试是指面试官有意制造紧张，如提出一些生硬或不礼貌的问题，来观察被面试者在这种心理压力下的情绪变化以及所做出的反应。

(二) 压力面试的优点

(1) 能够识别出被面试者在特定压力的工作环境中能否胜任。

(2) 可以识别压力承受能力弱或特别敏感的人。

(三) 压力面试的缺点

压力面试有时具有侵犯性，不是必须采用的方法，在不需要测试面试者抗压能力时，就没有必要使用压力面试。

考点7 面试改进的主要方法 ☆☆

一、情境化结构面试（又称行为事件面试技术）

(一) 情境化结构面试的"STAR"原则

(1) Situation：情境或环境。

(2) Task：工作或任务。

（3）Action：行动或行为。

（4）Result：结果。

（二）情境化结构面试的题目

情境化结构面试是结构化面试的一种，面试题目可以分为两类：

（1）未来导向型（效度较好）：先假设一个情境，然后让被面试者回答在这种情境下他们将会采取怎样的方法。

（2）过去导向型（效度更高）：要求被面试者回答他们在过去的实际工作中遇到的某种情形，并且说明当时的情形是如何处理的。

> **知识点拨**
>
> 该知识点经常出现在案例分析题中，以假设的条件开头的是未来导向型题目，回忆实际工作经验的是以过去的经验为依据型的题目。"STAR"原则应注意每个单词的第一个字母与词意的对应，不需要完整背下单词。

典型例题

[单项选择题] 情境化结构面试通常遵循所谓的"STAR"原则，其中 T 指的是（　　）。

A. 行动　　　　　　　　　　　　B. 情境

C. 时间　　　　　　　　　　　　D. 任务

[解析] T 代表 Task，是向被面试者描述需要完成的主要工作任务。S 代表情境；A 代表行动；R 代表结果。

答案：D

二、面试考官可能出现的错误和培训

（一）面试过程中面试考官可能出现的错误

（1）提出的问题与工作职责无关或关系不大。

（2）对不同的被面试者提出的问题不一致。

（3）面试官自己说话过多，没有从对方收集到足够的与工作相关的信息。

（4）受到求职者一些非语言行为的干扰。

（5）对自己评价求职者的能力过于自信，匆忙做出录用与否的决定。

（6）因上一位求职者的质量对后面求职者的评价产生影响。

（二）对面试考官的培训

（1）培训面试官控制和引导面试过程的技巧，在与被面试者建立友善和谐的关系后，面试问题应从简单问题逐渐推进到相对复杂的问题。

（2）明确面试官在面试过程中所扮演的角色以及职责（包括言行、着装等）。

（3）让面试官学会怎么与不同类型的被面试者交流。

（4）使面试官正确理解评分标准，掌握评分尺度和评分方法。

考点8 甄选的意义和注意事项 ☆

一、甄选的意义

（1）弥补甄选决策失误的代价很高（直接成本和机会成本）。

（2）甄选决策失误会对员工造成伤害（耽误了员工找到合适工作的机会）。

（3）招聘到符合企业需要的优秀员工是确保组织战略目标达成和经营目标实现的最根本保障。

二、甄选的注意事项

（1）组织所需要的是最优匹配的，而不是最好的人（不是招最优秀的人，应该招最合适的人）。

（2）重点关注求职者和空缺职位的客观标准之间的比较，而不是把注意力过多放在求职者之间的比较上。

第七章

绩效管理

📖 大纲再现

理解绩效管理的作用，辨别绩效管理有效实施的影响因素，制订绩效计划，实施绩效监控，选择恰当的绩效评价技术和方法实施绩效考核，监控绩效的实施，设计绩效反馈方案，合理使用绩效考核结果，制订绩效改进措施，对特殊群体绩效实施绩效考核。

大纲解读 ✎

历年考查分数在10分左右，本章主要考查题型为单项选择题、多项选择题和案例分析题。

本章介绍了绩效管理的相关内容，考生应掌握绩效管理与绩效考核的联系与区别、绩效计划、绩效管理工具和绩效评价技术及特殊的绩效考核方法。另外，绩效监控与绩效辅导、绩效反馈面谈与绩效改进、绩效战略也是常考点，考生应给予重视。

知识脉络 ▶

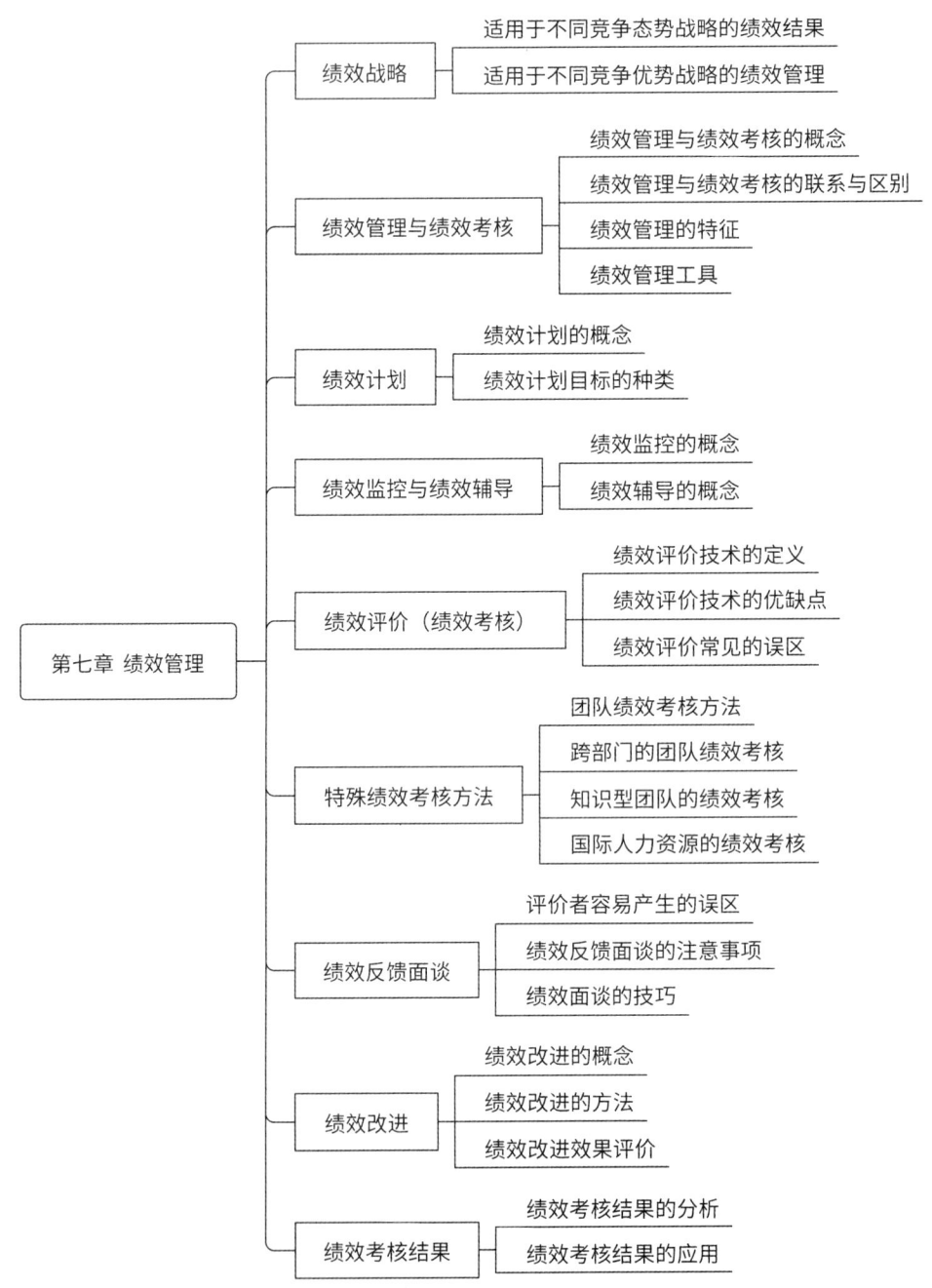

第七章 绩效管理

考点1 绩效战略 ☆☆

一、适用于不同竞争态势战略的绩效管理

一个组织处在不同的环境中，为了适应市场竞争，会选择不同的战略。一般有防御者战略、跟随者战略、探索者战略。不同竞争态势战略的绩效管理见表7-1。

表 7-1 不同竞争态势战略的绩效管理

战略类型	防御者战略	跟随者战略	探索者战略
考核的方法	多角度选择考核指标，如平衡计分卡法	标杆超越法	以结果为导向的评价方法
考核结果的运用	员工的培训开发、职业生涯规划	绩效改进	薪酬分配

知识点拨
该知识点只要记忆核心关键词即可，因其分别代表了每种态势战略的独特性。

典型例题

[单项选择题] 关于不同竞争战略下的绩效管理策略的说法，正确的是（ ）。
A. 企业在采用探索者战略时，绩效考核应尽量采用以内部流程为导向的评价方法
B. 企业在采用跟随者战略时，绩效考核应尽量采用平衡计分卡法
C. 企业在采用探索者战略时，绩效考核应尽量采用以行为为导向的评价方法
D. 企业在采用防御者战略时，绩效考核应尽量采用多角度地选择考核指标

[解析] 企业在采用探索者战略时，管理者应当选择以结果为导向的评价方法，强化员工新产品、新市场的开发成功率，A、C两项错误；跟随者战略可以考虑选择标杆超越法，B项错误。

答案：D

二、适用于不同竞争优势战略的绩效管理

组织处在不同的环境，需要选择与当下环境相适应的策略。组织可以根据内部和外部环境来进行战略的选择，一般有差异化战略、成本领先战略两种。竞争优势战略的绩效管理见表7-2。

表 7-2 竞争优势战略的绩效管理

战略类型	差异化战略	成本领先战略
导向	以行为为导向	以结果为导向
评价主体	多元化的评价主体	直接上级
考核周期	不宜太短	不宜太短
考核方法	无	目标管理法或标杆超越法
考核结果的应用	员工的开发和培训	成本的改进和控制

> **知识点拨**
>
> 差异化战略与成本领先战略的对比是常考点,成本领先战略关注财务指标数据,所以应以结果为导向;差异化战略关注员工创新的行为,所以应以行为为导向。需要特别注意的是,两种战略的绩效管理周期均是不宜太短,差异化战略是因为短期看不到创新的成果,而成本领先战略是因为频繁考核会增加成本,结果相同但出发点不同。

» 典型例题

[单项选择题] 关于差异化战略和成本领先战略的说法,正确的是(　　)。

A. 差异化战略以结果为导向

B. 差异化战略考核周期不要过短

C. 成本领先战略以行为为导向

D. 成本领先战略的主体要多元化

[解析] 成本领先战略以结果为导向,差异化战略以行为为导向,A、C 两项错误;成本领先战略可以只选择直接上级作为评价主体,差异化战略的评价主体应当多元化,D 项错误;成本领先战略和差异化战略的考核周期都不宜过短,B 项正确。

答案:B

考点2　绩效管理与绩效考核 ☆☆

一、绩效管理与绩效考核的概念

(一)绩效管理的概念

绩效管理是组织目标与目标实现的实施过程,是管理者与员工持续开放沟通的过程。

(二)绩效考核的概念

绩效考核是一套结构化的、正式的制度,用来评价、衡量、反馈员工的工作行为、特征和结果。

二、绩效管理与绩效考核的联系与区别

(一)绩效管理与绩效考核的联系

在绩效管理的过程中,绩效考核是其非常重要的组成部分,有效的绩效考核是对绩效管理的有力支撑。

(二)绩效管理与绩效考核的区别

(1)绩效考核是绩效管理过程中的一个环节,绩效管理是完整的管理过程。

(2)绩效考核主要侧重于绩效的评估、识别、判断,绩效管理则侧重于绩效的提高和信息的沟通。

> **知识点拨**
>
> 快速掌握绩效管理与绩效考核的方法是:绩效管理对应"沟通",绩效考核对应"评估"。

第七章 绩效管理

>> 典型例题

[单项选择题] 关于绩效考核和绩效管理的说法，正确的是（　　）。

A. 绩效考核与绩效管理是等价的

B. 绩效管理是一个完整的管理过程

C. 绩效管理侧重于绩效识别、判断和评估

D. 绩效考核侧重于信息的沟通和绩效的提高

[解析] 绩效管理是完整的管理过程，绩效考核是绩效管理的一个环节。绩效管理侧重于信息的沟通和绩效的提高，绩效考核侧重于绩效的评估、识别、判断。B项正确。

答案：B

三、绩效管理的特征

有效的绩效管理需要具备五个方面的特征，具体内容见表7-3。一般来说，只要绩效管理体系可以满足前三个特征即可认为是有效的。

表7-3　绩效管理的特征

特征	具体内容
敏感性	可以区分出低效率员工和高效率员工
准确性	要确保组织目标和工作标准联系在一起，并根据变化情况进行周期性的调整和修改，保持准确性
可靠性	不同评价者对同一个员工所作的评价基本相同
可接受性	组织上下均认可和支持绩效工作才能促成绩效管理的成功
实用性	绩效管理体系的建立和维护成本应当小于其带来的收益才是划算的

[知识点拨]

只要满足前三个特征，绩效管理体系就是有效的，因为如果员工不接受新的绩效管理体系，但实施它对组织来说是有意义的，就值得组织去做。如果绩效管理体系前期投入与收益不匹配，但对于组织来说势在必行，赢在长远，那也是值得去做的。但是，如果前三项不符合，则说明绩效管理体系本身存在问题，就是不合适的。

>> 典型例题

[单项选择题] 关于有效的绩效管理体系的说法，错误的是（　　）。

A. 有效的绩效管理体系可以明确区分高绩效员工和低绩效员工

B. 有效的绩效管理体系应该把工作标准和组织的目标联系起来确定绩效的好坏

C. 有效的绩效管理体系应该具有一定的可靠性和准确性

D. 敏感性和实用性不是有效的绩效管理体系的特征

[解析] 绩效管理的有效性包括敏感性、准确性、可靠性、可接受性和实用性，D项错误。

答案：D

四、绩效管理工具

（一）关键绩效指标法（KPI）

1. 关键绩效指标法的主要内容

（1）关键绩效指标法是对企业战略目标的分解，是连接企业绩效与个人绩效的桥梁。

（2）关键绩效指标法不是对所有业务活动的考核，它只对关键经营活动进行关注。

（3）关键绩效指标法必须是可行为或可量化的。

（4）关键绩效指标是由主管人员确定，并且要得到员工的认可。

（5）关键绩效指标应随企业战略变化而调整，不是一成不变的。

2. 关键绩效指标法实施的注意事项

（1）关键绩效指标必须贯彻企业的战略核心。

（2）相同类型职位的关键绩效指标必须保持一致。

（3）关键绩效指标的个数不宜过多。

3. 关键绩效指标法的设计流程

（1）制定绩效指标。在制定绩效指标时，要遵守"SMART"原则，即具体的、可测量的、可实现的、相关的、有时限的。

关键绩效指标通常有四种类型，即质量类、数量类、成本类和时限类。

（2）确定评估标准。基本标准是基本绩效工资的实施依据；卓越标准是晋升和额外奖金的实施依据。

4. 关键绩效指标法的优势

能够将企业战略目标与个人目标很好地结合到一起，按照自上而下的方式确定各个级别的绩效目标。

5. 关键绩效指标法的不足

（1）绩效指标缺少一套完整的指标体系支撑。

（2）并不是所有岗位都可以量化绩效指标，如知识型员工。

> **知识点拨**
>
> 关键绩效指标着重记忆三点：
>
> ①指标数量不能过多，体现关键性而不是普遍性。
>
> ②能够对接企业战略、分解战略目标，是一个战略型绩效管理工具，符合这个条件的只有关键绩效指标法和平衡计分卡法。
>
> ③"SMART"原则和四种关键绩效指标需要掌握。

（二）平衡计分卡法（BSC）

1. 平衡计分卡法的主要内容

（1）平衡计分卡法是一种新型的战略性绩效管理方法。

（2）平衡计分卡法帮助组织建立长远发展的规划。

（3）绩效由四个维度驱动，即财务角度、客户角度、内部流程角度、学习与发展角度。

2. 平衡计分卡法的注意事项
（1）鼓励员工参与绩效体系的设计，同时高层管理者应积极参与平衡计分卡的实施。
（2）平衡计分卡不仅是绩效考核办法，还是战略管理工具，要防止使用目的的单一性。
（3）重视实施过程的连续性和持久性。
（4）绩效指标的数量不宜过多，要能够客观、可量化。

3. 平衡计分卡法的优势
（1）从企业战略层面找到四个考核角度之间的因果关系。
（2）四个维度考核指标均衡发展，解决了财务指标一统天下的局面。
（3）提高了企业发展的协调性。
（4）实现了控制系统与评估系统的结合。

4. 平衡计分卡法的劣势
需要耗费大量的人力、财力和物力，实施成本很高。

> **知识点拨**
>
> 平衡计分卡着重记忆三点：
> （1）四个指标维度以及它们之间的互相驱动、平衡发展，解决了财务指标独大的局面。
> （2）作为战略管理工具，可以帮助企业长远发展。
> （3）实施成本高。

（三）目标管理法（MBO）

1. 目标管理法的主要内容
（1）目标管理法的核心是组织上下一起协商沟通设定目标。
（2）目标管理法适合企业战略相对稳定时，而关键绩效指标法和平衡计分卡法适合企业战略重大调整期。

2. 目标管理法的优势
（1）目标管理法较为公平（指标都是客观可量化的）。
（2）启发了员工的自觉性。
（3）比较有效。
（4）实施过程比关键绩效指标法和平衡计分卡法更易操作。

3. 目标管理法的劣势
（1）大量的岗位可能难以量化，目标有时可能难以制定。
（2）可能增加企业的管理成本。
（3）高估了企业内部自治、自觉的氛围（认为员工是乐于工作的）。
（4）聚焦于企业的短期目标，可能影响到企业长远利益和发展。

> **知识点拨**
> 目标管理法着重记忆三点：
> ①强调上下协商制定目标，当在题目中看到"协商或沟通制定目标"基本就是指目标管理法。
> ②容易操作，适合短期，这是相比关键绩效指标法和平衡计分卡法而言的。
> ③管理成本高是因为制定目标需要上下反复沟通，增加了组织内的沟通管理成本，通常会认为操作简单对应的是成本低，但这里增加的是沟通管理成本，要特别注意。

（四）标杆超越法

1. 标杆超越法的主要内容

（1）更重视比较和衡量。

（2）标杆是指最佳标准或最佳实践，在企业的各个方面均可以通过向榜样学习达到提升企业竞争力的作用。

（3）标杆超越的实质是企业变革，是通过学习同行业的优秀经验，改掉制约企业发展弊端的过程。

（4）标杆的寻找范围并不局限在同行业。

2. 标杆超越法的设计流程（只列出关键步骤）

（1）发现"瓶颈"。

（2）选择标杆。选择标杆时应注意的原则：

①标杆企业被学习的领域应与本企业有相似特点。

②必须具有卓越的业绩才能作为标杆企业。

3. 标杆超越法的优势

（1）有利于促进企业经营者激励制度的完善，如将标杆超越作为经营者业绩的标准。

（2）有助于激发整个企业、团队、员工的潜力，从而提高绩效。

4. 标杆超越法的劣势

（1）如果选取标杆不当，则会导致组织自身经营决策失误。

（2）容易使企业习惯于模仿标杆企业而失去自身特色。

» 典型例题

[单项选择题] 关于绩效管理中的平衡计分卡法的说法，错误的是（ ）。

A. 这种方法的实施成本很高

B. 这种方法避免了仅仅关注财务指标的弊端

C. 这种方法实现了评估系统与控制系统的结合

D. 这种方法着眼于企业的短期目标实现

[解析] D项，平衡计分卡法是一种新型的战略性绩效管理工具和方法，比较适用于企业战略进行重大调整的时期，并着眼于公司的长远发展。

答案：D

考点3　绩效计划 ☆

一、绩效计划的概念

绩效计划是绩效管理的起点，是绩效管理的第一个环节。绩效计划是管理者对员工应该实现的工作绩效进行反复沟通的过程。绩效计划应当自上而下制订，在此过程中，将组织绩效分解成个人绩效目标。

二、绩效计划目标的种类

（1）发展目标：支持并促进员工自身发展和绩效目标的实现，强调与组织目标一致的核心行为、价值观、能力。

（2）绩效目标：绩效目标包括组织目标、部门目标和个人目标，包含了员工具体的职位职责和量化的工作产出指标。

考点4　绩效监控与绩效辅导

绩效辅导和绩效监控分别是绩效管理实施中的两个环节。

一、绩效监控的概念

绩效监控是指在绩效考核期内管理者对下属的工作绩效情况进行掌控与了解的过程，属于相对正式的行为活动。

二、绩效辅导的概念

绩效辅导是指在了解了下属实际工作绩效的情况下，为了员工能够提高自我效能感和绩效水平而进行的帮助等一系列行为。绩效辅导可以贯穿绩效管理实施的全过程，是经常性的行为活动。

考点5　绩效评价（绩效考核）☆☆

一、绩效评价技术的定义

在绩效考核的过程中，选择何种绩效评价方法至关重要，组织需要根据自身的情况选择适合的绩效评价技术。绩效评价技术的定义见表7-4。

表7-4　绩效评价技术的定义

绩效评价技术	分类	具体内容
比较法	排序法	将每位员工的业绩按照从高到低的顺序进行排列，分为交替排序法和简单排序法
	配对比较法	将每位员工两两配对比较，选出每次比较的优胜者
	强制分布法	根据正态分布原则，根据被评估者的绩效结果将其列入其中某一等级

续表

绩效评价技术	分类	具体内容
量表法	图尺度评价法	首先选出一些组织期望的特征要素，再为每个特征要素确定绩效评价等级（或取值范围）
	行为锚定法	将工作行为描述成等级性的量表，每项工作都划分出行为等级，评价时只需将员工的行为和等级表对号入座即可
	行为观察量表法	根据工作绩效要求的每个特定行为出现的频次进行评定
描述法	不良事故评估法	通过预先列出不良事故的清单对员工进行绩效考核
	关键事件法	记录员工工作中的关键事件（非同寻常的行为），作为考核依据

二、绩效评价技术的优缺点

（一）比较法的优缺点

比较法包括排序法、配对比较法和强制分布法。比较法的优缺点见表7-5。

表7-5 比较法的优缺点

类型	优点	缺点
排序法（入门级）	(1) 评估结果简单明了，操作简单 (2) 实施成本低	(1) 员工有心理压力，不容易接受结果 (2) 只有绩效排名，没有详细的绩效评估结果
配对比较法（升级版）	(1) 比排序法更科学 (2) 员工人数越少，评价效率越高，反之评估的工作量将成倍增长	只有绩效的排名，没有详细的绩效评估结果
强制分布法（独特型）	(1) 有利于实施管理手段（如末位淘汰等） (2) 能有效避免考核结果趋中趋势	会受到评估者主观意识的影响，将评估分数划定在一个区域内，导致弱化了评估分数的差距

（二）量表法的优缺点

量表法包括图尺度评价法、行为锚定法和行为观察量表法。量表法的优缺点见表7-6。

表7-6 量表法的优缺点

类型	优点	缺点
图尺度评价法（入门级）	(1) 实用且开发成本小 (2) 具有普遍适应性	(1) 缺少客观详细的指标，容易受评估者主观因素的影响 (2) 不利于绩效评估的反馈和改进 (3) 与组织战略差异较大
行为锚定法（升级版）	(1) 评价结果更准确 (2) 评价更客观，排除了评估者的主观判断，评估结果具有较高的信度 (3) 有利于绩效反馈和改进方向	(1) 需要付出大量人力、物力和财力，开发成本很高 (2) 操作流程复杂

续表

类型	优点	缺点
行为观察量表法（独特型）	(1) 内部一致性令人满意 (2) 可以作为职位说明书的补充 (3) 有利于绩效反馈和绩效改进	(1) 很难包含所有的行为指标的代表性样本 (2) 记录员工行为的出现频次，考核工作量太大，不具有可操作性 (3) 效度一般

> **知识点拨**
>
> 理解比较法和量表法时注意按照顺序记忆，入门级对应的优点都是简单、成本低，缺点是结果简单、不能提供绩效反馈和改进。升级版对应的优点都是评价结果更加准确，缺点是成本更高。独特型均有比较特殊的特征，而这种特殊的特征往往是考查的重点。另外，量表法中凡是名称中含有"行为"两个字的，其优点均更加客观、方便绩效反馈和改进。

（三）描述法的优缺点

描述法包括不良事故评估法和关键事件法。描述法的优缺点见表7-7。

表 7-7 描述法优缺点

类型	优点	缺点
不良事故评估法	能够使企业尽量避免巨大的损失	无法提供团队之间、部门之间和员工之间的业绩比较信息
关键事件法	(1) 有利于进行培训、绩效反馈和绩效改进 (2) 评价结果更客观	(1) 无法提供团队之间、部门之间和员工之间的业绩比较信息 (2) 非常费时，效率低

> **知识点拨**
>
> 关键事件法的易错点：由于在使用中需要详细记录员工工作行为的信息，相比其他评价方法更加费时费力，因此效率低。

▶ 典型例题

[多项选择题] 关于绩效评价技术的说法，正确的有（　　）。

A. 行为观察量表法开发成本较低，且应用者较为普遍
B. 行为锚定法的计量方法更为准确，评估结果具有较高的信度
C. 配对比较法在人数较少的情况下，能快速比较出员工的绩效水平
D. 强制分布法可有效避免考核结果的趋中趋势
E. 关键事件法可以高效地衡量员工的绩效水平，降低绩效评估成本

[解析] 行为观察量表法的缺点是主管人员单独考核，工作量太大，不具有可操作性，A项错误；关键事件法的缺点是非常费时，优点是员工的行为与绩效评估结果联系在一起，使评估结果更加客观，E项错误。

答案：BCD

三、绩效评价常见的误区

在绩效评价的过程中，评价者往往会受某种主观意识的影响，从而影响考核结果的公平性。因此，评价者应当尽量避免此类问题的发生。绩效评价常见误区见表7-8。

表7-8 绩效评价常见误区

误区类型	具体内容
晕轮效应	因受被评价者某一特别突出的特质影响（产生的清晰强烈的感知），而掩盖了该人其他方面的品质
盲点效应	主管难以发现员工身上与自己相似的缺点
首因效应	根据第一印象或最初的印象进行评价
近因效应	根据最近或最终的印象进行评价
刻板印象	忽视个体差异，对他人的看法受到其所属群体或整体的影响
趋中倾向	将员工的考核分数集中在某一固定范围（中心附近）的变动中，导致评价结果相近，无明显差异
年资或职位倾向	主管对在公司担任职务较高或年资较久的被评价者评分较高
过宽或过严倾向	评价者用主观评价方法，对被评价员工过分严厉或宽大

> **知识点拨**
> 该知识点的考查形式有单项选择题、多项选择题和案例分析题，要求透彻理解概念并能够对号入座。

» 典型例题

[单项选择题] 关于绩效评价误区的说法，正确的是（　　）。
A. 上级根据过宽或过严的标准对员工进行绩效评价的误区，称为趋中效应
B. 上级根据对员工的最初印象做出绩效评价的误区，称为晕轮效应
C. 上级根据对员工的最终印象做出绩效评价的误区，称为近因效应
D. 上级对员工的某种强烈而清晰的特质感知导致其忽略了员工在其他方面的表现，这种评价误区称为盲点效应

[解析] 上级根据过宽或过严的标准对员工进行绩效评价的误区，属于过宽或过严倾向，A项错误；上级对员工的某种强烈而清晰的特质感知导致其忽略了员工在其他方面的表现，属于晕轮效应，B项错误；盲点效应指主管难以发现员工身上存在的与主管自身相似的缺点和不足，D项错误。

答案：C

考点6 特殊绩效考核方法 ☆☆

一、团队绩效考核方法

团队绩效考核指标确定的方法共有四种，即客户关系图、工作流程图、绩效金字塔、组织

绩效指标。

> **知识点拨**
>
> 记忆小口诀：两图两绩效，即关系图与流程图，绩效金字塔与绩效指标。

二、跨部门的团队绩效考核

（1）跨部门的团队绩效考核比较适合矩阵组织形式。

（2）应当建立以人为本的跨部门考核制度，而不是以部门为基础的考核制度。

（3）跨部门考核的关键是做好考核各方面的标准化工作。

（4）考核的手段需要标准化，包括绩效目标资料、评价卡片等，可以由人力资源部统一印制。

（5）为了使考核结果具有可比性，性质相同的部门及岗位应采用相同的评价方法。

> **知识点拨**
>
> 该知识点经常与知识型团队绩效考核的内容合在一起出题，注意记忆关键词。

三、知识型团队的绩效考核

知识型团队的工作以创造性为主，不是重复性的劳动，所以考核应以结果为导向。考核指标应当综合考虑以下四个角度：

（1）效益型：知识型团队的工作产出成果。

（2）效率型：为了达到效益型指标所必须付出的投入与产出的比例。

（3）递延型：团队工作过程和工作结果对团队成员、客户、投资者的长远影响。

（4）风险型：判断不确定的风险对团队及其成员可能的危害程度的指标。

> **知识点拨**
>
> 团队首先要考虑是否有结果产出，因此第一指标是效益型（结果）；在保证结果的同时要考虑投入产出比，不能不惜代价只为结果，因此第二指标是效率型（投入产出比）；不能为了达成前两项指标而只考虑短期效果从而牺牲企业的长期利益，因此第三指标是递延型（长远影响）；最后要综合考虑任务的风险控制，因此第四指标是风险型（危害程度）。该知识点可以按此顺序理解记忆。

》 典型例题

[多项选择题] 关于知识型团队的绩效考核的说法，正确的有（　　）。

A. 效率型指标能够反映知识型团队的工作产出成果

B. 风险型指标能够判断不确定性风险的数量和对团队及其成员的危害程度

C. 效益型指标能够反映知识型团队所付出的成本和投入产出比

D. 递延型指标能够反映知识型团队的工作过程和工作结果对客户、投资者、团队成员的长远影响

E. 知识型团队的绩效考核应该以行为为导向

[解析] 效益型指标能够反映知识型团队的工作产出成果，A 项错误。效率型指标能够反映知识型团队所付出的成本和投入产出比，C 项错误。知识型团队的绩效考核应该以结果为导向，E 项错误。

答案：BD

四、国际人力资源的绩效考核

国际人力资源的绩效考核具有如下特点：

（1）重视公司、团队、个人目标的密切结合。
（2）更倾向于基于结果的绩效考核，而不是基于员工特征的绩效考核。
（3）突出战略方向，强调企业的长远发展。
（4）国际人力资源的考核更加注重管理者和员工的沟通。

考点7 绩效反馈面谈 ☆☆

一、评价者容易产生的误区

在进行绩效反馈面谈中，评价者容易产生的误区主要包括：

（1）不适当发问：避免对两件以上事情同时发问、诱导性发问等。
（2）理解不足：可以将对方谈话的内容进行归纳、质疑、回馈后再确定。
（3）同情的态度及以对方为中心：容易使对方产生厌烦情绪。
（4）感情化的态度及以自我为中心：会失去沟通的公正性和客观性。
（5）过于期待预期结果：有可能无意识间曲解员工观点。

> **知识点拨**
> 此知识点应注意（1）（2）两项的内容与小标题的对应关系。

典型例题

[单项选择题] 为了避免走入绩效面谈中的"理解不足"误区，管理者应采取的行为是（ ）。

A. 在面谈结束时，归纳并确认谈话内容
B. 尽量避免同时对两件以上的事情发问
C. 多提一些开放性的问题，引发员工思考
D. 尽量考虑对方的立场，以同情的态度提出建议

[解析] 为解决理解不足问题，管理者要将对方的谈话加以归纳、质疑、回馈后再确定，以确保对问题的真正理解。

答案：A

二、绩效反馈面谈的注意事项

（1）应将建设性批评与赞扬相结合，避免员工产生抵触情绪。

(2) 应建立互相尊重的氛围，鼓励员工参与反馈面谈。

(3) 反馈面谈的目的是改进绩效，所以面谈的重点应该是解决问题。

三、绩效面谈的技巧

(1) 面谈属于双向沟通，应鼓励员工多说话。

(2) 忌讳主管人员说个不停或打断员工谈话，应认真倾听对方的讲话。

(3) 在时间场所的选择上应避免选择开会、上下班等时间进行。

(4) 谈话结束尽量以积极的方式结束，给予鼓励而非打击。

》典型例题

[单项选择题] 关于绩效面谈技巧的说法，正确的是（　　）。

A. 在绩效面谈中，主管人员应当将重点放在对员工进行批评和教育方面

B. 主管人员应该主导绩效面谈，可以随时打断员工的陈述

C. 主管人员可以利用在公司食堂吃午餐的时间与员工进行绩效面谈

D. 在绩效面谈时，主管人员应当以积极的方式结束谈话

[解析] 本题考查绩效面谈的技巧。管理者要维护员工的自尊，小心避免挫伤员工的工作热情，A 项错误；认真倾听，面谈中最忌讳主管人员喋喋不休，时常打断员工的谈话，B 项错误；时间场所的选择，要尽量避开上下班、开会等让人分心的时段，C 项错误。

答案：D

考点8　绩效改进☆☆

一、绩效改进的概念

绩效改进是指找出组织或员工工作绩效中的差距，通过制定和实施改进计划，达到提升员工绩效水平的过程。

二、绩效改进的方法

(1) 标杆超越。关注点可以灵活多样，标杆超越的实质是组织变革。

(2) 卓越绩效标准。关注组织的管理理念，通过描述卓越企业的管理行为和信念，改进组织的整体效率和能力。

(3) 六西格玛管理。关注组织业务流程的误差率（错误率、出错率等）。

(4) ISO 质量管理体系。关注组织产品（或服务）的提升过程。

知识点拨

卓越绩效标准关注的是组织的管理理论而非个体的卓越绩效。六西格玛管理的概念要特别注意，它关注的是错误率范畴，如失误率、废品率均是正确的，但选项中出现"合理性""正确率""准确率"等就是错误的。

> 典型例题

[单项选择题] 关于绩效改进方法的说法，正确的是（　　）。

A. 标杆超越法更强调本企业固有的管理理念

B. 卓越绩效指标法通过强化个体卓越绩效指标推动企业战略目标的实现

C. ISO 质量管理体系更关注产品的生产过程，努力提高产品质量或服务水平

D. 六西格玛管理关注业务流程设置的合理性，以提升企业运行的效率

[解析] 标杆超越的关注点可以灵活多变，而非本企业固有的管理理念，A 项错误；卓越绩效标准关注组织的管理理论，而非个体的卓越绩效，B 项错误；六西格玛管理关注组织流程的误差率，而不是合理性，D 项错误。

答案：C

三、绩效改进效果评价

实施绩效改进之后，对绩效改进效果的评价可以从以下四个维度进行：

（1）反应。客户、供应商、员工对改进结果的反应。

（2）能力或学习。员工素质、能力的提升程度。

（3）转变。绩效改进活动对工作方式的影响。

（4）结果。绩效改进所达成的结果与预期的对比。

> 知识点拨

该知识点内容不多，但要从两个角度掌握：一是四个层级（反应、能力或学习、转变、结果）会单独作为考点；二是每个层级对应的内容。记忆时可以参考培训效果评估的五个层次，其实质是一样的，表述略有不同。

> 典型例题

[多项选择题] 绩效改进效果的评价包括（　　）。

A. 员工、客户、供应商对改进结果的反应

B. 绩效改进实施后员工能力素质提升的程度

C. 绩效改进活动对工作方式的影响

D. 绩效改进方法的先进性和完整性

E. 绩效改进所达成的结果与预期的对比

[解析] 绩效改进效果评价可以从四个维度来评价绩效改进，包括反应、能力或学习、转变、结果。

答案：ABCE

考点9 绩效考核结果 ☆☆

一、绩效考核结果的分析

在绩效考核结果中可以了解到员工的两个方面，即工作态度和工作能力。两个方面的结合可以形成四种类型的员工，见图 7-1。

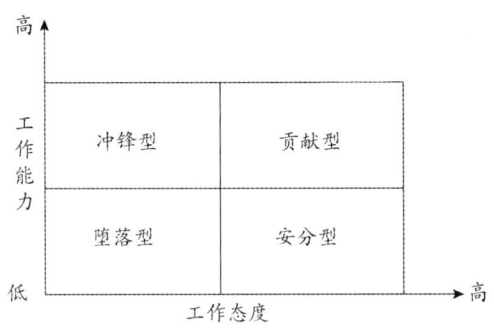

图 7-1 四种员工类型

（1）贡献型：进行奖励，给予鼓励。
（2）安分型：进行培训，提升工作技能。
（3）冲锋型：绩效辅导，改进工作态度。
（4）堕落型：进行惩罚，监督并督促改进绩效。

二、绩效考核结果的应用

绩效考核结果可以为人力资源工作的各方面提供依据，其中，新员工入职一段时间内的绩效考核结果可以衡量招聘的效果情况。

>> 典型例题

[多项选择题] 企业可以根据绩效考评结果划分出四种类型的员工，关于针对这四种员工应当采取的措施的说法，正确的有（   ）。

A. 应该对堕落型员工进行适当的惩罚以促使其改善绩效
B. 应该对贡献型员工给予必要的奖励
C. 应该对冲锋型员工进行绩效辅导
D. 应该对安分型员工进行必要的培训以提升其工作技能
E. 应该对防守型员工加以更严密的监督

[解析] 四种员工类型包括安分型、贡献型、堕落型、冲锋型。

答案：ABCD

第八章

薪酬管理

大纲再现

理解不同组织战略下薪酬管理的差异，建立全面薪酬战略，开展薪酬体系设计和薪酬结构设计，诠释职位评价和薪酬调查的原则、流程和步骤，实施职位评价和薪酬调查，根据各种奖励方式的特点设计和实施奖励计划，设计员工福利计划，实施员工福利管理，根据工作性质和工作环境设计符合特殊群体特点的薪酬模式，选择恰当的方法实施薪酬预算和薪酬成本控制。

大纲解读

历年考查分数在6分左右，本章主要考查题型为单项选择题、多项选择题，偶尔出现案例分析题。

本章应重点学习薪酬体系、工作分析与职位评价的区别、薪酬确定中的职位评价方法的类型和优缺点、上市公司股权激励、员工持股计划、薪酬战略，这些都是常考点，需要多加记忆。另外，薪酬成本控制、几种特殊的薪酬类型在考试中也有可能涉及，考生也应给予重视。

知识脉络 ▶

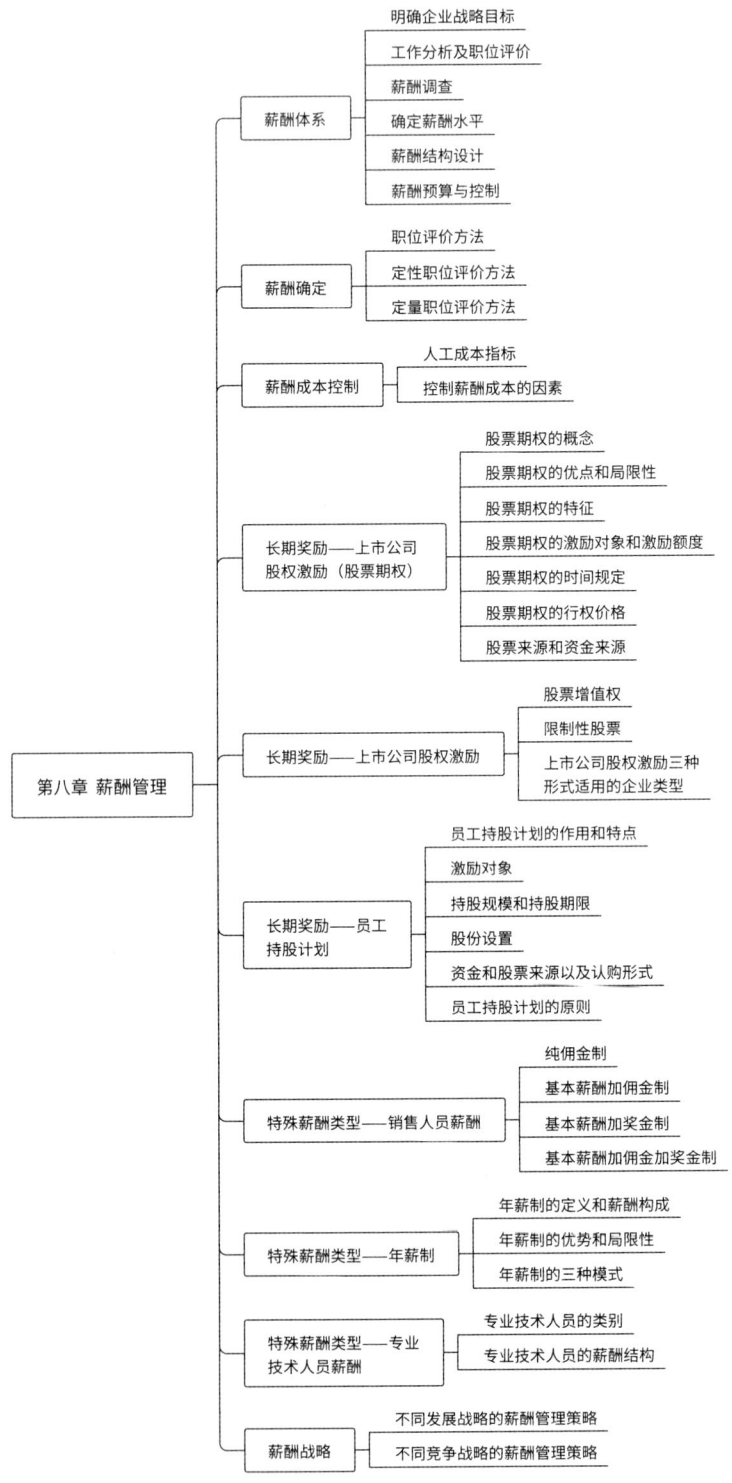

第八章 薪酬管理

考点1 薪酬体系 ☆

设计薪酬体系共有6个步骤，具体如下。

一、明确企业战略目标

明确企业现状和战略目标是进行薪酬决策的前提条件。

二、工作分析及职位评价

（一）工作分析

工作分析的主要作用是明确企业内部各职位的任职资格和职责权限，是确定薪酬体系的基础。

（二）职位评价

职位评价的主要作用是解决内部公平性的问题，通过职位评价方法确定企业内部各个职位之间的相对价值，使企业不同职位之间具有可比性。

三、薪酬调查

薪酬调查可以解决外部竞争性的问题。薪酬调查的方法有很多，如可以从外部购买薪酬报告、与其他企业交换薪酬数据等。

四、确定薪酬水平

企业可以采用领先策略、跟随策略或滞后策略、混合策略确定企业的薪酬水平。

五、薪酬结构设计

薪酬结构设计是薪酬内部一致性和外部竞争性之间相互平衡的一种结果。

六、薪酬预算与控制

薪酬预算是预先性的成本分析过程。

> **知识点拨**
>
> 该知识点需要注意两个问题：
> （1）区分工作分析与职位评价的作用。工作分析是所有人力资源工作的基础，通过工作分析形成职位说明书，而职位评价则是基于职位说明书的信息进行的。该知识点的重点是搞清楚这两者的关系，避免后期做题时混淆。
> （2）职位评价解决薪酬内部公平问题，薪酬调查解决薪酬外部竞争问题。

» 典型例题

[单项选择题]关于薪酬体系设计的说法，错误的是（   ）。

A. 工作分析是确定薪酬体系的基础
B. 薪酬调查主要是为了解决薪酬的外部竞争性问题
C. 职位评价主要是为了解决薪酬的内部公平性问题
D. 薪酬调查是预先性的成本分析过程

[解析] 薪酬预算是预先性的成本分析过程,D项错误。

答案:D

考点2 薪酬确定☆☆☆

一、职位评价方法

职位评价是进行薪酬体系设计的核心内容。进行职位评价的方法见表8-1。

表8-1 职位评价方法

职位评价方法	比较范围	
	定性方法	定量方法
直接职位比较法	排序法	因素比较法
职位尺度比较法	分类法	要素计点法

知识拓展

直接职位比较法是直接用职位和职位的价值进行比较,职位尺度比较法则是先设计一套标准,再将若干待评价的职位与标准进行比较。

二、定性职位评价方法

定性职位评价方法的具体内容见表8-2。

表8-2 定性职位评价方法

定性职位评价方法	排序法	分类法
定义	也称序列法或简单排序法	必须先设计一套等级标准(即标尺)
优点	(1) 简单,成本较低 (2) 评价结果容易与员工沟通	(1) 简单、容易解释 (2) 职位等级结构可以反映企业结构
缺点	(1) 评价主观成分较大 (2) 不能确定职位间的相对价值	(1) 评价主观成分较大 (2) 等级定义比较困难
适用范围	结构简单的小规模企业	职位类别简单的小规模企业

三、定量职位评价方法 ☆☆

定量职位评价方法的具体内容见表8-3。

表8-3 定量职位评价方法

定量职位评价方法	因素比较法	要素计点法
定义	(1) 不需要开发"标尺" (2) 不需要"分数—薪酬"的转换	(1) 需要设计评级标准尺度(即标尺) (2) 是比较复杂、量化的评价方法
优点	(1) 不同职位间具有可比性 (2) 方法可靠性高,较为完善	(1) 可以对职位之间的差异进行微调 (2) 评价结果更精确 (3) 评价结果客观,员工容易接受

续表

定量职位评价方法	因素比较法	要素计点法
缺点	(1) 成本较高，设计复杂，难度较大 (2) 员工对其公平性和准确性易产生怀疑	实施与设计都比较复杂，对企业管理水平要求高
适用范围	外部劳动力市场环境稳定的规模较大的企业	大型企业中的管理类职位

知识点拨

排序法的优点中"评价结果容易与员工沟通"，而前一章绩效评价技术中的排序法的缺点是员工有心理压力，不容易接受结果。可以理解为职位重要性和价值是相对固定和明显的，所以在职位评价中员工更容易接受排序结果，而个人的绩效结果是浮动且主观的，大部分人都倾向于自我感觉良好，所以不容易接受排序结果。

典型例题

[单项选择题] 关于职位评价方法分类的说法，正确的是（ ）。

A. 职位尺度比较法包括要素计点法和分类法
B. 定量方法包括要素计点法和排序法
C. 直接职位比较法包括因素比较法和分类法
D. 定性方法包括因素比较法和分类法

[解析] 定量方法包括因素比较法和要素计点法，B 项错误；直接职位比较法包括排序法和因素比较法，C 项错误；定性方法包括排序法和分类法，D 项错误。

答案：A

考点3　薪酬成本控制

一、人工成本指标

(1) 人工成本总量指标反映企业人工成本总量情况。
(2) 人工成本分析比率型指标可以衡量企业对劳动者的投入与收益。
(3) 人工成本结构指标可以反映人工成本投入构成的合理性。

二、控制薪酬成本的因素

(1) 基本薪酬的控制。
(2) 奖金的控制。
(3) 福利支出的控制。
(4) 雇佣量的控制。
(5) 薪酬技术手段的适当利用。

考点4 长期奖励——上市公司股权激励（股票期权）☆☆☆

一、股票期权的概念

股票期权是指上市公司给予经营者在未来一段时间内以事先约定的价格和条件购买本公司一定数量股票的权利。

二、股票期权的优点和局限性

（一）股票期权的优点

（1）激励方法灵活，有利于针对个体的实施。
（2）把股东利益、经营者的利益以及企业发展紧密结合起来。
（3）可以让经营者分享企业在未来一段时间的预期收益，突破只分享当期收益的局限性。
（4）经营者在只承担较小风险的前提下获得较大的激励。

（二）股票期权的局限性

（1）股票期权只能在上市公司实施，并且必须是股价呈持续上涨、成长性较好的上市公司。
（2）股票期权需要依托规范而有生气的股票市场，需要公司建立规范的法人治理结构。
（3）难以准确地衡量企业真实的经营状况和经营者的表现。
（4）容易引发短期炒作、恶意操纵等不良行为。

三、股票期权的特征

（1）股票期权是权利不是义务，也就是作为受益人，既可以买公司股票，也可以不买。
（2）股票期权是公司无偿给予经营管理者的。
（3）股票期权只有在行权价格低于股票价格时才是有价值的。股票期权行权价格盈亏见图8-1。

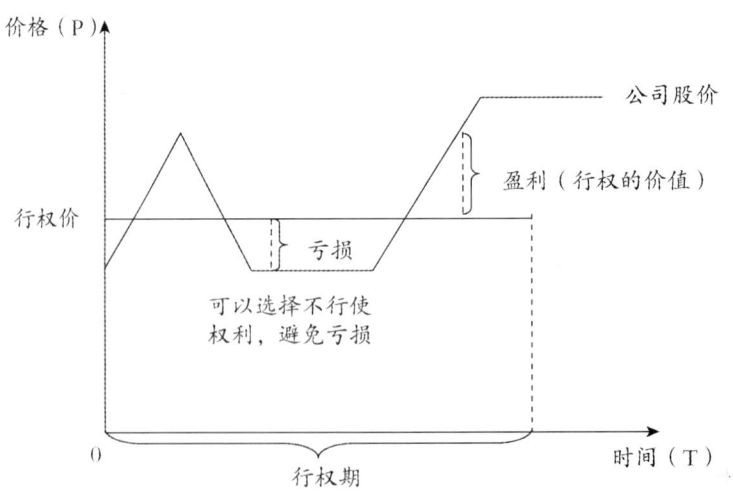

图8-1 股票期权行权价格盈亏

> **知识拓展**
>
> 股票期权是无偿给予经营者的,但为什么还要花钱购买?因为无偿给予的是以事先确定的价格购买公司一定数量股票的权利,获得的是权利而不是实际股票。

》典型例题

[单项选择题] 关于股票期权的说法,错误的是(   )。

A. 股票期权是一种权利,而不是一种义务

B. 受益人既可以购买股票,也可以不买

C. 股票期权只有行权价格高于股票价格才有价值

D. 股票期权是无偿给予经营者的

[解析] 股票期权只有行权价格低于股票价格时才有价值,C项错误。

答案:C

四、股票期权的激励对象和激励额度

(一)股票期权的激励对象

(1)上市公司的董事、高级管理人员、核心业务人员或核心技术人员,以及公司认为应当激励的其他员工。

(2)外籍员工任职上市公司董事、高级管理人员、核心业务人员或核心技术人员的。

(3)独立董事和监事不得成为激励对象。

(二)股票期权的激励额度

(1)任何一名激励对象通过全部有效的股权激励计划获授的本公司股票累计不超过公司股本总额的1%。

(2)上市公司全部有效的股权激励计划所涉及标的股票总数累积不超过公司股本总额的10%。

五、股票期权的时间规定

(一)股票期权的授权日

授权日是指授予股票期权的日期,必须是交易日。两个不得授权的特殊时间包括:

(1)定期报告公布前30日。

(2)重大交易或重大事项决定过程中至该事项公告后2个交易日。

(二)股票期权的等待期

等待期是指授权后与首次可以行权日之间间隔不得少于1年。

(三)股票期权的行权期

行权期是指定期报告公布后第2个交易日至下一次定期报告公布前10个交易日内行权,必须是交易日。

（四）股票期权的有效期

股票期权的有效期从授权日计算不得超过 10 年。

（五）股权激励计划的有效期

股票激励计划的有效期自股东大会通过之日起计算，一般不得超过 10 年。

> **知识点拨**
>
> 在股权激励和员工持股计划中有很多关于数字、时间的知识点，均是比较重要的考点，需要专门记忆。

六、股票期权的行权价格

行权价格的确定分为实值法、虚值法和平值法。我国采用的平值法，是指以股权激励计划草案摘要公布前 1 日的公司标的股票收盘价与公布前 30 个交易日的公司标的股票平均收盘价"孰高原则"来确定行权价格。

> **典型例题**
>
> [单项选择题] 关于股票期权激励的相关时间的说法，错误的是（　　）。
>
> A. 股权激励的有效期自股东大会通过之日起计算，一般不超过 10 年
>
> B. 股票期权授权日必须是股票市场正常交易日
>
> C. 股票期权不可以在重大事项决定过程中至该事项公告后 2 个交易日授权
>
> D. 股票期权授权日与获授股票期权首次可以行权日之间间隔不得少于 2 年
>
> [解析] D 项，股票期权的等待期，即股票期权授予日与获授股票期权首次可以行权日之间间隔不得少于 1 年。
>
> 答案：D

七、股票来源和资金来源

（一）股票来源

（1）存量：留存股票账户回购股票、二级市场购买股票。

（2）增量：发行新股票。

（二）资金来源

股票期权的行权资金来源经常是激励对象获得股权的最大障碍。原因是上市公司<u>不能为激励对象依股权激励计划获取股票期权提供贷款（供求担保）或者其他任何形式的财务资助</u>。

考点5　长期奖励——上市公司股权激励 ☆☆

一、股票增值权

（一）股票增值权的定义

股票增值权是指激励对象获得规定数量的股票价格上升所带来的收益的权利。

（二）股票增值权的实质

(1) 是通过模拟股票期权的方式获得价格之间的差距，其实质是虚拟的股票期权。

(2) 是奖金的延期支付。

(3) 是股票期权的现金结算。

（三）股票增值权的特点

(1) 行权期一般会超过激励对象的任期。

(2) 可全额兑现，也可以部分兑现。

(3) 可折合成股票，也可用现金，还可以两者相结合。

(4) 激励对象拥有股票价格上升所得的收益，但没有所有权、配股权及表决权。

（四）股票增值权适合的企业类型

适用于发行境外上市外资股的公司。

二、限制性股票

（一）限制性股票的定义

限制性股票是指激励对象从上市公司低价或无偿获得的一定数量的本公司股票，其只有在业绩目标或工作年限符合股权激励计划规定条件时，才可以出售获益。

（二）限制性股票的时间规定

(1) 禁售期：不得低于2年。

(2) 解锁期：不得低于3年，并采取匀速解锁办法。

(3) 限制性股票的有效期、授予日的规定与股票期权相同。

（三）限制性股票的行权价格

为避免股价操纵，行权价同样遵循"孰高原则"。

三、上市公司股权激励三种形式适用的企业类型

上市公司股权激励三种形式适用的企业类型见表8-4。

表8-4 上市公司股权激励三种形式适用的企业类型

激励模式	适用企业
股票期权	股价持续上涨、成长性较好的上市公司
股票增值权	(1) 股价比较稳定、现金流量比较充裕的上市公司 (2) 适合境外上市公司
限制性股票	对资金投入要求不是很高的成熟型企业

》典型例题

[单项选择题] 关于虚拟股票期权的说法，正确的是（　　）。

A. 虚拟股票期权所有者拥有表决权

B. 被授予者可以转让和出售持有的虚拟股票期权股份

C. 虚拟股票期权的行权价格取决于公司股票的市价

D. 虚拟股票期权的被授予者仅在名义上持有而非真正购买公司股票

[解析] 股票增值权实质上是一种虚拟的股票期权，是公司给予计划参与人的一种权利，不实际买卖股票，仅通过模拟股票市场价格变化的方式，在规定时间内，获得由公司支付的行权价格与行权日市场价格之间的差额。

答案：D

考点6 长期奖励——员工持股计划 ☆☆

一、员工持股计划的作用和特点

（一）员工持股计划的作用

员工持股计划可以起到吸引、留住人才的作用，且是一种低成本、长期、稳定的资金，还可以减轻企业的税务负担。

（二）员工持股计划的特点

（1）认购者或持股人必须是本企业的工作员工。

（2）员工所认购的股份在交易、转让等方面受到限制。

二、激励对象

（1）在企业工作满一定时间的正式员工。

（2）公司的董事、监事、经理。

（3）企业在册管理的离退休人员。

（4）劳动人事关系在本企业管理的外派人员。

三、持股规模和持股期限

（一）持股规模

（1）单个员工所获股份权益对应的股票总数累计不超过公司股本总额的1%。

（2）上市公司全部有效的员工持股计划所持有的股票总数累计不超过公司股本总额的10%。

（3）员工持股占企业总股本的比例不宜超过20%。

（4）企业高管与普通职工的认购比例不宜差距过大，原则上控制在4：1的范围之内。

（二）持股期限

（1）上市公司应当在员工持股计划届满前6个月公告到期计划持有的股票数量。

（2）每期员工持股计划的持股期限不得低于12个月。

（3）非公开发行方式实施员工持股计划的持股期限不得低于36个月。

> **知识点拨**
>
> ①员工持股计划的股票总数累计不超过股本总额的10%，员工持股占总股本比例是不超过20%，两者是有区别的。员工持股包括员工持股计划以及员工通过其他方式所获得的股票。做题时一定要看清楚是员工持股还是员工持股计划。
>
> ②持股员工数量不得低于员工总人数的90%。

> 典型例题

[单项选择题] 关于员工持股计划的说法，正确的是（　　）。

A. 企业高管与一般职工的认购比例原则上控制在 3∶1 的范围内

B. 持股员工数量不得低于员工总数的 90%

C. 员工所持股份占企业总股本的比例一般不宜超过 30%

D. 持股员工可以是正式聘用的，也可以是非正式聘用的

[解析] 企业高管人员与一般职工的认购比例不宜拉得太大，原则上控制在 4∶1 的范围之内，A 项错误；员工持股占企业总股本的比例一般不宜超过 20%，C 项错误；员工持股计划的激励对象为在企业工作满一定时间的正式员工，D 项错误。

答案：B

四、股份设置

（1）员工持股必须是本企业正式聘用的员工。

（2）参与 ESOP 的员工可以购买企业的股票数量是根据他的工资在全体员工薪金总额的比例确定的。

（3）参与 ESOP 的员工数量不低于员工总数的 90%。

> 知识拓展
>
> ESOP 是员工持股计划的英文缩写。

五、资金和股票来源以及认购形式

（一）资金来源

（1）可以在员工的工资中按月扣除。

（2）可以在公益金、工资基金节余、福利费中拨付。

（3）质押未来计划拥有的股票向银行申请贷款。

（二）股票来源

（1）上市公司回购本公司股票。

（2）认购非公开发行股票。

（3）二级市场购买。

（4）股东自愿赠予。

（5）法律、法规允许的其他方式。

（三）认购形式

（1）员工现金认购。

（2）将奖励或红利直接转换成员工持股。

（3）将公益金转为员工股份。

（4）通过员工持股专项贷款资金贷款认购。

六、员工持股计划的原则

(一) 企业设计的原则

(1) 应能够促进企业的长远发展。

(2) 能够改善企业的法人治理结构。

(3) 能够激发员工的工作积极性。

(二) 证监会发布的原则

(1) 自愿参与原则。

(2) 依法合规原则。

(3) 风险自担原则。

> **知识点拨**
> 股票来源、资金来源以及原则考查概率较低,作一般了解即可。

考点7 特殊薪酬类型——销售人员薪酬 ☆☆

销售人员的薪酬主要以结果为导向,包括以下四种形式。

一、单纯佣金制

(一) 单纯佣金制的定义

销售人员的薪酬全部由佣金构成,没有基本薪酬。

(二) 单纯佣金制的优缺点

(1) 优点:薪酬与工作绩效结果直接挂钩,企业的薪酬管理成本较低。

(2) 缺点:不利于培养销售人员对企业的归属感,易受业绩高低波动的影响,缺乏稳定性。

二、基本薪酬加佣金制

基本薪酬加佣金制是由基本薪酬和按销售业绩的提成佣金组成。

三、基本薪酬加奖金制

基本薪酬加奖金制的奖金与业绩之间的关系是间接的,销售人员在超过某个设定的销售额后,才能获得奖金。

四、基本薪酬加佣金加奖金制

(1) 销售周期长、技术含量较高或市场狭窄的行业,因为对销售人员稳定性和综合素质要求高,可以采用"高基本薪酬加低佣金或奖金"。

(2) 饮食行业、保险行业等的销售人员稳定性差、素质高低不一,可以采用"高佣金加低基本薪酬"。

》典型例题

[多项选择题] 关于销售人员薪酬的说法,正确的有(   )。

A. 销售人员的薪酬应主要以行为为导向

B. 单纯佣金制因将销售人员的薪酬收入与其工作业绩直接挂钩而使薪酬管理成本较低

C. 产品具有较高技术含量的企业会对销售人员采用高佣金加低基本薪酬的薪酬制度

D. 单纯佣金制会导致销售人员的薪酬缺乏稳定性

E. 单纯佣金制不利于培养销售人员对企业的归属感

[解析] 销售人员的薪酬以结果为导向，A 项错误；技术含量较高、市场较为狭窄、销售周期较长的产品，对于其销售人员，应采用"高基本薪酬加低佣金或奖金"，C 项错误。

答案：BDE

考点8 特殊薪酬类型——年薪制 ☆☆

一、年薪制的定义和薪酬构成

（一）年薪制的定义

年薪制是一种高风险的薪酬制度。它是以企业会计年度为单位时间，根据经营者的业绩好坏来计发薪酬的制度。

（二）年薪制的薪资构成

基本薪酬（基本收入）＋奖金（短期奖励）＋福利津贴（年假或保险福利待遇）＋长期奖励（股票期权）。

二、年薪制的优势和局限性

（一）年薪制的优势

（1）年薪制的薪酬结构中增加了风险收入比例，有利于经营者承担责任，使风险与收入对等。

（2）年薪制的形式比较灵活。

（3）年薪制可以把年薪收入的一部分直接转化成为股权。

（二）年薪制的局限性

年薪制因为经营者的薪酬与企业经营业绩直接相关，容易导致经营者的短期行为，不利于公司长期发展。

> **知识拓展**
>
> 对于年薪制的局限性，有一种过时的说法是年薪制具有"上封顶、下保底"的特点，如果在考题中看到类似的选项，其表述是正确的。

三、年薪制的三种模式

年薪制的三种模式见表8-5。

表8-5 年薪制的三种模式

模式	薪酬结构
一元结构	全部收入为风险收入
二元结构	年薪分为基本年薪和风险收入

续表

模式	薪酬结构
三元结构	年薪分为基本年薪、效益年薪、奖励年薪 (1) 基本年薪与业绩没有关系 (2) 效益年薪与企业绩效紧密联系 (3) 奖励年薪视超额完成指标情况确定

> **典型例题**

[单项选择题] 关于经营者年薪制的说法，错误的是（　　）。

A. 年薪制是一种高风险的薪酬制度，依靠的是约束和激励互相制约的机制

B. 年薪制将企业经营管理者的业绩与其薪酬直接联系在一起

C. 年薪制可以由基本薪酬、奖金、长期奖励、福利津贴构成

D. 年薪制决定了经营管理者的奖励，可以不封顶

[解析] 年薪制的局限性指年薪制确定了经营者的最低业绩目标和封顶奖金。未完成最低计划指标时经营者不会受到惩罚，而超额完成也不会有更多的奖励。D项错误。

答案：D

考点9　特殊薪酬类型——专业技术人员薪酬 ☆

一、专业技术人员的类别

专业技术人员基本可以分为三类：

(1) 需要创造、创新的职位，如设计师、艺术家。

(2) 需要具备一定造诣的职位，如律师。

(3) 需要具备一定知识的职位，如财务人员。

二、专业技术人员的薪酬结构

专业技术人员的薪酬结构见表8-6。

表8-6　专业技术人员的薪酬结构

薪酬结构	具体内容
基本薪酬与加薪	(1) 基本薪酬：取决于其专业技术与知识的深度与广度以及运用专业知识的熟练程度，而不是所从事岗位的重要性 (2) 加薪：取决于其专业知识和技能的积累程度以及熟练水平的提高
奖金	(1) 专业技术人员会获得较高基本薪酬，奖金比重较小 (2) 研究出为企业带来较多利润的新产品，企业会给予一次性奖励，或分享新产品上市后一段时期中产生的利润
福利与服务	专业技术人员非常看重继续受教育和受培训的机会

考点10　薪酬战略 ☆☆

一、不同发展战略的薪酬管理策略

不同发展战略的薪酬管理策略见表8-7。

表 8-7 不同发展战略的薪酬管理策略

项目	成长战略	稳定战略	收缩战略
指导思想	企业与员工共担风险、共享收益	薪酬决策集中度高,薪酬的确定基础是职位本身	将企业经营业绩与员工收入挂钩
薪酬结构与水平	(1) 短期内提供较低的基本薪酬 (2) 长期内实行奖金或股票选择权等计划	(1) 基本薪酬和福利所占比重较大 (2) 略高于或跟随市场水平的薪酬,但长期内薪酬增长不大	(1) 基本薪酬比例相对较低 (2) 部分企业尝试股份所有权计划,鼓励员工共担风险

二、不同竞争战略的薪酬管理策略

不同竞争战略的薪酬管理见表 8-8。

表 8-8 不同竞争战略的薪酬管理策略

项目	成本领先战略	创新战略	客户中心战略
指导思想	企业追求成本最小化、效率最大化	强调客户满意度、产品市场的领袖地位	强调客户满意度
薪酬结构与水平	(1) 薪酬比竞争对手的低 (2) 奖金所占的比例相对较大	(1) 对创新给予足够的奖励或报酬 (2) 薪酬略高于市场水平	(1) 根据员工向客户提供服务的数量与质量来支付薪酬 (2) 根据客户对员工的服务评价来支付奖金

>> 典型例题

[单项选择题] 关于成长战略下的薪酬管理策略的说法,正确的是(   )。

A. 基本薪酬在薪酬结构中所占的比重较大

B. 一般采取跟随市场的薪酬水平

C. 提供高水平的福利待遇

D. 长期而言,力求使员工获得较为丰厚的回报

[解析] 成长战略是一种关注市场开发、产品开发、创新等内容的战略,可以分为内部成长战略和外部成长战略。对于追求成长战略的企业来说,其薪酬管理的指导思想就应是企业与员工共担风险、共享收益。企业的薪酬方案是在短期内提供相对较低的基本薪酬,而从长期来讲,企业将实行奖金或股票选择权等计划,能够使员工得到较为丰厚的回报。

答案:D

第九章

培训与开发

大纲再现

制定培训与开发决策，组织和管理培训与开发活动，评估培训与开发的效果，运用职业生涯管理的方法实施职业生涯管理，评估职业生涯管理的效果。

大纲解读

历年考查分数在4分左右，本章主要考查题型为单项选择题和多项选择题。

本章主要以两个部分为主，一是培训与开发的效果评估，二是职业生涯管理。两部分的核心考点均比较集中。要求掌握培训与开发效果评估的方法，并通过层次评估模型的五个层次分析培训与开发的实施效果。掌握职业生涯管理的类别，利用职业生涯管理的若干方法实施职业生涯管理并进行效果评估。职业生涯管理有两个重要的概念，即职业生涯锚和职业生涯发展阶段，其中职业生涯锚的特点和五种基本类型是常考点。

知识脉络 ▶

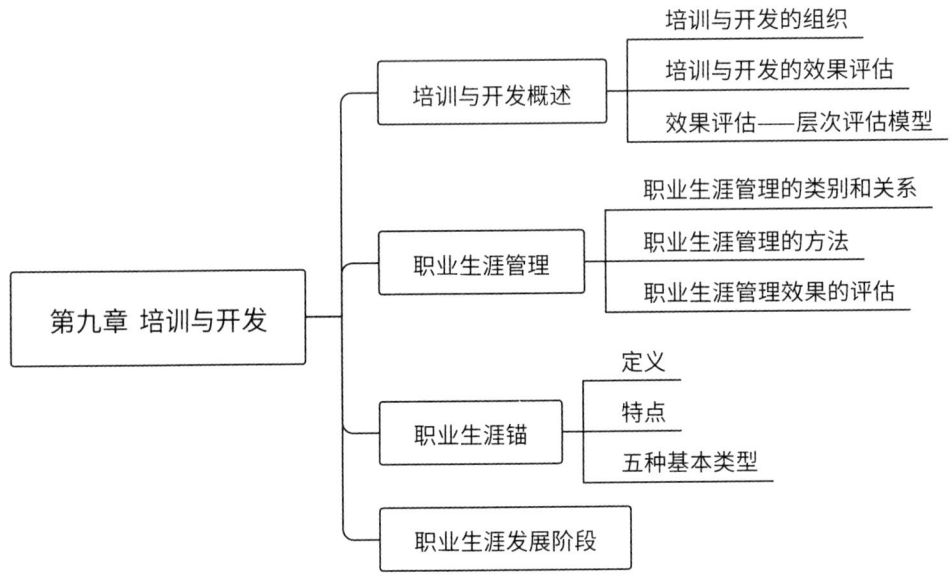

第九章　培训与开发

考点1　培训与开发概述 ☆☆☆

一、培训与开发的组织

组织在设立培训与开发机构时会考虑两个因素：组织规模、培训与开发在组织中的地位。一般在中小型组织中，培训与开发工作是人力资源管理岗位的一项职责。在大规模企业中，培训与开发机构可以隶属于人力资源部门，作为其中的一个部门，也可以是与人力资源部门并列的独立部门。其中企业大学是独立培训与开发机构的一种扩展模式。培训与开发的组织类型见表9-1。

表9-1　培训与开发的组织类型

项目	隶属于人力资源部 （非独立部门）	与人力资源部并列 （独立部门）
优点	容易形成协调、统一的培训与开发计划	(1) 凸显培训与开发在组织中的战略位置 (2) 保证培训与开发的连续性和力度
缺点	(1) 无法体现培训与开发的战略位置 (2) 难以保证培训与开发的连续性和力度	两个部门的并列增加了协调难度，需要在两部门之上设置一个领导来组织和协调

> **知识点拨**
> 两种培训组织类型的优缺点是互补的，只要记住其中一种即可。

二、培训与开发的效果评估

（一）效果评估的方法

效果评估的方法主要包括问卷调查法和控制实验法两种，具体内容见表9-2。

表9-2　培训与开发效果评估的方法

评估方法	具体内容
问卷调查法	比较常用的评估方法
控制实验法	(1) 最规范化的评估方法 (2) 是用实验的方法进行评估，将参与培训与开发的小组与非培训开发组进行比较 (3) 优点：能够比较准确地了解员工绩效的提高是否是培训带来的，而不是其他原因引起的 (4) 缺点：费用高、操作复杂 (5) 不适用于无法找到量化绩效指标的培训与开发项目，如管理技能培训等

（二）效果评估的时机

(1) 培训与开发后的回任工作评估——更重要。
(2) 培训与开发结束时的评估。

典型例题

[单项选择题] 关于培训与开发评估方法中的控制实验法的说法，错误的是（　　）。
A. 它是一种最为规范的培训与开发效果评估方法
B. 它可以提高培训与开发评估的准确性和有效性

C. 它操作起来比较复杂，且费用比较高
D. 它适用于管理技能培训与开发项目

[解析] 控制实验法不适用于不能量化的绩效指标培训与开发项目，如管理技能，D项错误。

答案：D

三、效果评估——层次评估模型

培训与开发效果评估是整体培训与开发体系中最难实现的环节，其中应用最广泛的是层次评估模型，该评估模型将培训与开发效果分为五个层次，具体内容见表9-3。

表9-3 层次评估模型

评估层级	定义	具体内容
反应评估	评估受训人员对培训与开发的看法和主观感受	最基本、最常用的评估方式，简单易行【问卷调查法最常用】
学习评估	评估受训人员实际"学到了什么"	学习内容包括知识、态度和技能【知识采用笔试；态度采用自我评价的态度量表；技能采用实际操作】
工作行为评估	评估受训人员将所学知识用到工作中的程度，或工作行为上是否发生改变	组织高层特别关心的评估【行为评价量表最常用】
结果评估	评估受训人员工作行为改变对所在组织或部门绩效的影响作用	组织高层最关心的评估，也是最有说服力的评价指标 (1) 硬指标（量化、客观的）：质量、产出、时间和成本 (2) 软指标（非量化、主观的）：工作满意度、工作习惯、主动性、顾客服务
投资收益评估	对培训与开发给组织带来的收益进行评估	组织很少使用该评估

知识拓展

工作行为评估是高层"特别"关心的评估，结果评估是高层"最"关心的评估，要特别注意其中的差别。

» 典型例题

[多项选择题] 关于培训与开发效果评估的说法，正确的有（　　）。

A. 效果评估是培训与开发体系中最难实现的一个环节
B. 效果评估中应用最广的是层次评估模型
C. 反应评估是效果评估中最基本、最常用的评估方法
D. 结果评估中的硬指标包括产出、质量、工作满意度等
E. 学习评估的内容包括知识、技能、态度三个方面

[解析] 结果评估中的硬指标包括产出、质量、成本、时间等四类，软指标包括工作习惯、工作满意度等。D项错误。

答案：ABCE

考点2 职业生涯管理☆☆

一、职业生涯管理的类别和关系

职业生涯管理可以分为个体职业生涯管理和组织职业生涯管理两个层次。

（1）两者之间相辅相成，积极进行个体职业生涯管理的员工，更容易获得来自组织的职业发展支持。

（2）只有两者相互匹配，才会真正降低员工离职率、提高员工的满意度。

二、职业生涯管理的方法

（一）个体层次的方法

（1）职业生涯指导与咨询：员工的直接主管、人力资源部人员、组织外的专业咨询师。

（2）自我评估：职业生涯讨论会、退休前讨论会、提供职业生涯手册。

（二）组织层次的方法

组织层次的职业生涯管理方法见图 9-1。

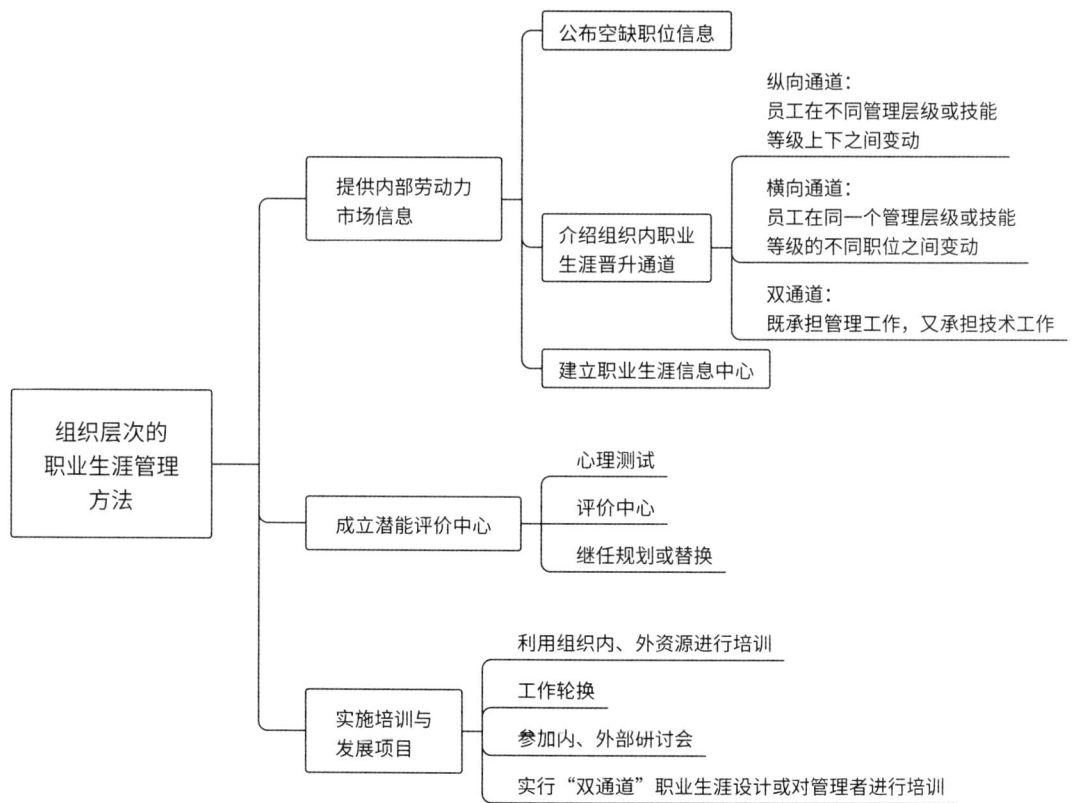

图 9-1 组织层次的职业生涯管理方法

> **知识点拨**
>
> 组织层次职业生涯管理的三种方法可以按照实施顺序记忆：若想开展组织的职业生涯管理，首先在内部要有可晋升的通道即内部劳动力市场，也就是搭台子；台子搭好后就需要选拔出组织可用的人才，即成立潜能评价中心来评价与筛选人才；最后，对选拔出来的人才进行培训与培养，即实施培训与发展项目。

▷ 典型例题

[多项选择题] 组织层次的职业生涯管理方法包括（　　）。

A. 公布空缺职位信息　　　　　　B. 建立职业生涯信息中心
C. 成立潜能评价中心　　　　　　D. 工作轮换
E. 实行利润分享

[解析] 组织层次的职业生涯管理方法包括提供内部劳动力市场信息（包括公布空缺职位信息、建立职业生涯信息中心）、成立潜能评价中心、实施培训与发展项目（包括工作轮换）。

答案：ABCD

三、职业生涯管理效果的评估

判断职业生涯管理是否有效的四个方面主要包括：

（1）绩效指数变化。
（2）是否达到个人或组织目标及程度。
（3）具体活动的完成情况。
（4）态度或心理的变化。

> **知识点拨**
>
> 用一句口诀把效果评估的四个方面串联起来，即"绩效目标完成情况所引起的心理变化"。

▷ 典型例题

[多项选择题] 职业生涯管理是组织进行培训与开发的重要内容，评估其效果的标准有（　　）。

A. 劳动力市场就业率　　　　　　B. 劳动力市场平均工资水平
C. 组织的绩效指数变化　　　　　D. 员工态度或心理变化
E. 个人或组织目标的达成程度

[解析] 衡量职业生涯管理的有效性的标准包括：①是否达到个人或组织目标及程度；②具体活动的完成情况；③绩效指数变化；④态度或心理的变化。

答案：CDE

考点3 职业生涯锚 ☆☆☆

一、定义

职业生涯锚是指一个人必须做出职业选择时,他无论如何都不会放弃的职业生涯中的至关重要的价值观等。

二、特点

(1) 职业生涯锚以个体习得的工作经验为基础,产生于职业生涯早期阶段。
(2) 强调个人能力、价值观、动机三方面的相互作用与整合。
(3) 并不是完全固定不变的。
(4) 不能提前进行预测。

三、五种基本类型

职业生涯锚可以分为五种不同类型,具体内容见表9-4。

表9-4 职业生涯锚的类型

类型	具体内容
技术/职能能力型	拒绝一般管理工作,但可以在职能/技术领域里管理他人
管理能力型	(1) 追求一般管理工作,且责任越大越好 (2) 具有人际沟通能力、分析能力和情绪控制能力的组合 (3) 有很强的升迁动机,以提升收入和职位等级作为衡量成功的标准
创造型	喜欢冒险精神、发明创造
安全稳定性	追求安全、稳定是其最大的驱动力
自主独立型	有很强的职业承诺,视自主为第一需要,追求施展个人才能的工作环境

》典型例题

[单项选择题] 关于管理能力型职业生涯锚的说法,错误的是(   )。
A. 它追求一般性的管理工作,且责任越大越好
B. 它强调实际职能/技术等业务工作
C. 它具有强烈的升迁动机
D. 它具有分析能力、人际沟通能力和情绪控制能力的强强组合特点

[解析] 强调实际职能/技术等业务工作属于技术/职能能力型,B项错误。

答案:B

考点4 职业生涯发展阶段 ☆

职业生涯发展可以分为四个阶段,具体内容见表9-5。

表 9-5 职业生涯发展阶段

项目	探索期	建立期	维持期	衰退期
发展任务	确定兴趣和能力,努力使自我与工作匹配	成长、晋升、获得安全感;生涯类型的确立	更新技能、维持成就感	改变工作与非工作之间的平衡;退休计划
活动	学习并协助他人	独立做出贡献	政策制定、训练和帮助	退出工作
身份	学徒	同事	导师	顾问
专业资历	2 年以下	2~10 年	10 年以上	10 年以上
年龄	30 岁以下	30~45 岁	45~60 岁	60 岁以上

>> 典型例题

[单项选择题] 在职业生涯发展过程中,个体的任务是确定兴趣和能力,让自我与工作匹配,这一阶段属于(　　)。

A. 探索期　　　　　　　　　　B. 建立期
C. 维持期　　　　　　　　　　D. 衰退期

[解析] 职业生涯发展过程的探索期是指确定兴趣、能力,让自我与工作匹配,A 项正确。

答案:A

第十章

劳动关系

📖 **大纲再现**

理解劳动关系的概念、特征、类型，理解我国劳动关系调整体制，企业解决劳动争议问题的制度和方法。

大纲解读 ✏️

历年考查分数一般在11分左右，考查题型以单项选择题和多项选择题为主。

本章从理解劳动关系的基础概念开始，对劳动关系的主体构成（劳动者、工会、用人单位、雇主组织和政府）的内容要求掌握。在劳动关系运行过程中，程序规则和实体规则作为规范劳动关系、保障劳动关系正常运行的最基本内容，是考查的重点。员工申诉管理是考纲中新增的一种解决劳动争议的形式，应予以重视。

知识脉络 ▶

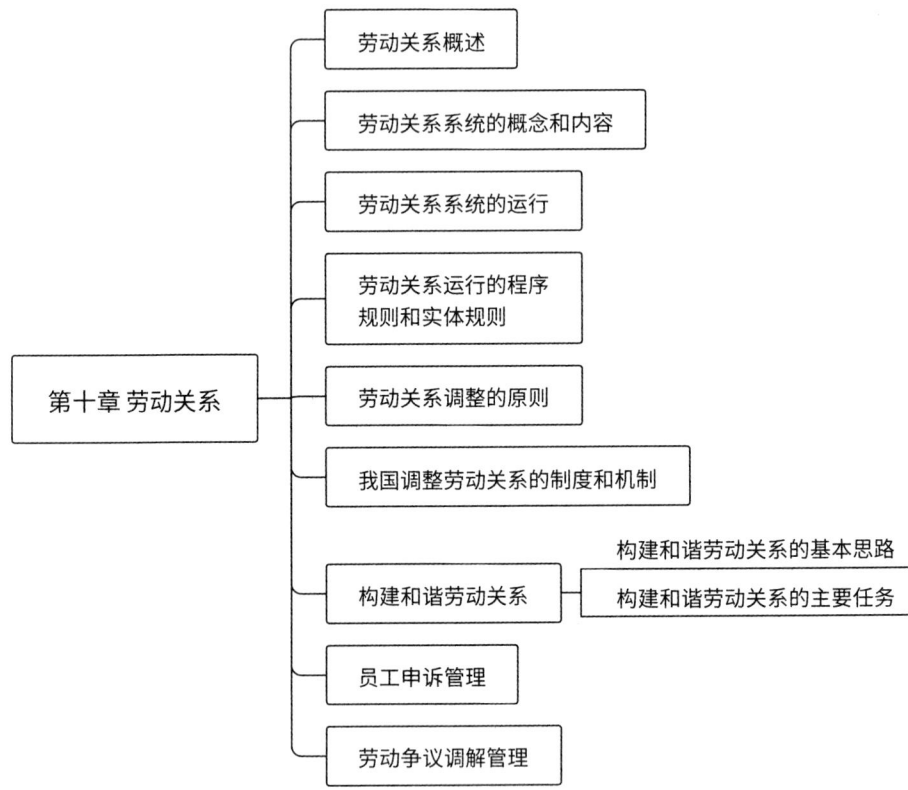

第十章 劳动关系

考点1 劳动关系概述 ☆☆

劳动关系的具体内容见表10-1。

表10-1 劳动关系

项目		具体内容
概念		劳动关系是指整个社会关系系统中与劳动过程直接相关的社会关系系统。具体而言，劳动关系是指劳动者与劳动力使用者以及相关组织为实现劳动过程所构成的社会关系
基本性质		是社会经济关系
特征	主要特点	劳资双方都是自主的独立主体；资本具有稀缺性和独占性；劳动关系具有从属性（最主要特点）
	基本形式	冲突和合作，贯穿于劳动关系的整个过程
主体	劳动者	(1) 劳动者是被用人单位依法雇用（录用）的人员，不包括自雇用者 (2) 劳动者是以工资收入为主要生活来源的人员 (3) 劳动者是在用人单位管理下从事劳动的人员 (4) 劳动者仅限定在国家劳动法律所规定的范围之内
	工会	按工会的组织结构形式划分，工会分为总工会、产业工会、职业工会 按工会的层级划分，工会分为全国性工会、区域性（或地方性）工会、企业工会 【提示】中华全国总工会及其下工会体系是我国唯一合法的工会组织
	用人单位	(1) 企业，包括国有企业、集体企业、外商投资企业、私营企业等 (2) 个体经济组织，是指雇工7人以下（包括7人）的个体工商户 (3) 国家机关 (4) 社会团体 (5) 民办非企业单位 (6) 事业组织
	雇主组织	雇主组织包括国家级雇主联合会、地区协会、行业协会等 【提示】中国企业联合会是我国雇主组织的具体体现形式之一 雇主组织的作用如下： (1) 参与集体谈判 (2) 参与劳动立法和政策制定 (3) 通过雇主组织的培训机构为会员企业提供培训服务 (4) 在劳动争议处理过程中向其成员提供法律服务
	政府	政府的作用如下： (1) 劳动关系的规制者 (2) 劳动争议的重要调解仲裁者（政府在处理劳动争议时，居中调解和发挥主导作用） (3) 劳动关系运行的监督者 (4) 协调劳动关系制度和机制建设的推动者 (5) 劳动关系重大冲突的控制者

>> 典型例题

[多项选择题] 根据《中华人民共和国劳动法》，下列属于劳动关系中的用人单位的有（　　）。
A. 外商投资企业
B. 个体经济组织
C. 民办非企业单位
D. 国家机关

E. 农业承包户

[解析] 适用《中华人民共和国劳动法》的用人单位包括企业、个体经济组织、民办非企业单位、国家机关、事业组织、社会团体等，E项错误。

答案：ABCD

考点2　劳动关系系统的概念和内容 ☆

劳动关系系统的概念和内容见表10-2。

表10-2　劳动关系系统

项目	具体说明
概念	劳动关系系统也称产业关系或劳资关系系统，是指现代社会系统中以劳动关系为基本关系所构成的包括劳动关系的内部构成和外部环境因素交流互动的有机整合体
内容	(1) 劳动关系系统是社会大系统中的一个子系统 (2) 劳动关系系统的运行是能动的，除了受客观条件的制约之外，还受人的主观思想的影响 (3) 三方主体：劳动者与工会、雇主与雇主组织、政府，是劳动关系系统的直接参与者；意识形态对于三方关系处理发挥着重要的作用，三方博弈的结果对劳动关系的环境产生影响；劳动关系系统运行或转换过程的结果或产出是规则，规则反过来直接规范劳动关系的运行

考点3　劳动关系系统的运行 ☆☆

劳动关系系统运行的具体内容见表10-3。

表10-3　劳动关系系统的运行

项目	具体内容
概念	劳动关系系统的运行是指劳动关系系统的组织构成、权利分配以及关系处理和作用发挥的过程和方式
内容	组织机构与相互关系；关系处理的规则和程序
阶段	(1) 劳动关系的构成 (2) 劳动标准的确定和实施 (3) 劳动争议的处理和解决
功能	(1) 约束功能：具有对这一运行加以控制的作用 (2) 动力功能：具有启动劳动关系并使之运行的作用
状态	(1) 恶性运行畸形发展 (2) 中性运行常态发展 (3) 良性运行和谐发展（基本目标）

》典型例题

[单项选择题] 劳动关系系统的运行过程中，具有启动劳动关系并使之运行的是（　　）。

A. 动力功能

B. 约束功能

C. 和谐功能

D. 发展功能

[解析] 劳动关系系统的运行有两种功能，即动力功能和约束功能。其中，动力功能具有启动劳动关系并使之运行的作用。

答案：A

考点4　劳动关系运行的程序规则和实体规则 ☆☆☆

劳动关系运行的程序规则和实体规则的具体内容见表10-4。

表10-4　劳动关系运行的程序规则和实体规则

项目		具体内容
依据		劳动关系系统的运行是通过劳动关系运行的规则网络作为基本依据并予以规范和调整的。规则网络的构成： (1) 法律，是最基本和一般的规范手段（是规则网络的基本构成，分为程序规则和实体规则） (2) 权力，是政治领域的规范手段 (3) 传统，是社会领域的规范手段 (4) 道德，是一种价值理念的规范手段
程序规则	概念	劳动关系运行的程序规则是指劳动关系系统运行中关系处理的方法和过程的规则要求。劳动关系运行的规则首先是程序规则，因为没有程序规则就没有实体规则，这种程序规则是由法律、权力、传统、道德所认可的。程序法治化是程序规则建立的基本要求
	内容	(1) 个别劳动关系处理规则。个别劳动关系是构成劳动关系系统的基础关系 (2) 集体劳动关系处理规则，是劳动关系系统运行的核心规则 (3) 劳动争议处理规则，实际上是劳动关系系统运行中的救济规则，是对于前两个规则的补充。劳动争议处理规则需要规范政府的行为
实体规则	概念	劳动关系运行的实体规则主要是指劳动关系各方权利的规定，是由法律规定和认可的。实体规则的主要内容是关于劳动者权利的维护，其主要法律表现形式为劳工标准
	劳动者个人权利的规定	个人权利即个别劳权，主要涉及劳动条件、劳动标准的确定和实施等，是最低劳动标准。主要包括劳动就业权、工资报酬权、休息休假权、社会保障权、职业安全卫生权、职业培训权、劳动争议提请处理权等
	劳动基本权的规定	劳动基本权即集体劳权，是指"劳动三权"，即团结权、集体谈判权和集体行动权。集体劳权是以个别劳权为基础形成的 【提示】民主参与权属于劳动基本权

知识点拨

(1) 个别劳权包括的内容与多个知识点都有关联，要求熟记。
(2) 集体劳权中的集体行动权可以理解为劳动者的集体罢工等行为。

》典型例题

[单项选择题] 关于劳动关系运行实体规则的说法，错误的是（　　）。

A. 涉及劳动者权利的维护
B. 内容通常由法律规定和认可
C. 主要涉及劳动关系各方义务的规定

D. 法律表现形式为劳工标准

[解析] C项，劳动关系运行的实体规则主要是指劳动关系各方权利的规定，而不是义务。

答案：C

考点5 劳动关系调整的原则 ☆

（1）劳动关系主体权利义务统一的原则。
（2）以劳动关系双方自主协调为基础的原则。
（3）保护劳动关系主体权益的原则（全面保护、平等保护、优先保护和特殊保护）。
（4）促进经济发展和社会进步的原则。

知识点拨

需要注意第（3）个原则，在考题中如果优先保护和特殊保护分开出现，均是正确的。

典型例题

[单项选择题] 下列属于我国劳动关系调整原则的是（　　）。
A. 促进经济发展和社会进步的原则
B. 以政府协调为基础的原则
C. 重点保护劳动者权益的原则
D. 强调劳动关系主体各自义务的原则

[解析] 劳动关系调整的原则包括：①劳动关系主体权利义务统一的原则；②以劳动关系双方自主协调为基础的原则；③保护劳动关系主体权益的原则；④促进经济发展和社会进步的原则。

答案：A

考点6 我国调整劳动关系的制度和机制 ☆

（1）劳动合同制度：调整个别劳动关系的一项基本制度。
（2）集体合同制度：调整集体劳动关系的基本制度。
（3）劳动规章制度。
（4）劳动监察制度。
（5）职工民主管理制度：主要体现形式是职工代表大会制度。
（6）劳动争议处理制度：我国实行的是"一调、一裁、两审"的争议处理体制。
（7）协调劳动关系三方机制：由劳动和社会保障部、中华全国总工会、中国企业联合会三方共同建立了国家协调劳动关系三方会议制度。

典型例题

[多项选择题] 2001年8月，由（　　）共同建立国家协调劳动关系三方会议制度。
A. 劳动和社会保障部
B. 中华全国总工会
C. 中国企业联合会
D. 企业工会
E. 用人单位

[解析] 2001年8月，由劳动和社会保障部、中华全国总工会、中国企业联合会三方共同

建立了国家协调劳动关系三方会议制度。

答案：ABC

考点7　构建和谐劳动关系

一、构建和谐劳动关系的基本思路

构建规范有序、公正合理、互利共赢、和谐稳定的社会主义新型劳动关系。

二、构建和谐劳动关系的主要任务

（1）完善劳动合同制度。

（2）推进集体合同制度实施。以非公有制企业为重点对象，指导各地在已建工会的企业全面开展集体协商工作，在未建工会的企业集聚区大力开展区域性、行业性集体协商。

（3）完善劳动关系三方机制制度。

（4）健全国家劳动标准体系。加强对企业实施特殊工时制度的审批管理。

（5）加强企业工资收入分配制度改革。推进工资集体协商制度建设，健全企业工资正常增长机制。

（6）完善劳动争议处理体制。加强基层劳动争议调解组织建设和仲裁机构实体化基本建设。

（7）加大劳动保障执法监察力度。加强劳动保障监察机构队伍建设，实现监察机构标准化、人员专业化。

> **典型例题**

[单项选择题] 对发展和谐劳动关系具有促进作用的做法是（　　）。

A. 强制已经建立工会的企业必须开展集体协商

B. 加强对企业实行特殊工时制度的审批管理

C. 劳动仲裁和劳动监察人员社会化、弹性化

D. 国有企业按照工资总额的固定比例提高员工工资

[解析] 发展和谐劳动关系的主要任务包括：①完善劳动合同制度；②推进集体合同制度实施；③完善协调劳动关系三方机制制度；④健全国家劳动标准体系，加强对企业实行特殊工时制度的审批管理；⑤加强企业工资收入分配制度改革；⑥完善劳动争议处理体制；⑦加大劳动保障执法监督力度。

答案：B

考点8　员工申诉管理☆☆

员工申诉管理的具体内容见表10-5。

表 10-5　员工申诉管理

项目	具体内容
定义	员工申诉是指组织成员以口头或书面等正式方式，表达对组织有关事项的不满
作用	员工申诉的主要作用是处理员工工作过程中产生的不满的情绪
申诉范围	员工申诉范围一般限于与工作有关的问题，与工作无关的问题，通常排除在外，如员工的家庭问题、私人问题
原则	(1) 合法原则 (2) 公平原则 (3) 保密原则 (4) 反馈原则 (5) 及时原则 (6) 明晰原则
处理程序	非正式的申诉处理程序，主要是依靠第三方调解实现的 正式的申诉处理程序的处理流程包括四个阶段： (1) 向申诉受理人提交员工申诉表（写明缘由，列举依据） (2) 申诉受理 (3) 查明事实（填写员工申诉调查记录表） (4) 解决问题（制作员工申诉答复表）

» 典型例题

[单项选择题] 申诉受理接待员遇到员工甲前来申诉，说员工乙在背后对她指指点点，申诉受理接待员应该（　　）。

A. 受理，并跟乙核实　　　　　　B. 不受理
C. 跟主管上级反映　　　　　　　D. 直接调解

[解析] 员工申诉的主要作用是处理员工工作过程中产生的不满的情绪，员工申诉范围一般限于与工作有关的问题，与工作无关的问题通常排除在外（如员工的家庭问题、私人问题），虽然这些问题可能间接影响工作绩效，但这并不是申诉制度应该或能够处理的问题。

答案：B

考点9　劳动争议调解管理☆

劳动争议调解管理的具体内容见表 10-6。

表 10-6　劳动争议调解管理

项目	具体内容
广义的劳动争议调解	包括各种组织以各种方式对劳动争议案件进行调解。例如，劳动人事争议仲裁委员会处理劳动争议时的仲裁庭调解，人民法院审判中的调解，政府有关行政部门的调解，劳动争议诉前的专家调解等
狭义的劳动争议调解	指企业劳动争议调解委员会对本企业发生的劳动争议案件进行的调解

续表

项目	具体内容
企业劳动争议调解委员会的设立	(1) 大中型企业应当依法设立劳动争议调解委员会,并配备专职或者兼职工作人员 (2) 有分公司、分店、分厂的企业,可以根据需要在分支机构设立劳动争议调解委员会 (3) 总部劳动争议调解委员会指导分支机构劳动争议调解委员会开展劳动争议预防调解工作 (4) 劳动争议调解委员会可以根据需要在车间、工段、班组设立调解小组 (5) 小微型企业可以设立劳动争议调解委员会,也可以由劳动者和企业共同推举人员,开展调解工作

> **典型例题**

[单项选择题] 关于劳动争议调解管理的表述,错误的是( )。

A. 狭义的劳动争议调解是指企业劳动争议调解委员会对本企业发生的劳动争议案件进行的调解

B. 大中型企业设立劳动争议调解委员会,并配备专职或兼职工作人员

C. 小微型企业可以自愿设立劳动争议调解委员会

D. 大中型企业设有分支机构的,必须在分支机构设立劳动争议调解委员会

[解析] 有分公司、分店、分厂的企业,可以根据需要在分支机构设立劳动争议调解委员会,不是必须。D项错误。

答案:D

第三部分　人力资源管理经济分析

【第三部分以宏观劳动经济学内容为主，其中，第十一章劳动力市场理论是所有章节中内容最多、分值最高的一章，其部分内容与经济基础重合，要注意理解性掌握，切忌死记硬背。人力科目的4个计算题考点均在第三部分，其中有3个考点在第十一章，1个考点在第十二章。计算题难度不大，主要考查历年真题的简单变型题，每年会考1~2题。人力资本投资理论的部分知识点出题非常灵活，不仅要掌握内容，还需要多做练习题，掌握答题技巧。】

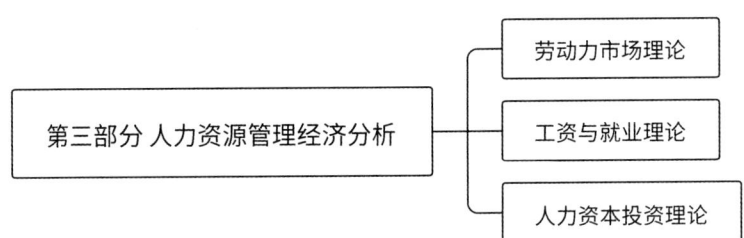

第十一章

劳动力市场理论

大纲再现

理解劳动力市场的特征、结构及运行的基本原理，运用劳动力供给理论、劳动力需求理论、劳动力市场均衡及变动原理，分析劳动力市场的现实问题。

大纲解读

历年考查分数在14分左右，本章主要考查题型有单项选择题、多项选择题和案例分析题。

本章是全书内容最多、分值最高的章节之一，必须理解性掌握。劳动力供给和劳动力需求的内容与经济基础科目相似，应从宏观劳动力市场角度理解劳动者与企业对工资率等因素变化所做出的反应。这里有3个计算题考点需要注意，每年至少会出1道计算题。劳动力市场均衡与非均衡只要结合图形记忆，做题时就会变复杂为简单。劳动力市场的概念、特征、结构等内容近几年考查频率较高，效率工资是每年的常考点，其内容与第十二章"工资水平与企业生产率和企业规模的关系"等相关内容联系密切，有时两个知识点会融合进行考查，学习时要注意结合。

知识脉络 ▶

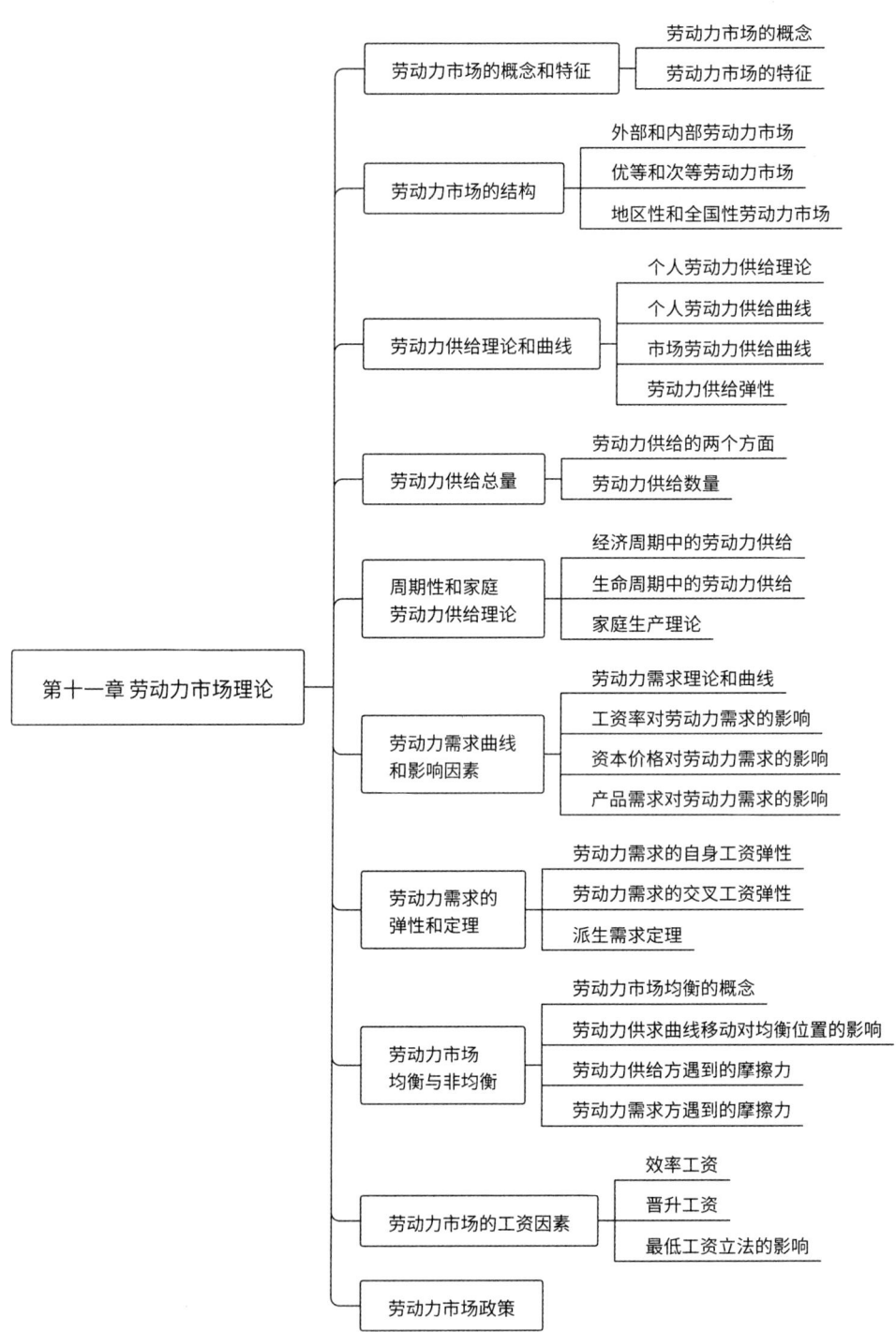

考点1　劳动力市场的概念和特征 ☆☆☆

一、劳动力市场的概念

劳动力市场是进行劳动力交易的一种<u>要素市场</u>，是对劳动力这种生产性资源进行<u>有效配置</u>的根本手段。劳动力市场既满足了个人需要，也满足了社会需要。劳动力市场包括宏观和微观两个层面：宏观劳动力市场是总的劳动力市场体系，微观劳动力市场是指劳资双方自由谈判并达成劳动力使用权转让合约时所处的市场环境。

二、劳动力市场的特征

（一）特殊性

在劳动力市场的交易中，劳动者<u>所有权并没有转移</u>，转移的只是使用权。

（二）不确定性

劳动力市场虽有有形机构，但大量雇用合同是<u>通过无形市场达成的</u>，如招聘广告等。劳动力市场具有<u>明显的动态属性，即匹配不是终身性的</u>。

（三）多样性

不同劳动力存在着差异，比如在知识、技能和经验等方面，所以<u>不能相互替代</u>，这便形成了不同类型的劳动力市场。

（四）交易对象的难以衡量性

因对劳动者的识别比较困难，在甄选时除了利用劳动者的受教育程度、在职训练以及工作经历等指标来筛选员工，还会利用<u>笔试、面试、心理测验</u>等多种甄选手段来进行筛选。通常情况下，企业还会用试用期做最后考察。

（五）交易的延续性

在签订了雇用合同后，双方之间的关系在<u>一定时期内被固化下来</u>。

（六）交易条件的复杂性

劳动者除了重视工资报酬外，还会考虑<u>工作环境</u>和<u>工作条件</u>等，包括企业的监督与控制等软环境和物质工作环境。

（七）劳动力出售者地位的不利性

在失业率上升、经济不景气的情况下，劳动者的不利地位尤其明显。劳动者在劳动力市场上的议价能力大小主要取决于两个方面：

（1）<u>个人的经验、能力和技术等劳动力质量要素的水平</u>。

（2）劳动者所属的同种劳动力在<u>市场上的供求状况</u>。

> **知识点拨**
> 注意记忆标注下划线的关键词，并要求关键词与七个特征名称能够准确对应。

» 典型例题

[多项选择题] 关于劳动力市场的说法，正确的有（　　）。

A. 劳动力市场是一种有形的市场

B. 在劳动力市场的交易中转移的是劳动力所有权
C. 劳动力市场交易的决定因素并非仅仅工资这一个条件
D. 当劳动力市场上存在供小于求的情况时，劳动者的议价能力更强
E. 对劳动力市场的交易对象进行测量并不困难

[解析] 在劳动力市场中，尽管也存在一些有形机构，但大量的雇用合同是通过无形市场达成的，A项错误。劳动力这种特殊商品的所有权并没有转移，转移的只是使用权，B项错误。劳动力市场交易对象的难以衡量性，体现在企业需要通过多种方法（包括面试、笔试、心理测验等）来对求职者进行筛选，企业还要利用试用期来最后决定是否雇用，E项错误。

答案：CD

考点2 劳动力市场的结构 ☆☆☆

一、外部和内部劳动力市场

（一）外部劳动力市场

外部劳动力市场是指处于组织外部的、由大量的企业和劳动者共同参与的、不受某个企业的人力资源管理政策影响的市场。

（二）内部劳动力市场

内部劳动力市场是指在大型组织内部存在的、由企业内部的管理规则和程序指导雇佣关系形成的一种有序的管理体系。具有以下几个特点：

（1）企业只从外部雇用较低级别的员工，而中高层职位一般使用内部晋升的方式选拔。

（2）可能会因为内部竞争不足而导致组织的激励水平下降，甚至出现员工之间的串谋行为。

（3）可能存在较高的成本（因为局限在内部，选拔的人未必是最合适的）。

（4）不能完全自我封闭，也不可能脱离外部市场而独立存在，至少在福利、薪酬水平等方面与外部接轨。

二、优等和次等劳动力市场

（一）优等劳动力市场

优等劳动力市场是指工资福利水平较高、工作环境良好、就业条件好、对劳动力供给者要求较高的市场。

（二）次等劳动力市场

次等劳动力市场是指工资率较低、工作条件较差、就业不稳定、社会地位相对较低的市场，如商业服务工作、建筑业杂工等。

（三）结论

歧视、贫穷以及受教育程度不足导致的技能缺乏等是造成两种劳动力市场之间出现相对隔离的主要原因，因此，大部分知识技能水平较低的劳动者很难从次等劳动力市场流入优等劳动力市场。

三、地区性和全国性劳动力市场

（一）地区性劳动力市场

地区性劳动力市场是指劳动力供求双方在某一局部地区范围内彼此搜寻而形成的劳动力市场。

（二）全国性劳动力市场

全国性劳动力市场指劳动力供求双方在全国范围内彼此搜寻而形成的劳动力市场。如果劳动力越稀缺、技能要求和知识水平要求越高，形成全国性劳动力市场的可能性就越大。

（三）结论

属于地区性还是全国性的劳动力市场，主要取决于劳动力供求双方相互进行搜寻的地理范围，如果是劳动者单方面进行全国性的寻找工作，并不能决定劳动力市场的性质。

》典型例题

[多项选择题]关于内部劳动力市场的说法，正确的有（　　）。

A. 它是在某些特定行业内形成的有多家企业和大量劳动者参与的劳动力市场

B. 它是在大型组织内形成的借助一系列规则和程序指导组织内部雇佣关系调整的有序管理体系

C. 它有助于企业对员工的生产率和工作动机等做出准确判断，保护企业的大量在职培训投资

D. 它有可能会因为员工之间竞争不足而导致组织内部的激励水平下降

E. 它是独立于外部劳动力市场的一种自我封闭型劳动力市场

[解析]内部劳动力市场是指大型组织内部存在的、由一系列规则和程序指导组织内部的雇佣关系调整形成的一种有序的管理体系，A项错误。内部劳动力市场不能脱离外部劳动力市场而独立存在，它不能是完全自我封闭的，E项错误。

答案：BCD

考点3 劳动力供给理论和曲线 ☆☆☆

一、个人劳动力供给理论 ☆☆

简单经济学模型把劳动者可支配的所有时间（除睡觉时间外）分为闲暇时间和工作时间两个部分。对劳动力供给产生影响的因素是工资率，工资率的变动对个人劳动力供给产生两个方面的作用，即替代效应和收入效应，具体内容见表11-1。

表11-1　替代效应和收入效应

情况	替代效应	收入效应
工资率上升	（1）劳动者增加劳动力供给时间 （2）闲暇时间成本增高，减少闲暇时间	（1）劳动者减少劳动力供给时间 （2）增加闲暇时间
工资率下降	（1）劳动者减少劳动力供给时间 （2）闲暇时间成本减小，增加闲暇时间	（1）劳动者增加劳动力供给时间 （2）减少闲暇时间

根据表 11-1 的内容可知,工资率的上涨对劳动力供给产生的替代效应和收入效应的作用方向相反。

当工资率上升时:

(1) 收入效应＞替代效应,则劳动力供给时间减少。

(2) 收入效应＜替代效应,则劳动力供给时间增加。

> **知识拓展**
>
> 劳动力供给就是劳动者个人愿意出来工作的时间,所以"供给"指的是劳动时间的多少,而不是劳动者人数。工资率是指小时工资水平,也可以理解为工资水平。

二、个人劳动力供给曲线

(一) 个人劳动力供给曲线的形状

个人劳动力供给曲线呈现"向后弯曲的"形状,见图 11-1。

(二) 替代效应

工资率上升,替代效应大于收入效应,个人劳动力供给时间增加,个人劳动力供给曲线呈现出自左下方向右上方倾斜的形状(图 11-1 的 A 点到 B 点),曲线具有正的斜率。

(三) 收入效应

工资率上升,收入效应大于替代效应,个人劳动力供给时间下降,个人劳动力供给曲线呈现出自右下方向左上方倾斜的形状(图 11-1 的 B 点到 C 点),曲线具有负的斜率。

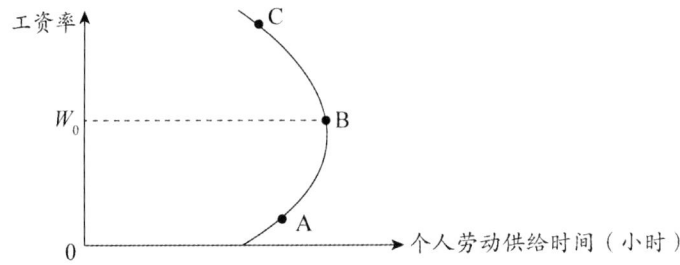

图 11-1 个人劳动力供给曲线

> **知识拓展**
>
> 根据图 11-1,替代效应的工资水平处于 W_0 以下,即在较低收入阶段替代效应占主导地位;当收入水平超过 W_0 以上,则进入较高收入阶段,收入效应占主导地位。

>> **典型例题**

[单项选择题] 关于工资率上涨对个人劳动力供给产生的影响的说法,正确的是( )。

A. 工资率上涨的收入效应和替代效应都导致个人劳动力供给时间减少

B. 工资率上涨的替代效应导致个人劳动力供给时间减少

C. 工资率上涨的收入效应和替代效应都导致个人劳动力供给时间增加

D. 工资率上涨的收入效应导致个人劳动力供给时间减少

[解析] 个人劳动力供给曲线是一条向后弯曲的曲线,随着工资率上涨,劳动供给呈现

先增加后减少的情况。当工资率上涨，替代效应导致个人劳动力供给时间增加，而收入效应导致个人劳动力供给时间减少。D项正确。

答案：D

三、市场劳动力供给曲线

市场劳动力供给曲线主要会产生三种情形。

（一）向右上倾斜

自左下方向右上方倾斜的劳动力供给曲线表明，工资率提高，市场劳动力供给总量增加；工资率下降，市场劳动力供给总量减少，具体见图11-2。

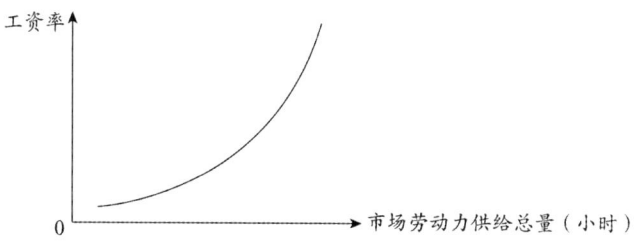

图11-2　向右上倾斜的市场劳动力供给曲线

（二）水平形状

当工资率为W_0时，劳动力市场上可以得到任意数量的劳动力供给，原因如下：

（1）欠发达国家面对无限劳动力供给。

（2）就业不充分。

水平形状的市场劳动力供给曲线见图11-3。

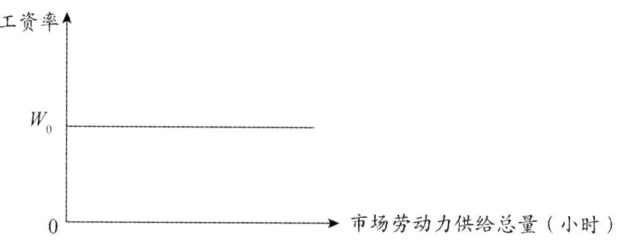

图11-3　水平形状的市场劳动力供给曲线

（三）垂直形状

市场工资率的变动对劳动力供给数量完全没有影响，曲线呈垂直形状。原因如下：

（1）劳动供给存在滞后性，导致某种类型的劳动力在短时间内非常稀缺，如顶级的歌星或运动员。

（2）在封闭条件下，一个国家的劳动者如果已经充分就业，即使工资率再高也无新的劳动力供给。

垂直形状的市场劳动力供给曲线见图11-4。

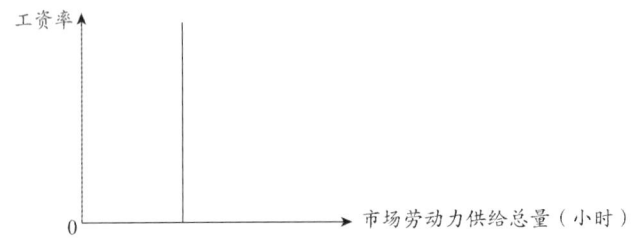

图 11-4　垂直形状的市场劳动力供给曲线

四、劳动力供给弹性

（一）劳动力供给弹性的概念

劳动力供给弹性是指劳动力供给数量因工资率变动而随之变动的灵敏程度，其符号可以为正，也可以为负。因为工资率上升通常导致劳动力供给数量的增加，所以劳动力供给弹性一般为正。

（二）劳动力供给弹性的计算公式

$$劳动力供给弹性 = \frac{劳动工时变动\%}{工资率变动\%} = \frac{\left(\frac{工时增加或减少绝对数量}{初始工时}\right)\%}{\left(\frac{工资率上升或下降绝对数量}{初始工资率}\right)\%}$$

（三）劳动力供给弹性绝对值的五种情况

（1）工时变动百分比超过工资率变动百分比，弹性＞1，富有弹性。
（2）工时变动百分比等于工资率变动百分比，弹性＝1，单位弹性。
（3）工时变动百分比小于工资率变动百分比，弹性＜1，缺乏弹性。
（4）工资率变动不会带来劳动力供给时间变动，弹性＝0，无弹性。
（5）在某种工资率下，市场上可以获得任意数量的劳动力供给，供给弹性无穷大，无限弹性。

>> 典型例题

[单项选择题] 某行业所面临的劳动力供给弹性为 0.6，如果该行业的市场工资率上涨 2%，则该行业的劳动力供给工时总量会（　　）。

A. 增加 3%　　　　B. 减少 3%　　　　C. 增加 1.2%　　　　D. 减少 1.2%

[解析] 该行业的劳动力供给工时变动＝2%×0.6＝1.2%，由于该行业工资率上涨，因此供给工时总量应当增加，C 项正确。

答案：C

考点4　劳动力供给总量☆☆☆

一、劳动力供给的两个方面

（一）劳动力供给数量

劳动力供给数量取决于人口总量、劳动者的周平均工作时间、劳动力参与率。

（二）劳动力供给质量

劳动力供给质量是指劳动力队伍受教育和训练程度以及身体健康状况。

二、劳动力供给数量

（一）人口总量

人口总量取决于一个国家或地区的人口出生率、死亡率以及人口净流入率三个因素。

（二）周平均工作时间

周平均工作时间是指劳动者平均每周在劳动力市场上供给的工作小时总量。

（三）劳动力参与率

1. 劳动力参与率两种概念的表述

（1）劳动力参与率是指就业人口与失业人口之和在一个国家或地区的16岁以上人口中所占的百分比。在各类人口中，劳动适龄就业人口、未成年就业人口、老年就业人口统称"就业人口"。

（2）劳动力参与率为实际劳动力人口与潜在劳动力人口之比。

2. 劳动力参与率的计算公式

$$劳动力参与率(\%) = \frac{就业人口 + 失业人口}{16岁以上总人口} = \frac{劳动力人口或经济活动人口}{16岁以上总人口}$$

> **【知识点拨】**
> 劳动力参与率是常考的计算题知识点，有时也会考查计算公式的文字性概念。

》典型例题

[单项选择题] 某地区16岁以上的总人口为1 000万人，劳动适龄人口为600万人（就业人口为500万人，失业人口为100万人），老年就业人口为150万人，则劳动力参与率为（　　）。

A. 65%　　　　B. 50%　　　　C. 60%　　　　D. 75%

[解析] 在各类人口中，劳动适龄就业人口、未成年就业人口、老年就业人口统称"就业人口"，就业人口与失业人口之和统称"实际劳动力供给人口"或"经济活动人口"，有时简称"劳动力人口"。劳动力参与率＝（就业人口＋失业人口）/16岁以上总人口×100％＝（600＋150）/1 000×100％＝75％。

答案：D

考点5 周期性和家庭劳动力供给理论 ☆☆

一、经济周期中的劳动力供给

在经济衰退时期，工资率下降对劳动者可能产生两种效应，具体内容见表11-2。

表11-2　经济周期中的劳动力供给

项目	灰心丧气的劳动者效应	附加的劳动者效应
描述	一些本来可以寻找工作的劳动者由于对未来在合适的工资率水平下找到工作变得非常悲观而停止寻找工作，临时成为非劳动力	（1）家庭中的主要收入获取者失去工作或工资被削减，家庭其他成员（女性或年轻人）将临时性地进入劳动力队伍 （2）它的潜在作用类似于"收入效应"

续表

项目	灰心丧气的劳动者效应	附加的劳动者效应
结果	导致政府公布的失业率下降	导致政府公布的失业率上升
两种不同效应的作用结果	(1) 灰心丧气的劳动者效应与附加的劳动者效应在作用方向上是相反的 (2) 在经济衰退时期,灰心丧气的劳动者效应比较强,占据着主动地位	

> **知识点拨**
>
> 劳动力供给的收入效应是工资率下降,劳动力供给增加。附加的劳动者效应是家庭主要收入获取者在其失业或工资率下降后,家庭其他成员增加了劳动力供给,也表现为工资率下降,劳动供给增加,因此与收入效应具有类似的效果。

» **典型例题**

[单项选择题] 附加的劳动者效应和灰心丧气的劳动者效应都是在（　　）中可能发生的促使劳动者进入和退出劳动力市场的因素。

A. 经济周期　　　　B. 生命周期　　　　C. 家庭　　　　D. 企业

[解析] 经济周期中的劳动力供给包括附加的劳动者效应和灰心丧气的劳动者效应,A 项正确。

答案:A

二、生命周期中的劳动力供给

（一）老年人劳动力参与率的变化

老年人的劳动力参与率变化的决定因素主要有以下两个方面:

(1) 工资率。对老年人来说,工资率上升产生的收入效应可能性更大,使他们减少劳动力的供给。

(2) 养老金。养老金上升产生的收入效应和替代效应,都会使老年人减少劳动力供给。

> **知识点拨**
>
> 养老金增加产生的收入效应是指养老金增加使老年人退休后的收入增加,他们更愿意减少劳动时间或提前退休。因为收入效应是工资率越高,劳动力供给越少。养老金增加产生的替代效应是指老年人不工作后所获得的非劳动收入增加,其享受闲暇的成本下降,使老年人更愿意减少劳动时间或提前退休。因为闲暇成本越低,劳动力供给越少;反之,则劳动力供给增加。

（二）女性劳动力参与率的变化

发达国家的女性劳动力参与率稳定上升的趋势主要有以下几个方面的原因:

(1) 女性的相对工资率上升（女性受教育程度较男性提高）。

(2) 女性对劳动力市场工作的偏好和态度发生了变化。

(3) 工作机会的增加。

(4) 出生率的下降。

(5) 离婚率的上升。

(6) 家庭生产生活的生产率提高。

三、家庭生产理论

所谓家庭生产理论是以家庭为单位来分析劳动力供给问题。通常家庭会把它生产出来的家庭物品看成效用的直接来源。家庭的可支配时间分为市场工作时间、家庭生产时间，这两个时间如何分配选择，需要考虑以下三个问题：

(1) 家庭到底需要消费什么家庭物品？

(2) 家庭想如何生产这些家庭物品？家庭物品的生产方式分为商品密集型和时间密集型，两者存在替代关系。

(3) 家庭内部的分工决策应采用比较优势原理。

> **典型例题**

[多项选择题] 家庭生产理论认为（　　）。

A. 家庭可以用时间密集型和商品密集型两种方式生产家庭物品
B. 家庭的可支配时间可以划分为市场工作时间和家庭生产时间两大类
C. 家庭的直接效用的来源是整个家庭获得的总劳动收入
D. 家庭需要决定消费哪些家庭物品
E. 家庭的劳动力供给行为是家庭成员劳动力供给行为的简单加总

[解析] 一个家庭会把它生产出来的家庭物品看成是效用的直接来源，C 项错误；家庭内部分工决策应采用比较优势原理，E 项错误。

答案：ABD

考点6　劳动力需求曲线和影响因素 ☆☆

一、劳动力需求理论和曲线

（一）劳动力需求的概念

宏观的劳动力需求是指在一定的市场工资率水平下，市场上所有企业愿意雇用的劳动力数量的总和，微观的劳动力需求是指在一定的市场工资率水平上，企业愿意雇用的劳动力数量。

需求可分为直接需求和间接需求。其中，直接需求是指对直接可以使人产生满足的商品的需求，如对家用电器或食品的需求。而劳动力作为生产要素之一，对劳动力的需求实际上是一种间接需求或派生需求。

（二）劳动力需求曲线

劳动力需求曲线是自左上方向右下方倾斜的一条曲线（图 11-5），斜率为负。当工资率上升时，劳动力需求数量会有所减少；当工资率下降时，劳动力需求数量会有所增加。

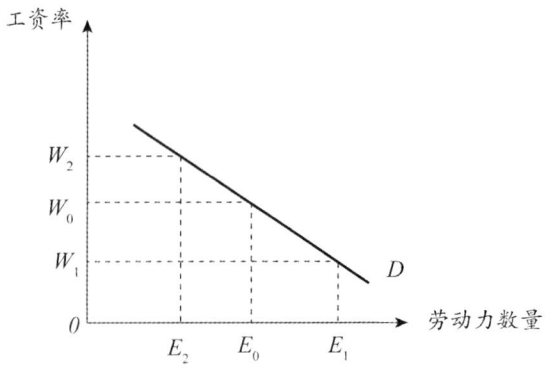

图 11-5　劳动力需求曲线

（三）劳动力需求的影响因素

劳动力需求受到三个因素的影响，即工资率、资本价格和产品需求。

> **知识点拨**
> 劳动力需求和资本需求都会受产品需求变化的影响。

二、工资率对劳动力需求的影响

（一）规模效应

（1）工资率上升—企业成本上升—产品价格上升—销售量减少—缩减生产规模—减少劳动力需求量。

（2）工资率下降—企业成本下降—产品价格下降—销售量增加—扩大生产规模—增加劳动力需求量。

【注】上述（1）、（2）成立的前提是只有工资率变化，资本、产品需求不变。

（二）替代效应

（1）工资率上升—人工成本高于资本价格—企业投入资本—减少劳动力需求量。

（2）工资率下降—人工成本低于资本价格—企业增加人工—增加劳动力需求量。

【注】上述（1）、（2）成立的前提是只有工资率变化，资本、产品需求不变。

（三）作用

工资率变化产生的规模效应和替代效应在作用方向上是相同的。

> **知识拓展**
> 这里的"资本价格"可以理解为先进的机器设备（如机器人）、生产资料等。资本价格不变，当工资率上升，人工成本相对升高，则资本替代人工，减少劳动力需求，企业向更加资本密集化（自动化）的生产方式转变。

» 典型例题

[单项选择题] 关于劳动力需求的说法，错误的是（　　）。

A. 劳动力需求是一种派生需求

B. 其他条件一定，工资率上升必然导致劳动力需求数量下降

C. 劳动力需求与资本价格无关

D. 从长期来看，工资率变动会对劳动力需求同时产生规模效应和替代效应

[解析] 影响劳动力需求的因素包括工资率、产品需求和资本价格，C项错误。

答案：C

三、资本价格对劳动力需求的影响

（一）规模效应

（1）资本价格（机器人）下降—企业生产成本下降—扩大生产规模—劳动力需求上升。

（2）资本价格（机器人）上升—企业生产成本上升—缩小生产规模—劳动力需求下降。

（二）替代效应

（1）资本价格（机器人）下降—企业用资本替代劳动力—劳动力需求下降。

（2）资本价格（机器人）上升—企业用劳动力替代资本—劳动力需求上升。

（三）作用

资本价格变化产生的规模效应和替代效应在作用方向上是相反的。

知识点拨

要注意工资率变化产生的效应结果和资本价格变化产生的效应结果是不同的。

四、产品需求对劳动力需求的影响

（1）产品需求对劳动力需求只会产生规模效应，不会产生替代效应。

（2）产品需求上升—企业扩大生产规模—劳动力需求增加。

（3）产品需求下降—企业缩小生产规模—劳动力需求减少。

典型例题

[单项选择题] 关于资本价格和劳动力需求的说法，错误的是（　　）。

A. 资本价格下降的规模效应引起劳动力需求上升

B. 资本价格下降的收入效应引起劳动力需求上升

C. 资本价格下降的替代效应引起劳动力需求下降

D. 资本价格上升的规模效应引起劳动力需求下降

[解析] 资本价格变化带来的劳动力需求变化只会产生规模效应和替代效应，B项错误。

答案：B

考点7 劳动力需求的弹性和定理 ☆☆

一、劳动力需求的自身工资弹性

（一）概念

劳动需求的自身工资弹性是指某种劳动力的工资率（W）变化1%所引起的此种劳动力的需求量（L）发生变化的百分比。

（二）计算公式

$$\eta = \frac{劳动力需求量变动\%}{工资率变动\%} = \frac{\Delta L/L}{\Delta W/W}$$

（三）劳动力需求自身工资弹性的三种情况

劳动力需求自身工资弹性可以划分为三种情况，具体内容见表11-3。

表11-3 劳动力需求自身工资弹性的三种情况

弹性绝对值	三种情况	具体内容	工资总量
$|\eta|>1$	需求富有弹性	工资率上升，劳动力需求数量下降的相对程度超过工资率上升的相对程度	企业工资总量下降
$|\eta|<1$	需求缺乏弹性	工资率上升，劳动力需求数量下降的相对程度低于工资率上升的相对程度	企业工资总量上升
$|\eta|=1$	需求单位弹性	无论工资率上升还是下降，劳动力需求量变动的相对程度都与工资率变动的相对程度一样，但方向相反	企业工资总量不变

> 典型例题

[单项选择题] 某类劳动力的工资率为每小时10元时，某城市对这类劳动力的需求总量为10万小时，已知该市对这类劳动力的需求弹性为单位弹性，则当这种劳动力的工资率上涨到每小时15元时，该市对此类劳动力的需求总量会变成（　　）万小时。

A. 2　　　　　　B. 4　　　　　　C. 5　　　　　　D. 15

[解析] 单位弹性是指劳动力需求的自身工资弹性为1，即当工资率上升1%，劳动力需求同比下降1%。本题中工资率从10元/小时上升到15元/小时，即增加50%，因自身工资弹性为1，那么劳动力需求也应当同比下降50%，即10×50%=5（万小时）。

答案：C

二、劳动力需求的交叉工资弹性

（一）劳动力需求的交叉工资弹性的概念

劳动力需求的交叉工资弹性指一种劳动力的工资率变化1%所引起的另一类劳动力需求量变化的百分比。

（二）两种劳动力交叉工资弹性的关系

（1）如果两种劳动力的交叉工资弹性为正值，则一种劳动力的工资率提高会促进另一种劳动力的需求量增加，是总替代关系。

（2）如果两种劳动力的交叉工资弹性为负值，则一种劳动力的工资率提高会促进另一种劳动力的需求量减少，是总互补关系。

> 知识点拨

要注意交叉工资弹性的总替代和总互补与经济基础科目中的替代和互补不同。在人力资源考试中，只有总替代和总互补两种关系，如果出现替代或互补均是错误的。

第十一章 劳动力市场理论

>> **典型例题**

[单项选择题] 如果硕士毕业生的工资水平每上升1%,本科毕业生的劳动力需求便会下降0.2%,则在硕士毕业生和本科毕业生之间存在( )关系。

A. 替代　　　　　B. 互补　　　　　C. 总替代　　　　　D. 总互补

[解析] 硕士毕业生的工资水平上升导致了本科毕业生劳动力需求的下降,硕士毕业生和本科毕业生之间存在着总互补关系。

答案:D

三、派生需求定理

劳动力需求自身工资弹性的影响因素有四条,通称为派生需求定理,具体内容见表11-4。

表11-4　派生需求定理

因素	影响
最终产品的需求价格弹性	产品需求弹性越大,η越大
其他生产要素的供给弹性	其他生产要素的供给弹性越大,η越大
产品总成本中劳动力成本所占的比重	劳动力成本在总成本中占的比重越大,η越大
要素替代的难易度	其他生产要素对劳动力替代越容易(越小),η越大

【注】 η表示劳动力需求的自身工资弹性。

>> **典型例题**

[多项选择题] 根据派生需求定理,在其他条件相同的情况下,若( ),则劳动力需求的自身工资弹性越高。

A. 最终产品的需求价格弹性越大　　　　B. 其他要素对劳动力的替代越困难
C. 其他生产要素的供给弹性越大　　　　D. 劳动力成本在总成本中所占的比重越小
E. 工资水平越高

[解析] 其他要素对劳动力的替代越困难,劳动力需求的自身工资弹性越低,B项错误;劳动力成本在总成本中所占的比重越小,劳动力需求的自身工资弹性越低,D项错误;工资水平不是派生需求定理的影响因素,E项错误。

答案:AC

考点8　劳动力市场均衡与非均衡 ☆☆

一、劳动力市场均衡的概念

劳动力市场均衡是指市场上的劳动力供求相等,从而市场出清的一种劳动力市场状态。市场上既不存在失业,也不存劳动力短缺,见图11-6。劳动力市场的均衡是在不断建立、不断被打破、然后再重新建立这样一种循环中运行的。

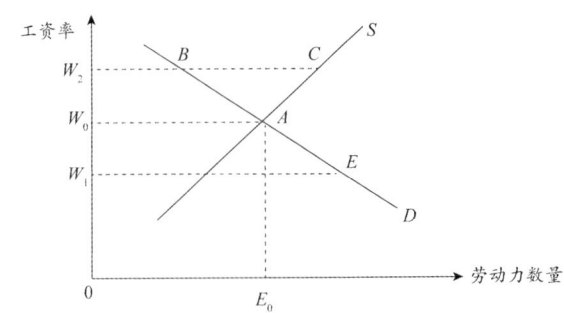

图 11-6 劳动力市场均衡

二、劳动力供求曲线移动对均衡位置的影响

（一）供给曲线移动对均衡位置的影响（图 11-7）

（1）劳动力需求曲线不变，劳动力供给曲线向右移动，均衡工资率下降，均衡就业量上升。

（2）劳动力需求曲线不变，劳动力供给曲线向左移动，均衡工资率上升，均衡就业量下降。

（二）需求曲线移动对均衡位置的影响（图 11-8）

（1）劳动力供给曲线不变，劳动力需求曲线向右移动，均衡工资率和均衡就业量上升。

（2）劳动力供给曲线不变，劳动力需求曲线向左移动，均衡工资率和均衡就业量下降。

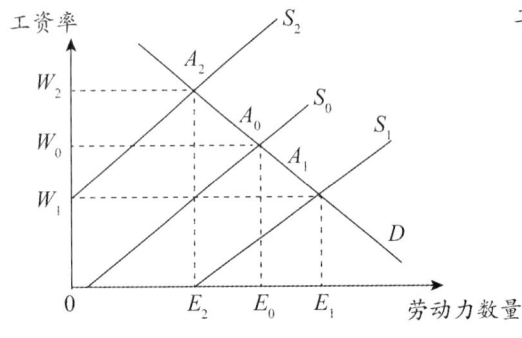

图 11-7　劳动力供给曲线移动对均衡的影响　　图 11-8　劳动力需求曲线移动对均衡的影响

（三）供求曲线同时移动对均衡的影响

结果取决于两种力量的对比。

> **知识点拨**
>
> 该知识点重在理解，题目比较灵活，做题时可以通过画曲线并根据曲线的变动方向来解题。

>> 典型例题

[单项选择题] 如果在沿海地区就业的大量内地农村劳动力返还家乡，而沿海地区的劳动力需求没有发生变化，则此时沿海地区的劳动力市场状况会表现为（　　）。

A. 均衡工资率上升，均衡就业量下降

B. 均衡工资率下降，均衡就业量上升

C. 均衡工资率和均衡就业量均下降

D. 均衡工资率和均衡就业量均上升

[解析] 沿海地区的劳动力需求没有发生变化,即需求曲线不变;大量劳动力返乡,即供给减少,供给曲线向左移动,会导致均衡工资率上升和均衡就业量下降。该知识点基本都是考查类似题型,通过简单画图就可以看出答案。

答案:A

三、劳动力供给方遇到的摩擦力

(一) 劳动者对工资率并非极其敏感

(1) 工资水平并非劳动者唯一的考虑因素,如交通便利程度、企业所在的地区、福利水平、能否满足照顾家庭的需要等,也是劳动者的重要考虑因素。

(2) 更换工作可能会存在时间间隔,所以,当雇主支付的工资水平低于市场水平的时候,劳动者也未必会马上辞职,而会不断权衡,确保更换工作时不会因出现空当而失去工资。

(3) 在现实中存在明显的工资黏性或工资刚性现象,劳动者会主动抵制工资水平的下降。

(二) 劳动者的自由流动并非零成本

(1) 更换工作时,在原企业学到的技能将失效,产生重新接受培训的成本。

(2) 劳动力流动是有成本的,包括寻找就业信息的成本、失去很多经济或非经济收益。

> **知识拓展**
>
> "劳动者对工资率并非极其敏感"的意思是劳动者对工资率依然是敏感的,只是不是非常敏感,如劳动者不会因其他企业的工资比现在的企业多50元就跳槽,他会不断考虑和权衡,所以是"并非极其敏感"。如果在考题中说"劳动者对工资率并不敏感",则是错的。

四、劳动力需求方遇到的摩擦力

(一) 企业并非可以自由调整雇用量

(1) 企业在雇用和解雇员工时需要支付很多成本,所以企业并不可能随意调整雇用量。

(2) 频繁解雇员工可能影响企业在劳动力市场上的招募能力,甚至会损害留用员工的生产率。

(3) 政府的法律法规对企业的雇用和解雇员工产生着外在制约作用。

(二) 企业并非必须支付市场通行工资率

(1) 企业除了会向员工支付工资,还会提供福利等其他报酬因素。

(2) 企业会有意提供高于市场通行工资率的工资水平,即效率工资。

(3) 最低工资立法或工会集体谈判等会在一定程度上阻止企业按劳动力市场均衡工资率支付工资,在多数情况下,应高于通行工资率。

» **典型例题**

[单项选择题] 关于劳动力需求方面临劳动力市场摩擦力的具体表现,说法错误的是( )。

A. 企业的劳动力需求数量会受到劳动力供给的影响

B. 企业调整雇用人数会产生一定的成本
C. 企业未必根据市场高工资水平的变化迅速调整雇用人数
D. 企业并非一定按照市场工资水平支付工资

[解析] 劳动力需求方遇到的摩擦力包括：①企业并非必须支付市场通行的工资率；②企业并非可以自由调整雇用量。劳动力需求数量并不会受到劳动供给的影响，其主要影响因素包括工资率、产品需求和资本价格。

答案：A

考点9 劳动力市场的工资因素 ☆☆☆

一、效率工资

（一）企业提供效率工资的理由

效率工资是指企业提供的一种高于市场均衡水平的工资，企业愿意提供这种高工资的基本假设是高工资往往能够带来高生产率。具体包括三个理由：

（1）高工资有利于降低员工的离职率。
（2）高工资能够帮助组织吸引到生产率更高的、更为优秀的员工。
（3）高工资更容易让人产生公平感（提高外部公平感和内部不公平感的忍受度）。

（二）适用企业

（1）能够从降低员工流动性中获得最大收益的企业。
（2）对员工监督难度很大或很难基于产出制定工资制度激励员工的企业。

（三）前提条件

（1）结构性内部劳动力市场存在的情况下才会有效率工资。
（2）劳动者期望与企业保持长期雇佣关系才能使效率工资对生产率起到促进作用。

> **知识点拨**
> 该知识点经常出现在案例分析题中，并且与第十二章中的工资水平与生产率知识点关系密切，通常会将两个知识点结合在一起出题，复习时应予以关注。

》典型例题

[单项选择题] 关于企业支付超过市场均衡水平高工资的说法，错误的是（　　）。
A. 企业支付的高工资称为绩效工资
B. 高工资有助于吸引生产率更高的员工
C. 高工资有助于降低员工的离职率
D. 高工资在员工期望与企业保持长期雇佣关系的情况下更有意义

[解析] 企业支付的超过市场均衡水平的高工资属于效率工资，A项错误。

答案：A

二、晋升工资

（一）特点

（1）更高一级的职位是事先设计好的，并对应着确定的工资率或工资浮动区间，通常职位级别越高，工资率也就越高。

（2）被晋升者会得到晋升后新职位对应的全部报酬，失败者将不会因为参加竞赛而得到任何报酬。

（3）员工晋升的原因是他比其他人更有优势，但优势的大小不会对他们晋升后的工资水平产生影响。

（二）设计要点

（1）在设计时，应使晋升竞赛的候选人之间在经验、能力和知识等方面具有较高的可比性。

（2）晋升前和晋升后的职位之间应设计一种合理的工资差距，设计时需要考虑两个因素，即晋升风险和晋升的综合价值。

三、最低工资立法的影响

政府对最低工资的立法可能同时产生压缩效应和扩大效应。

（一）压缩效应

提高了原来低于最低工资的那些工人的收入水平，缩小了低工资收入的工人、技术工人与监督管理人员的工资差距。

（二）扩大效应

最低工资立法同时也有可能会扩大收入差距，因为提升最低工资后的劳动生产率低于最低工资水平的劳动生产率，雇主不愿意继续雇用这类人群而将其辞退。

考点10 劳动力市场政策☆

政府促进就业的宏观经济政策包括五个方面，具体内容见表 11-5。

表 11-5 政府促进就业的宏观经济政策

政策	具体内容
货币政策	是政府通过控制货币供应量调节经济运行的一种手段
财政政策	主要是利用政府的预算影响市场总需求的一种政策，其手段有调整税率和政府支出水平
产业政策	国家对产业结构实施引导、调节、管理的方针政策
收入政策	实际上是一种工资管理和物价管理政策
人力政策	一种扩大就业的政策，主要针对劳动力市场的结构性失业。一般为政府通过对劳动力提供教育或重新训练，提升劳动者的技能水平，以缓和因技能不匹配造成的失业问题

>> 典型例题

［单项选择题］新冠疫情以来，为更好地支持复工复产，阶段性减少增值税、小规模纳税人增值税，这属于（　　）。

A. 货币政策　　　　　　　　　　　　　　B. 财政政策

C. 法律政策　　　　　　　　　D. 人力政策

[解析] 财政政策是利用政府预算来影响总需求的一种政策，其主要手段是调整税率和政府支出水平。我国在新冠疫情防控期间减免增值税属于调整税率，是一种财政政策。

答案：B

第十二章

工资与就业理论

大纲再现

理解工资水平和工资差别的基本原理，界定和统计就业与失业。分析失业的类型、原因，提出减少失业的对策。

大纲解读

历年考查分数在8分左右，本章主要考查题型为单项选择题、多项选择题，偶尔考查案例分析题。

本章有两个主题，即工资水平与工资差别、失业与就业。考生应从工资的概念开始，掌握实际工资与货币工资的区别及工资的影响因素，工资水平与企业规模和生产率的关系；研究工资差别的意义、形成原因、类型，以及非正常的工资差别（即歧视）；掌握失业的四种类型、产生原因以及应对策略（这是每年的常考点）；了解中国的失业和就业统计标准，将失业率的计算公式与劳动力流量模型结合起来，要求能够准确判断就业者、失业者、非劳动力流动后的失业率变化情况。

知识脉络 ▶

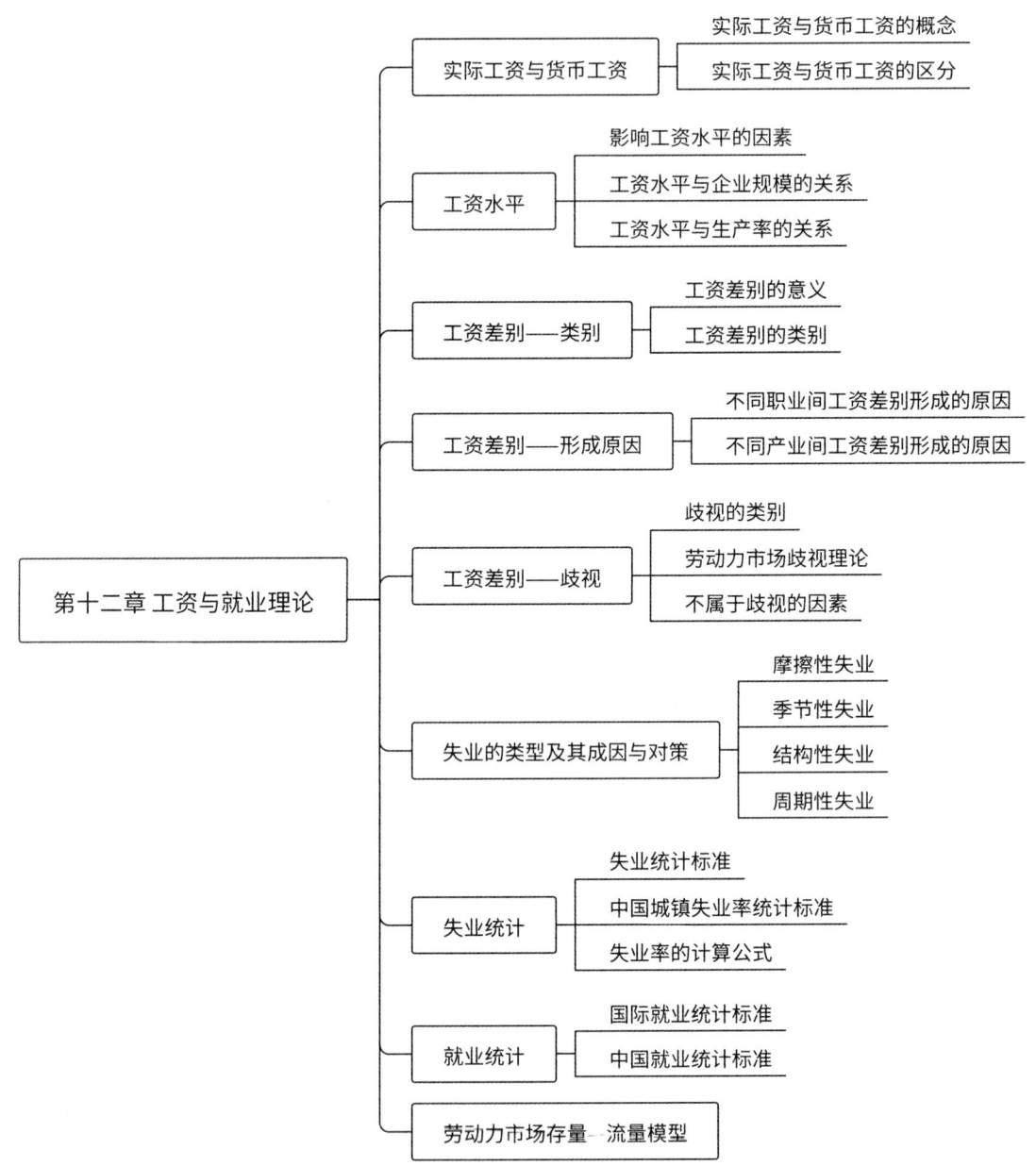

第十二章 工资与就业理论

考点1 实际工资与货币工资 ☆☆

一、实际工资与货币工资的概念

（1）实际工资：实际工资是经过某种价格调整之后的货币工资，是指货币工资所能购买到的商品或服务量，体现的是货币工资的购买能力。

（2）货币工资：货币工资又称名义工资，是雇主支付给员工的货币形式的劳动报酬。

（3）实际工资 = $\dfrac{货币工资}{物价指数}$。

二、实际工资与货币工资的区分

（1）货币工资不等于实际工资。

（2）货币工资与实际工资之间的差别取决于物价水平，有可能出现货币工资上升，而实际工资下降的情况。

（3）劳动力供给决策是根据实际工资水平的波动而发生改变的。

> **典型例题**
>
> [多项选择题] 关于工资水平的说法，正确的有（　　）。
>
> A. 实际工资就是指员工实际拿到手的货币工资
>
> B. 实际工资就是指名义工资
>
> C. 企业在确定工资水平时必须了解实际工资水平
>
> D. 货币工资上涨时，实际工资有可能是下降的
>
> E. 物价指数越高，相同的货币工资代表的实际工资水平越低
>
> [解析] 货币工资是指员工实际拿到手的工资，A 项错误；货币工资又称名义工资，是指雇主以货币形式支付给员工的劳动报酬，B 项错误。
>
> 答案：CDE

考点2 工资水平 ☆

一、影响工资水平的因素

（一）影响工资水平确定的三个因素

（1）同工同酬的原则。同工同酬原则是指对于完成同等价值工作的劳动者应支付同等水平的工资，一般只能在同一单位或同部门内部得到贯彻执行。

（2）企业的工资支付能力。在市场经济中，假如产品需要是稳定的，决定企业或部门工资支付能力的主要因素是该企业或部门的生产率。

（3）劳动者个人及其家庭所需要的生活费用。

（二）决定工资水平上下限的三个因素

（1）谈判双方的力量对比（反映供求关系）。

(2) 劳动者需要通过工资来满足生活需要的迫切程度（反映劳动力供给）。

(3) 雇主对劳动力需要的迫切程度（反映劳动力需求）。

二、工资水平与企业规模的关系

员工在规模较大企业工作，其工资随经验的增加而增长的速度更快，主要原因如下：

(1) 大企业的生产过程一般相互依赖性较高，这种高工资相当于是一种补偿性的工资差别。

(2) 大企业为员工提供了更多的特殊培训机会和多层次晋升的机会，鼓励员工与企业建立长期的雇佣关系。

(3) 较大企业出现岗位空缺的成本较高。

> **知识拓展**
>
> 大企业的多层次晋升的机会也可以理解为更多的横向和纵向流动的机会，如工作轮换、垂直晋升等。

三、工资水平与生产率的关系

较高工资水平有助于提升生产率的观点主要基于以下两个方面。

（一）能够从既定员工身上挖掘出来的生产率

(1) 企业角度：工资越高—员工辞职率越低—企业的培训意愿越强—生产率越高。

(2) 员工角度：工资越高—越珍惜工作而减少工作偷懒行为—生产率越高。

（二）企业能吸引到的员工类型

高工资可以从更多的备选求职者中"汲取精华"。

> **知识点拨**
>
> 高工资有助于提升生产率的观点与效率工资的观点是一致的，两者可以合并理解。

典型例题

[单项选择题] 某公司的工资水平远远超过市场水平，该公司支付高工资的作用不包括（　　）。

A. 吸引优秀的、高生产率员工

B. 降低员工的离职率

C. 削弱员工的偷懒动机

D. 降低人工成本

[解析] 高工资可以从更多的备选求职者中"汲取精华"，A 项正确。工资越高，员工的离职率越低，企业的培训意愿越强，生产力越高，B 项正确。工资越高，员工越珍惜工作而减少工作偷懒行为，生产力越高，C 项正确。

答案：D

考点3 工资差别——类别☆☆

一、工资差别的意义

工资差别同商品的价格存在差别一样，它具有不断重新配置资源的功能。只要劳动者的技能和素质不能完全相同、劳动条件的差别不能消除，工资差别就必然存在。工资差别的存在可以激励劳动者从低生产率岗位向高生产率岗位的转移，优化劳动力资源配置效率，对社会经济的发展有积极作用。

二、工资差别的类别

工资差别的形成主要有以下三种类型。

（一）补偿性工资差别

补偿性工资差别是指劳动者在知识、技能上无质的差别，因从事职业的社会环境和工作条件不同而产生的工资差别。

（二）垄断性工资差别

垄断性工资差别是因不同质劳动者之间的流动受到了非自然的或者自然的力量的限制。

（1）非自然性垄断：劳动者的流动受外力限制，一般由制度性原因造成，如城乡分隔的就业政策。

（2）自然性垄断：某种劳动力的自然特征导致其非常稀缺，这种垄断性工资收入又称租金性工资收入，最典型的是文体影视明星们的收入。

（三）竞争性工资差别

竞争性工资差别也称技能性工资差别，是指在生产资料和劳动力能够充分流动的竞争条件下，劳动者之间所存在的工资差别，不同劳动者存在着质的差异。

> **知识点拨**
>
> 垄断性工资差别和竞争性工资差别都是劳动者存在质的差异，而补偿性工资差别的劳动者是同质的。在考题中经常出现"技能性工资差别"的表述，其等同于竞争性工资差别。

» 典型例题

[单项选择题] 关于工资差别的说法，错误的是（　　）。

A. 因劳动能力和劳动效率不同形成的工资差别属于技能性工资差别

B. 高收入文体明星与一般劳动者之间的工资差别属于竞争性工资差别

C. 因工作条件不同引起的工资差别属于补偿性工资差别

D. 因城乡分割就业政策造成的工资差别属于垄断性工资差别

[解析] 高收入文体明星与一般劳动者之间的工资差别属于自然性垄断工资差别，B项错误。

答案：B

考点4 工资差别——形成原因 ☆

一、不同职业间工资差别形成的原因

劳动力市场上存在着很多种不同的职业，不同职业间存在工资差别。亚当·斯密提出了不同职业间工资差别的影响因素，具体内容见表12-1。

表12-1 不同职业间工资差别的影响因素

影响因素	所属工资差别
不同职业劳动条件和劳动强度的不同	补偿性工资差别
不同职业引起的愉快或不愉快程度的不同	
不同职业所具有的职业稳定程度和工作保障的不同	
不同职业要求从业者所承担的责任程度的不同	
不同职业具备从业能力的难易程度的不同	竞争性工资差别

知识点拨

从业能力的难易程度不同使劳动者的技能方面有了"质"的差异，因此属于竞争性工资差别。其他影响因素是客观条件和环境的影响，与人无关，因此属于补偿性工资差别。

二、不同产业间工资差别形成的原因

产业之间的不同会造成工资差别。不同产业间工资差别形成的原因见表12-2。

表12-2 不同产业间工资差别形成的原因

原因	工资水平
熟练劳动力所占比重	比重越大，工资水平越高
技术经济特点	人均资本占比越高，工资水平越高
发展阶段	产业兴盛期，工资水平较高
地理位置	较繁华地区，工资水平较高
工会化程度	工会化程度与工资水平之间的关系越来越松散

典型例题

[单项选择题] 不同产业部门之间形成工资差别的主要原因不包括（　　）。

A. 劳动力规模

B. 熟练劳动力所占的比重

C. 技术经济特点

D. 所处的发展阶段

[解析] 不同产业部门间的工资差别形成的原因主要包括熟练劳动力所占的比重、技术经济特点、发展阶段、工会化程度和地理位置。

答案：A

考点5　工资差别——歧视 ☆

一、歧视的类别

（一）职业歧视

职业歧视是指具有相同受教育水平和生产率特征的劳动者，雇主将其中一类劳动者有意安排到低工资的职业或岗位中，而把高工资的岗位留给某些特定类型的劳动者。在劳动力市场歧视中，很难衡量有多少是职业歧视导致的。

（二）工资歧视

工资歧视是指雇主支付的报酬因劳动者所属的人口群体不同而呈现系统性差别。如支付给女性员工的工资要低于在相同工作条件下从事相同工作的男性员工的工资。

> **知识点拨**
>
> 职业歧视是两者做的工作不同，被歧视方从事工资低的工作，而工资歧视是两者做的工作相同，被歧视方得到的工资低。区分职业歧视和工资歧视，关键看从事的工作是否相同。

二、劳动力市场歧视理论

（一）统计性歧视

统计性歧视一般与雇主的招募和甄选过程有关。企业在甄选时，会利用一些历史经验来辅助自己做出判断，如曾经雇用过的不同类型的劳动者绩效情况等。

（二）非竞争性歧视

非竞争性歧视是指在非竞争状态下产生的歧视，主要由于企业具有某种垄断力量，这样的企业会同时产生工资歧视和职业歧视。

（三）个人歧视

个人歧视是指员工、雇主或者客户当中至少有一方是对员工存有偏见的。

三、不属于歧视的因素

以下原因形成的不同性别劳动者之间的工资性报酬差别不属于歧视：

(1) 年龄和受教育程度。

(2) 工时和工作经验。

(3) 职业。

>> **典型例题**

[单项选择题] 下列做法中，属于工资歧视的是（　　）。

A. 对于生产率存在差异的劳动者支付不同水平的工资

B. 对于其他条件均相同且从事相同工作的不同性别劳动者支付不同的工资

C. 故意将女性劳动者安排到低工资的职业或岗位

D. 对于从事相同工作但所处地理位置不同的劳动者支付不同水平的工资

[解析] 工资歧视是指雇主支付的报酬因劳动者所属的人口群体不同而呈现系统性差别，

如支付给女性员工的工资要低于在相同工作条件下从事相同工作的男性员工的工资。

答案：B

考点6 失业的类型及其成因与对策 ☆☆☆

一、摩擦性失业

（一）摩擦性失业的概念

摩擦性失业是指因劳动力市场运转存在"不完善"或"摩擦"所导致的失业。

（二）摩擦性失业产生的原因

（1）信息的不完善性。

（2）劳动力市场的动态属性。

（3）地区、行业和职业间流动需要一定的时间。

（三）摩擦性失业的特征

摩擦性失业是一种正常性失业，与充分就业并不矛盾，是竞争性劳动力市场的一个自然特征。

（四）减少摩擦性失业的对策

（1）拓展信息渠道，加大劳动力市场的扩散范围，加快劳动力市场的信息传递速度，减少劳动者寻找工作的时间。

（2）加强劳动力市场的情报工作。

> **知识拓展**
> 互联网技术的发展加快了信息传递速度，能在一定程度上帮助企业缓和摩擦性失业。

二、季节性失业

（一）季节性失业的概念

季节性失业是指由于季节变化而导致的劳动者定期性的就业岗位丧失。

（二）季节性失业产生的原因

（1）某些行业会因季节不同而具有购买的高峰期和低谷期，如汽车业、服装业、制鞋业等，影响劳动力需求，造成季节性失业。

（2）某些部门或行业对劳动力的需求随季节变化而产生波动，如航运业、农业、旅游业、建筑业等。

（三）减少季节性失业的对策

政府应加强对季节性失业期的预测，尽量对季节性工人做出淡季就业的安排。

三、结构性失业

（一）结构性失业概述

（1）结构性失业是指空缺职位所需要的技能与工人所具有的技能不相符，或空缺职位不在失业工人所居住地区所造成的失业。结构性失业中包含多种类型，其中最主要的是技术性失业。

(2) 技术性失业是由新技术导致企业减少劳动力而产生的失业，如果不能适应这种变化，就会产生结构性失业，导致失业与空缺并存的现象。

(3) 除了技术性失业，在产品结构或者专业结构调整的过程中，因业务扩展部门的工作要求与衰落部门的失业者不匹配，或失业者在地理位置上与现有的职位空缺不匹配而造成的失业也被称为结构性失业。

(二) 结构性失业产生的原因

(1) 失业工人无力支付转移到新地区的费用或此过程过长。

(2) 失业工人无力支付学习技术的费用或短期内无法掌握新工作所需要的技术。

(三) 结构性失业严重程度的决定因素

(1) 劳动者重新学习另一种技术或职业的速度快慢。

(2) 企业对劳动力需求转变快慢的要求。

(3) 劳动力供给是否能够适应企业需求的变化。

(4) 其他技术替代的可能性大小。

(5) 不同的地理状况。

(四) 减少结构性失业的对策

(1) 加强劳动力市场的情报工作，使劳动者及时了解劳动力市场的供求情况。

(2) 提供更好的职业供求预测和职业指导。

(3) 为工人制订各种培训计划，帮助其知识更新以适应新职业的需要。

(4) 由政府提供资金，向愿意从劳动力过剩地区迁到劳动力短缺地区的失业工人提供安置费。

> **知识点拨**
>
> 在减少结构性失业对策中，"政府提供资金"可以理解得更为灵活，凡是对工人提供资金方面的支持都有助于缓解结构性失业。

四、周期性失业

(一) 周期性失业的概念

周期性失业是指由于经济波动或经济周期引起劳动力市场供求失衡所造成的失业。

(二) 周期性失业产生的原因

周期性失业是比较严重或难以解决的失业，因为市场的总量需求不足。

(三) 减少周期性失业的对策

一个产业经受周期性波动的程度主要取决于其产品需求的收入弹性：

(1) 非耐用消费品，如汽油、化妆品，周期性波动较小。

(2) 耐用消费品，如家具、汽车等，产品可以延期购买，周期性波动较大。

> **知识点拨**
>
> 摩擦性失业、季节性失业、结构性失业是正常性的失业，其中，摩擦性失业具有自然特征。周期性失业与其他类型的失业不同，它是最难解决的失业，是总量需求不足导致的。

典型例题

[单项选择题] 关于失业的说法，正确的是（　　）。

A. 季节性失业是竞争性劳动力市场的一个自然特征

B. 互联网的发展有助于减少摩擦性失业

C. 政府提供公共就业服务是解决结构性失业的最有效措施

D. 周期性失业是最容易解决的一种失业

[解析] 季节性失业是正常性失业，四种失业类型中只有摩擦性失业是自然特征，A 项错误；摩擦性失业主要是由劳动力市场的动态属性及信息不完善性造成的，因此互联网的发展可以有效促进信息的快速流动，有助于减少摩擦性失业，B 项正确；避免结构性失业最有效的措施是提供培训和资金，C 项错误；周期性失业是最难解决的失业，D 项错误。

答案：B

考点7 失业统计 ☆☆

一、失业统计标准

中国失业人员统计标准经历了几个阶段，逐渐与国际通用标准接轨。中国失业人员统计标准见表 12-3。

表 12-3　中国失业人员统计标准

政策时间	失业人员的统计标准
1994 年	失业人员是指在规定的劳动年龄内，具有劳动能力，但在调查期内无工作且以某种方式寻找工作的人。具体包括： (1) 16 周岁以上各类学校毕业或肄业的学生中，初次寻找工作但是尚未找到工作者 (2) 辞去原单位工作后尚未找到工作的人员 (3) 企业破产、被企业解聘或终止劳动合同但是尚未找到工作的人员 (4) 符合失业人员定义的其他人员
2003 年	(1) 失业人员是指在法定劳动年龄内，有工作能力，无业且要求就业而未能就业的人员 (2) 虽然从事一定社会劳动，但劳动报酬低于当地城市居民最低生活保障标准的情况视同失业
2005 年	失业人员为 16 周岁及以上并符合以下各项条件的人员： (1) 在调查周内未从事为取得经营利润或报酬的劳动，也没有处于就业定义中的暂时未工作状态 (2) 当前如有工作机会可以在一个特定期间内从事自营职业或应聘就业 (3) 在特定期间内寻找过工作

二、中国城镇失业率统计标准

城镇单位从业人员不包括聘用的离退休人员、农村劳动力、港澳台及外方人员。城镇登记失业人员是指：

(1) 有就业要求，有劳动能力，处于无业状态。
(2) 在一定的劳动年龄内（16周岁至退休年龄）。
(3) 在<u>当地就业服务机构进行求职登记的城镇常住人员</u>。

三、失业率的计算公式

失业率等于失业人口与劳动力总人口（即失业人口和就业人口之和）之比。

$$失业率 = \frac{失业人数}{劳动力人数} \times 100\% = \frac{失业人数}{失业人数 + 就业人数} \times 100\%$$

典型例题

[单项选择题] 关于我国在就业和失业方面的规定的说法，错误的是（　　）。

A. 虽然从事一定社会劳动，但劳动报酬低于当地城市居民最低生活保障标准的情况视同失业
B. 超出法定劳动年龄的劳动者外出找工作，但没找到的情况，不属于失业人员
C. 16周岁以上各类学校毕业或肄业的学生，初次寻找工作但未找到，不属于失业人员
D. 劳动者获得的劳动报酬达到和超过当地最低工资标准的，属于充分就业

[解析] 16周岁以上各类学校毕业或肄业的学生，初次寻找工作但未找到，属于失业人员，C项错误。

答案：C

考点8　就业统计 ☆

一、国际就业统计标准

(1) 劳动者既要有劳动能力，还要有劳动意愿。
(2) 劳动者所从事的工作必须能够获得报酬，而不能是公益性的劳动。
(3) 劳动者所参加的劳动必须是社会劳动，而不能是家庭劳动。

二、中国就业统计标准

中国国家统计局2005年11月对就业人口的界定标准如下：

(1) 就业人口指在一定年龄以上，有劳动能力并且从事一定的社会劳动，取得营业收入或劳动报酬的人员。
(2) 在1％人口调查中，将16岁及以上、具有劳动能力并符合以下条件之一的城镇人口定义为就业人口：
① 在调查周内由于休假、学习等原因暂时处于未工作状态的有工作单位或场所的人。
② 在调查周内为了获得报酬而从事1小时以上（含1小时）劳动的人。

> **知识点拨**
>
> 失业者人口是在劳动年龄内，即16岁至退休，退休后再找工作找不到的不计算为失业人口，但就业人口不同，16岁以上凡是符合就业条件的都属于就业人口，包括退休后继续工作的劳动者，需要注意两者统计口径不同。

考点9 劳动力市场存量—流量模型☆☆☆

在就业者、失业者以及非劳动力三种存量之间流动的方向见图12-1。

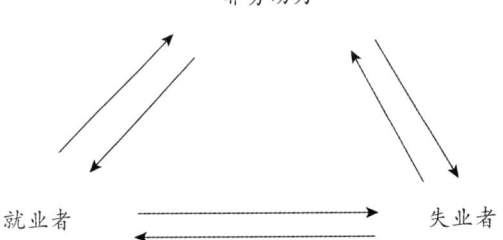

图12-1 劳动力市场存量—流量模型

（1）失业者：一直找不到工作的失业者不再找工作，他们就会从失业者变成非劳动力（灰心丧气的劳动者效应），失业者找到工作重新就业而变成就业者。

（2）就业者：因为被解雇，又没有马上找到工作而变成失业者；由于退休等原因退出劳动力市场并放弃找工作，就会从就业者转变成非劳动力。

（3）非劳动力：原来读大学的学生毕业时，如果找到工作，就从非劳动力变成了就业者；如果找不到工作，就变成失业者。

> **知识拓展**
>
> 非劳动力包括在家不寻找工作的人（家庭主妇）、退休后不再工作的人、现役军人、在校学生等。

» 典型例题

[单项选择题] 在其他条件相同的情况下，会导致失业率上升的情形是（　　）。

A. 因退休而退出劳动力市场的人数增加

B. 找到工作的失业者人数迅速上升

C. 绝大部分应届大中专毕业生都找到工作

D. 一部分长时间找不到工作的失业者决定放弃寻找工作

[解析] 退休者原属于就业者，大量就业者因退休退出劳动力市场，即失业率计算公式分母中的就业人数数值减少，因此会导致失业率的上升，A项正确。

答案：A

第十三章

人力资本投资理论

大纲再现

理解人力资本投资的一般原理,掌握人力资本投资收益分析的基本方法,分析高等教育的成本与收益,区分在职培训的基本类型,理解在职培训成本与收益的分摊与分配的基本原则,分析在职培训对企业雇佣政策和员工流动行为的影响,理解劳动力流动对企业和员工的影响,分析影响劳动力流动的因素和造成各类劳动力流动的原因。

大纲解读

历年考查分数在12分左右,本章主要考查题型为单项选择题、多项选择题和案例分析题。

本章首先要求理解人力资本投资的基本原理、现值与贴现率等几个基本概念,再从人力资本投资决策的三个主要方向(即高等教育投资、在职培训和劳动力流动)进行展开。高等教育投资的总收益、私人收益和四个推论出题灵活,通常不按书中原文出题且经常出现案例分析题,既是每年常考点,又是学习难点,要特别注意。在职培训的类别和成本收益分摊问题是每年的常考点,但所出题目较为简单。劳动力流动方面考点不集中,考题偏重于书上原文,要特别注意对市场周期因素的理解。

知识脉络 ▶

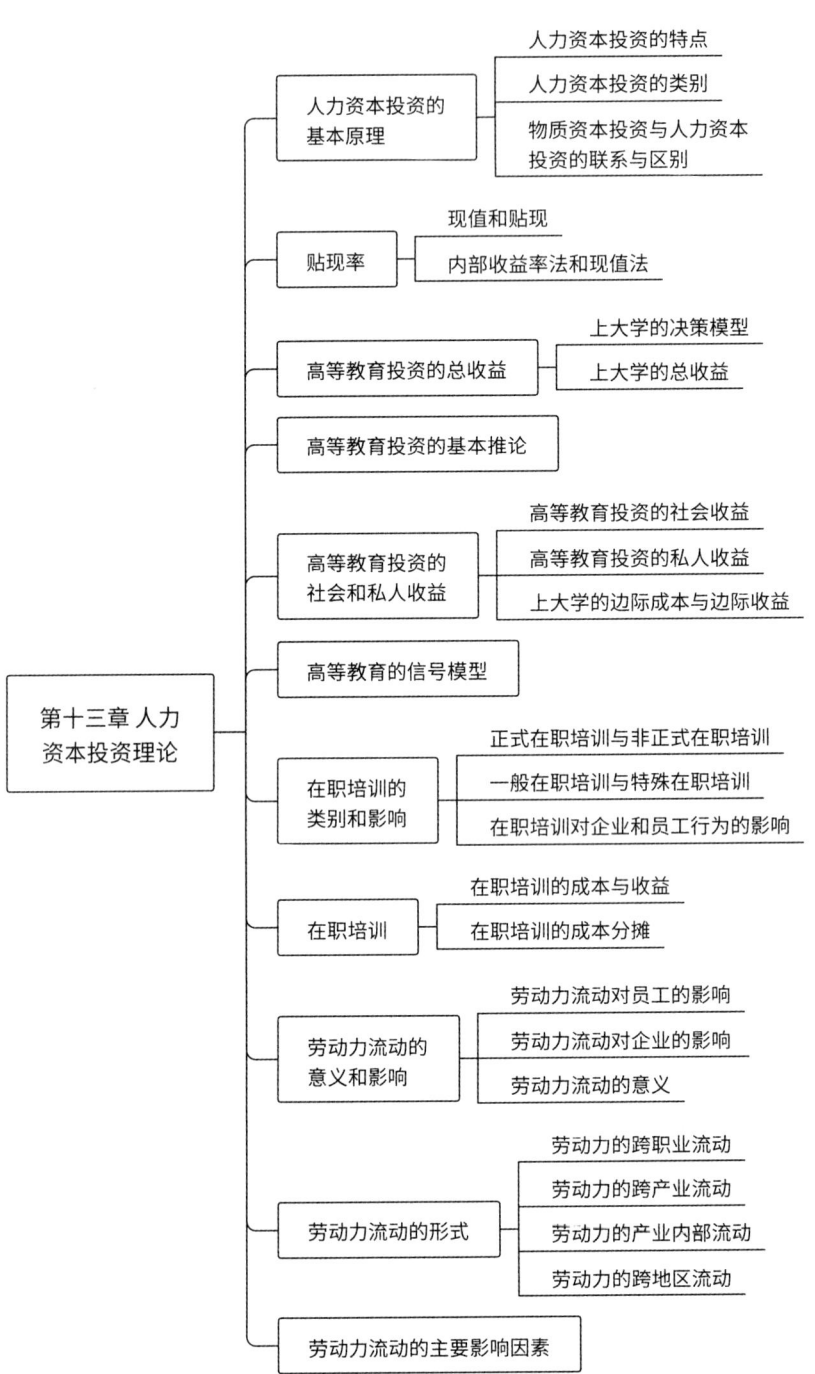

第十三章 人力资本投资理论

考点1 人力资本投资的基本原理 ☆☆

一、人力资本投资的特点

（1）人力资本投资的成本发生在当下，而投资所产生的利益会在相当一段时期内持续不断地出现。

（2）人力资本投资的重点是它的未来导向性，即利益发生在未来。

二、人力资本投资的类别

任何用来提高人的生产能力从而提高人在劳动力市场上的收益能力的初始性投资都属于人力资本投资，主要包括：

（1）各级正规教育。

（2）在职培训活动。

（3）增进健康。

（4）加强学龄前儿童营养。

（5）工作流动。

（6）寻找工作。

> **知识点拨**
>
> 该知识点出题比较灵活，如课外辅导班的费用、企业为员工提供的培训费用、为了增强身体素质而交纳的健身费用等均属于人力资本投资，而其受益人和投资人可能是不同的，如给孩子交纳的课外辅导班费用，其投资人是父母，受益人是孩子。

三、物质资本投资与人力资本投资的联系与区别

（1）物质资本投资与人力资本投资的联系：物质资本投资同人力资本投资一样，并不是支出越多越好。

（2）物质资本投资与人力资本投资的区别：人力资本投资的成本和收益比物质资本投资更为复杂。

> **典型例题**
>
> [单项选择题] 关于人力资本投资的说法，正确的是（ ）。
>
> A. 人力资本投资只有收益，没有成本
>
> B. 人力资本投资的成本产生在当前，收益却产生在未来
>
> C. 无论是对国家还是对个人来说，人力资本投资都是越多越好
>
> D. 人力资本投资的投资者和获益者是同一主体
>
> [解析] 人力资本投资的重点在于它的未来导向性。通常情况下，这些投资所产生的利益会在相当一段时期内持续不断地出现，而其成本则发生在目前。
>
> 答案：B

考点2 贴现率☆☆

一、现值和贴现

（一）现值

现值是指把未来的货币折算为现在的价值。

（二）贴现

因为与人力资本相关的成本和收益分别发生在不同时间里（成本在当下，收益在未来不断出现），如果要使两者的比较有意义，就必须把收益和成本按某一个共同时间点上的货币价值来衡量，把未来的货币折算为现在的价值的过程就是贴现。

（三）贴现公式

(1) 公式：$B_n/(1+r)^n=B_0$。

(2) 含义：B_0 代表货币现在的价值（现值）；B_n 代表当前货币在若干年后的价值；r 为利率（即贴现率），r 值越大，代表未来收入折算成的现值越低，r 值越小，代表未来收入折算成的现值越高。

（四）投资比较

人们在进行教育或培训投资时，都是以终身收入为依据对投资的成本和未来的收益现值进行比较，当折算的现值超过了当下投资的成本，人们就会觉得投资是值得的。

二、内部收益率法和现值法

（一）内部收益率法

内部收益率法是通过使收益现值和成本相等，求出 r 的值，用该收益率与其他投资的报酬率（如银行利率）相比较，最高贴现率大于其他投资的报酬率，那么，人力资本投资计划就是可行的，否则不可行。

（二）现值法

现值法是指首先确定贴现率或利率（r）的值，求出现值，然后将现值与付出的成本相比较，对比等式两边的数值能否使公式成立。

> **知识点拨**
>
> 要求能够区分内部收益率法和现值法的概念。内部收益率法是内部收益率越高，则投资价值越大；现值法是贴现率越高，则投资价值越小。

» 典型例题

[单项选择题] 关于人力资本投资的说法，正确的是（　　）。

A. 人力资本投资的成本越高，越有投资价值

B. 人力资本投资的内部收益越高，越有投资价值

C. 工作流动方面的支出不属于人力资本投资

D. 人力资本投资的基本要求是投资收益直接相加必须超过成本

[解析] 人力资本投资并不是越多越好，A 项错误；工作流动方面的支出属于人力资本投资，C 项错误；人力资本投资的收益是计算贴现值，D 项错误。

答案：B

考点3 高等教育投资的总收益 ☆☆☆

一、上大学的决策模型

上大学可以说是一种经济决策，需要考虑到成本和收益。

接受高等教育会产生机会成本、直接成本、心理成本，也会带来心理收益和经济收益。

（一）接受高等教育产生的直接成本

由于上大学而直接支出的学费以及其他与上大学直接相关的成本（如学习用品费及书本费等）。

（二）接受高等教育产生的机会成本

（1）和高中毕业即参加工作取得报酬相比，在上大学四年的期间无法工作而损失了四年的工资性报酬。

（2）刚大学毕业时无工作经验或继续接受培训等导致工资性报酬在最初的一年或几年中比已经有几年工作经验的高中毕业生要低。

> 知识点拨
>
> 上大学的直接成本必须是与学习相关的直接支出，上大学的奢侈性消费（如保姆费、洗衣费等）不属于上大学的直接成本。

> 典型例题
>
> [单项选择题] 下列属于上大学的机会成本的是（　　）。
>
> A. 大学学费
>
> B. 上大学购买学习用品和书籍费用
>
> C. 上大学餐饮和住宿费用
>
> D. 因上大学不能挣钱造成潜在的经济损失
>
> [解析] 上大学的机会成本包括：①在接受高等教育最初的 4 年中因无法工作而损失了 4 年的工资性报酬；②刚开始工作时可能要继续接受培训等而导致工资性报酬在最初一年或几年中低于已经有几年工作经验的高中毕业生。大学毕业生的直接成本包括直接支出的学费以及其他与接受高等教育直接相关的成本。
>
> 答案：D

二、上大学的总收益

上大学的总收益是指一个人在接受大学教育后的终身性的工资报酬超过高中毕业生的部分，见图 13-1，图中的 B 区域即是上大学的总收益。

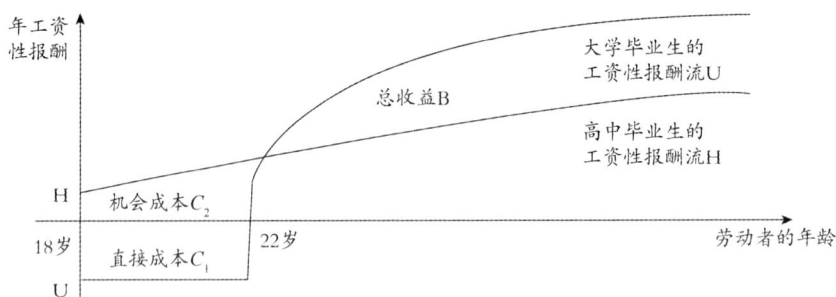

图 13-1 上大学的决策模型

> **知识点拨**
>
> 如果考题的选项中有涉及"上大学的总收益是大学毕业后终身性的工资报酬"是错误的，必须是终身性的工资报酬超过高中毕业生的部分，要特别注意。

考点4 高等教育投资的基本推论 ☆☆☆

高等教育投资的基本推论见表13-1。

表13-1 高等教育投资的基本推论

推论前提	推论结果	上大学的可能性
投资后的收入增量流越长	一个人上大学越早，其一生能够获得的人力资本投资收益时间越长，如国家延长退休年龄的政策即符合收入增量流变长	越大
大学毕业生与高中毕业生之间的工资性报酬差距越大	不能依据大学毕业前几年所得到的工资性报酬与高中毕业生进行比较来判断上大学是否值得，因为总收益是看终身职业生涯获得的报酬	
上大学的成本越低	上大学的成本包括直接成本和机会成本两部分。 (1) 直接成本：奖学金、上学无息贷款等 (2) 机会成本 ①经济衰退时期，就业机会减少，工资率下降，机会成本下降 ②经济繁荣时期，就业机会增加，工资率上升，机会成本上升 ③学习能力强者，可以用更少的时间完成高等教育，还可以从事勤工俭学活动，降低机会成本 ④学习能力强者，学习更轻松，心理成本比较低	
在折算上大学的未来收益时所使用的贴现率越高	一个人对上大学后未来所获得的工资性报酬折算成现值时打折扣程度越高，即贴现率越高	越小

> **知识点拨**
>
> 四个推论的内容是每年的常考点，该知识点出题非常灵活，经常出现在案例分析题中，切忌死记硬背。

典型例题

[多项选择题] 在其他条件一定的情况下，有助于强化人们当前的高等教育投资动机的情况包括（　　）。

A. 大学毕业生的工资水平与高中毕业生差距缩小

B. 政府承诺为上大学者提供无息贷款

C. 大学毕业生的就业机会远远多于高中毕业生

D. 高校为提高人才培养质量，提高了大学生拿到文凭的难度

E. 上大学的学费有了较大幅度提高

[解析] 当大学毕业生与高中毕业生之间的工资性报酬差距越大时，上大学的意愿越高，A 项错误；高校提高大学生拿到文凭的难度，可能导致延期毕业，这样既缩短了收入增量流，也会增加直接成本和机会成本，D 项错误；上大学的成本越低，上大学的意愿越高，E 项错误。

答案：BC

考点5 高等教育投资的社会收益和私人收益 ☆☆

一、高等教育投资的社会收益

（1）有助于提高整个国家、整个社会的福利水平。

（2）有助于提高政策决策过程的决策效率和质量。

（3）有助于降低失业率，起到预防犯罪的作用。

（4）有助于提高整个社会的信用水平和道德水平。

（5）父母的受教育水平有助于改善下一代的受教育状况以及健康状况。

【提示】上大学之前受到的教育即基础教育所产生的收益中，社会收益所占比重可能更大。

二、高等教育投资的私人收益

（一）低估偏差

上大学的收益除了较高的生产率，还包括非货币收益或心理上的收益，如从事具有较高社会地位和职位声望的工作，同时包括消费性收益，如参与的社会活动、在大学里结交的朋友以及文艺鉴赏能力、音乐欣赏水平的提高。这些收益在计算上大学收益时并未计算在内，因此存在低估偏差。

（二）高估偏差（能力偏差）

高估偏差是指过高估计一个人从教育投资中所能获得的收益，如一个人本身能力非常出众，即使不上大学也会非常成功，把这部分人上大学后所获得的收益全部归功于高等教育投资的收益，就是高估偏差，即忽视了个人能力的差异。

（三）选择性偏差

选择性偏差的本质是承认人的优势各有不同，即一个人在从事具有较高知识技能要求的工作方面具有优势，但在从事低技能工作（如体能要求高）方面反而能力不足。因此，上大学的人是因为他们"不得不"去上大学，因为如果他们高中毕业就去工作，所获得的工资性报酬可能比实际没有资格上大学的高中毕业生低。

（1）高估了没上大学的人因为没上大学而放弃的收益。

(2) 低估了上大学的人从大学中实际获得的收益。

(3) 在进行职业和受教育年限选择时，应遵循比较优势原理。

> **知识点拨**
>
> 该知识点的重难点是选择性偏差，需要反复阅读，理解内容。其核心是人的优势各有不同，能考上大学的人如果去做高中毕业生做的工作未必有高中毕业生做得好、收入高，反过来亦然，所以应采用比较优势原理。

» **典型例题**

[单项选择题] 下列情况中，会在高等教育投资收益估计中造成高估偏差的是（　　）。

A. 上大学者可能本来就比没上大学者能力更强

B. 上大学的收益中包括无法被估算的心理收益

C. 上大学的成本中包括心理成本

D. 假如大学生没有上大学，他们的工资性报酬比高中毕业生更低

[解析] 高估偏差是指过高估计一个人从教育投资中所能获得的收益，如一个人本身能力非常出众，即使不上大学也会非常成功，把这部分人上大学后所获得的收益全部归功于高等教育投资的收益，就是高估偏差，即忽视了个人能力的差异。

答案：A

三、上大学的边际成本与边际收益

高等教育投资效用最大化是在"边际收益＝边际成本"时所取得的收益。

(1) 学习能力强—上大学边际成本更低—上大学年限更长。

(2) 学习能力弱—上大学边际成本更高—上大学年限更少。

(3) 不同的人最好选择不同的上大学年限。

考点6　高等教育的信号模型☆☆

高等教育并非直接导致生产率的提高，它只是表明了一个受过高等教育的人会具有较高的生产率，即高等教育是一种高生产率的信号。

如果高等教育能够以较高的概率表明持有大学文凭的员工确实比持有高中文凭的员工生产率高，则企业利用大学文凭甄选员工就是一种简单有效的好方法。

» **典型例题**

[单项选择题] 关于高等教育的信号模型的说法，错误的是（　　）。

A. 大学文凭可以表明文凭持有者具有较高的生产率

B. 高等教育投资没有为接受高等教育者提供任何有价值的信号

C. 利用高等教育文凭这种信号来筛选员工是有道理的

D. 高等教育投资没有提高高等教育接受者的劳动生产率

[解析] 高等教育本身并没有导致生产率的提高，但是它却表明了一个受过高等教育的人

是一个具有较高生产率的人,即高等教育只不过是一种高生产率的信号而已,它表明,能够完成高等教育的人通常是生产率较高的人,B项错误。

答案:B

考点7 在职培训的类别和影响☆☆

一、正式在职培训与非正式在职培训

(一)正式在职培训

正式在职培训主要包括企业正式安排的培训课程和项目、正规的学徒计划等。

(二)非正式在职培训

非正式在职培训主要包括"边干边学",如观察有技术的工人如何工作,在其缺岗时临时顶岗,以及有经验的技术工人与未受过训练的工人之间的信息和技能的传递等。

知识点拨

非正式在职培训的范围很广泛,只要是非刻意组织安排的,学习到对工作有帮助的技能或信息等,如在吃饭时与有丰富经验的工人交流而学习到的工作知识、自己观察有经验的人学习到的技能,均属于在职培训中的非正式在职培训。

二、一般在职培训与特殊在职培训

(一)一般在职培训

一般在职培训是指通常型的培训,即通过培训所学习到的技能对所有的企业和行业都有用,如打字技巧、管理能力等。

(二)特殊在职培训

特殊在职培训是指通过培训所学习到的技能只对提供该培训的企业有用,对于其他企业没用,如特殊产品制作、特殊工艺等。

【提示】在职培训中基本都包括一般在职培训和特殊在职培训,现实中很难将两种培训严格区分开。

三、在职培训对企业和员工行为的影响

(1)企业更愿意降低受过特殊培训员工的辞职率或流动率。

(2)在经济衰退时期,受过特殊培训员工的失业率很低,资格越老的员工失业的可能性越小,因为资格越老,受过的特殊培训可能越多。

(3)接受过特殊培训的员工,他们的流动或离职倾向会受到削弱,因为其掌握的特殊培训到其他企业就不再有意义。

(4)接受正规教育数量越多的员工,接受更多在职培训的可能性越大,因为他们的接受程度和效率比较高。

(5)员工的年龄越大,他们进行在职培训投资的意愿也就越低,因为收入增量流变短了。

> 典型例题

[单项选择题] 关于在职培训对企业和员工产生的影响的说法，错误的是（　　）。

A. 接受特殊在职培训较多的员工通常离职动机更强

B. 企业在经济衰退时期也会尽可能避免解雇受过大量特殊在职培训的员工

C. 接受一般在职培训较多的员工更容易在其他企业中找到工作，因为流动更容易

D. 劳动者年纪越大，对在职培训进行投资的意愿往往越弱

[解析] 大多数接受过特殊培训的员工可能愿意在本企业中工作较长的时间，他们的流动倾向会受到削弱，A项错误。

答案：A

考点8　在职培训 ☆☆☆

一、在职培训的成本与收益

（一）在职培训的成本

（1）直接成本开支是指企业为培训而直接支出的费用，如场地、设备、师资等投入的培训成本。

（2）机会成本包括：

①利用有经验的职工或机器从事培训活动，从而影响了正常工作效率所产生的机会成本。

②受训者参加培训而耽误工作的时间所产生的机会成本，如员工为了参加培训提前下班或请假、全脱产、半脱产等。

（二）在职培训的收益

在职培训的收益主要体现在受训者的生产率的提高上。

（1）明显的收益：操作性技术培训。

（2）经过一段时间才会表现出来：文化培训、机械工作原理的培训。

二、在职培训的成本分摊

（1）一般在职培训：员工负担成本，并享受其收益。

（2）特殊在职培训：员工和企业共同分摊成本并共享收益。

> 知识点拨
>
> 培训成本分摊的问题几乎是每年的必考点，按本书原文记忆即可。

> 典型例题

[单项选择题] 关于在职培训的说法，错误的是（　　）。

A. 企业承担在职培训的全部成本，并获得全部收益

B. 在职培训属于人力资本投资的一种

C. 在职培训对企业和劳动者的行为都会产生影响

D. 大多数在职培训都是以非正式的形式完成的

[解析] 一般在职培训成本由员工承担并享受收益，特殊在职培训成本由企业和员工共同承担并共享收益，A 项错误。

答案：A

考点9 劳动力流动的意义和影响 ☆☆

劳动力过度流动和劳动力流动不足都会产生不良效果，应该保持合理限度，劳动力流动对员工和企业均会产生影响。

一、劳动力流动对员工的影响

（1）员工必须放弃可能的职位晋升机会、过去积累的资历、享受企业补充退休金的权利。

（2）要在工作多年之后，才能享受退休金待遇。

（3）放弃建立的较为亲密的同事关系。

（4）在新单位因为没有资历而缺乏职业安全感，需要在新工作中从低等级工作开始干起并努力建立新的同事关系。

二、劳动力流动对企业的影响

有经验的员工离职后，企业需要承担员工流失和弥补空缺的双重损失。

（1）需要承担重新招聘、培训新员工的成本，以及新员工因工作不熟练导致劳动生产率低的损失。

（2）企业向离职者支付的培训费用尤其是特殊培训费用的流失。

三、劳动力流动的意义

劳动力流动可以使劳动力得到更有效的利用，减轻与经济结构变化相联系的失业问题，能够纠正地区间就业的不平衡，减少由技术变化引起的人力问题，因此，劳动力流动的费用被视为人力资本投资的一种。

》典型例题

[单项选择题] 关于劳动力流动的说法，错误的是（   ）。

A. 劳动力流动是劳动者实现个人就业选择自由的重要手段

B. 劳动力流动是同等质量，劳动力的转移不属于人力资本投资

C. 劳动力流动可以发生在不同的企业、职业、产业和地区之间

D. 劳动力流动有助于劳动力得到更有效的利用

[解析] 劳动力流动不一定是同等质量，劳动力流动属于人力资本投资的一种，B 项错误。

答案：B

考点10 劳动力流动的形式 ☆☆

一、劳动力的跨职业流动

（一）流动现象

（1）职业收入高于或接近中值水平的，普遍呈现劳动力净流入状态。

（2）职业收入低于中值水平的，普遍呈现劳动力净流出状态。但服务业因门槛较低，虽然其收入低于中值，但仍普遍呈现劳动力净流入状态。

（二）流动的方向

（1）自愿性职业流动基本属于向上流动。

（2）非自愿性职业流动会追求水平流动或向上流动，但是也会存在向下流动的情况。

（3）总体而言，向上职业流动占较大比重（符合"人往高处走"的规律）。

（三）流动的特殊形式

（1）职业流动的特殊形式：家庭两代人之间的职业转移。

（2）家庭两代人职业差异越大，竞争对职业选择的作用越强，劳动力配置则越趋于合理。

（3）家庭两代人从事相同职业的比例越多（如子承父业），非竞争性力量对职业选择的影响越大，劳动力配置中不合理的成分越大。

> **知识点拨**
>
> （1）如果选项中涉及"收入低于中值水平的职业都是劳动力净流出"，这样的表述是错误的，必须要排除服务业才可以。
>
> （2）非自愿性职业流动是指被裁员、被辞退等原因造成的被动离职。

>> **典型例题**

[单项选择题]关于劳动力职业流动的说法，正确的是（　　）。

A. 经济不景气时期，一些劳动者都失去原来较好的职业，不得不接受条件较差的职业，这属于跨职业流动中的水平流动

B. 家庭两代人之间的职业相似性越高，则表明竞争对于职业选择的作用越大

C. 劳动者进行跨职业流动的主要目的在于获得更多的报酬以及更高的职业地位

D. 只有职业收入高于或接近中值水平的职业才会有劳动力的净流入

[解析] A项属于跨职业流动中的向下流动；家庭两代人从事相同职业的比例越多，非竞争性力量对职业选择的决定性越强，劳动力配置中的不合理的成分越大，B项错误；收入高于或接近中值水平的职业才会有劳动力的净流入，但服务业收入低于中值收入，劳动力却有净流入，D项错误。

答案：C

二、劳动力的跨产业流动

农业劳动力向工业部门转移是吸引力和排斥力共同作用的结果。从农业流入到工业部门的

劳动者，大多数先进入蓝领阶层，因为蓝领阶层和农业劳动者一样都是从事体力劳动，二者具有同一性。

> **知识拓展**
> 从工业部门流入到农业部门属于跨产业流动。

三、劳动力的产业内部流动

产业部门内部的流动是员工选择企业和企业选择员工两方面共同作用的结果。当一个产业部门的劳动力工资水平越高，自动离职的劳动者就越少，劳动力流出与工资水平表现为反方向变动。产业部门的劳动力与该部门的失业率也存在关联：

(1) 高失业率部门劳动力流动率较高。

(2) 高失业率导致非自愿性劳动力流动较高。

四、劳动力的跨地区流动

劳动力跨地区流动的主要考虑因素包括：

(1) 迁移地区间人均收入的差别。

(2) 迁移产生的成本。

(3) 迁移地区间的距离。

(4) 工作机会的多少。

(5) 迁入地区和迁出地区的关系密切程度。

跨地区劳动力流动中，劳动者迁移后一段时间又迁回到原地区，这种现象称为"回归迁移"。

» 典型例题

[单项选择题] 下列情形中，劳动者离职概率比较大的是（　　）。

A. 劳动力市场紧张

B. 劳动者接受过高等教育

C. 劳动者所在的企业薪酬福利较高

D. 劳动者在某企业就职时间很长

[解析] 当劳动力市场处于紧张状态时，即劳动力需求大于劳动力供给，很多雇主在雇用劳动者的时候都遇到困难，就业机会增加，而且市场工资率也会出现明显的上升，这时，已经就业的劳动者往往可以利用"跳槽"的手段要求新雇主增加工资，劳动力的流动率上升。

答案：A

考点11 劳动力流动的主要影响因素 ☆☆

通过分析可知，与劳动力流动的成本或收益相关的因素会对劳动力流动产生影响。劳动力流动的影响因素共包括四个方面，具体内容见表13-2。

表 13-2 劳动力流动的影响因素

影响因素	具体内容
劳动者因素	（1）任职年限：任职年限越长，离职可能性越低 （2）年龄：年龄越小，流动率越高 （3）性别：女性比男性离职率高
企业因素	（1）地理位置：位置越偏远，流动率越低 （2）企业规模：企业规模越大，流动率越低 （3）组织文化以及领导风格：心理成本过高或心理收益太低，流动率越高
市场周期因素	（1）劳动力市场宽松状态（供给大于需求）： 失业人数上升，工资率下降，劳动力流动率下降 （2）劳动力市场紧张状态（需求大于供给）： 就业机会增加，工资率上升，劳动力流动率上升 （3）离职率和临时解雇率、失业率存在负相关关系： 失业率高则离职率低，临时解雇率高则离职率低 （4）劳动力市场周期与经济周期同步，即经济快速增长，劳动力流动率较高
社会因素	不同国家的社会制度会影响劳动力流动的直接成本

> **知识点拨**
>
> 劳动力市场宽松状态特别容易理解成处于经济繁荣时期，但事实上，劳动市场宽松意味着劳动力市场中有大量的待就业劳动者或者失业者，一般发生在经济衰退时期。

》典型例题

[单项选择题] 关于劳动力流动的说法，错误的是（   ）。

A. 领导风格等非经济因素会对劳动力流动产生影响

B. 劳动力市场越宽松，劳动力流动越频繁

C. 劳动者工资水平越低，流动的可能性越大

D. 女性劳动者离职率相对较高的原因之一是需要考虑家庭角色分工

[解析] 劳动力市场宽松状态（供给大于需求）：失业人数上升，工资率下降，劳动力流动率下降。B 项错误。

答案：B

第四部分 人力资源与社会保险政策

【第四部分以劳动法律内容为主，法条内容容易理解但记忆困难，尤其涉及较多的时间和数字，在学习时应注意总结规律和方法。本部分内容较多，但分值相比前三部分略少。学习策略方面，可以抓重点内容。第十四章、第十六章和第十七章具有考查案例分析题的可能性，第十七章考查案例分析题主要以工伤保险内容为主。第十五章、第十八章和第十九章主要考查单项选择题和多项选择题，其中第十九章内容较多，全部掌握难度较大，可以针对每节最具有出题可能性的知识点重点复习。】

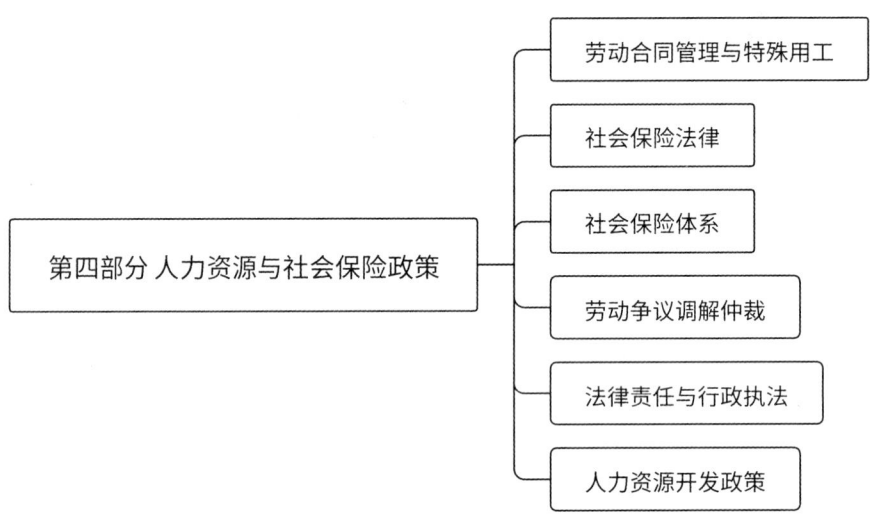

第十四章

劳动合同管理与特殊用工

📖 大纲再现

理解劳动合同履行的原则；依法履行、变更、解除、终止劳动合同；依法制定和实施劳动规章制度；依法管理特殊用工，协调劳动关系。

大纲解读 ✏️

历年考查分数在8分左右，本章考查题型以单项选择题、多项选择题为主，每隔一两年会出现案例分析题。

本章主要讲述劳动合同、劳务派遣和非全日制用工三种用工形式的相关规定，其中最为重要的是劳动合同解除的相关条款、竞业限制和经济补偿的计算，相关内容经常出现在案例分析题中，需要给予关注。本章内容容易理解但是较难记忆，涉及较多的劳动合同法的相关条款、时间和数字，可以利用知识点间关联的逻辑性帮助提高记忆效率。

知识脉络 ▶

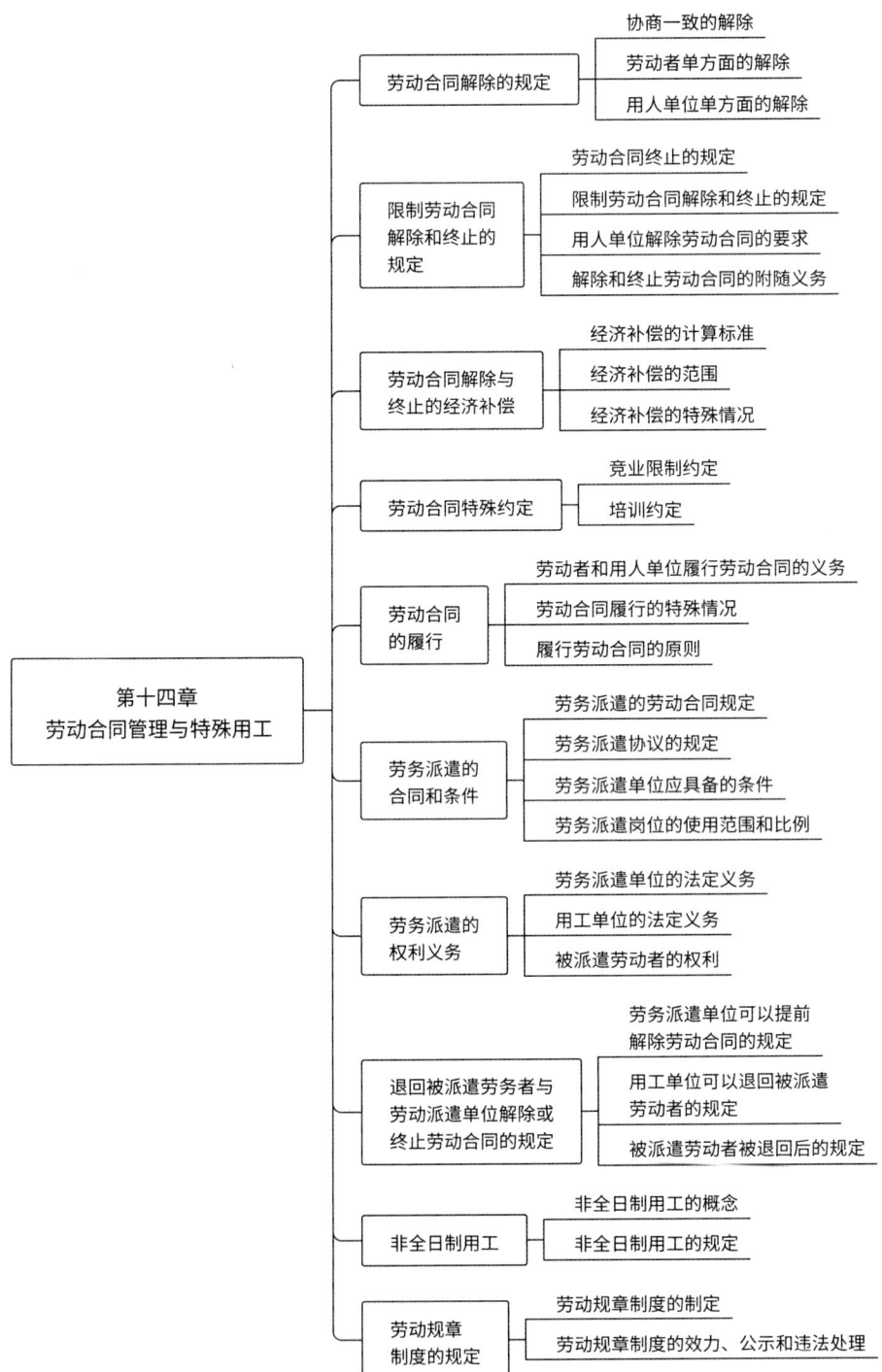

考点1　劳动合同解除的规定 ☆☆☆

一、协商一致的解除

《中华人民共和国劳动合同法》（以下简称《劳动合同法》）第三十六条规定："用人单位与劳动者协商一致，可以解除劳动合同。"

二、劳动者单方面的解除

(1)《劳动合同法》第三十七条规定：
①劳动者提前 30 日以书面形式通知用人单位，可以解除劳动合同。
②劳动者在试用期内提前 3 日通知用人单位，可以解除劳动合同。
(2)《劳动合同法》第三十八条规定，用人单位有下列情形之一的，劳动者可以解除劳动合同：
①未按照劳动合同约定提供劳动保护或者劳动条件的。
②未及时足额支付劳动报酬的。
③未依法为劳动者缴纳社会保险费的。
④用人单位的规章制度违反法律、法规的规定，损害劳动者权益的。
⑤因用人单位以欺诈、胁迫的手段或者乘人之危，使劳动者在违背真实意思的情况下订立或者变更劳动合同致使劳动合同无效的。
⑥法律、行政法规规定劳动者可以解除劳动合同的其他情形。

三、用人单位单方面的解除

(1)《劳动合同法》第三十九条规定，劳动者有下列情形之一的，用人单位可以解除劳动合同：
①在试用期间被证明不符合录用条件的。
②严重违反用人单位的规章制度的。
③严重失职，营私舞弊，给用人单位造成重大损害的。
④劳动者同时与其他用人单位建立劳动关系，对完成本单位的工作任务造成严重影响，或者经用人单位提出，拒不改正的。
⑤因劳动者以欺诈、胁迫的手段或者乘人之危，使用人单位在违背真实意思的情况下订立或者变更劳动合同致使劳动合同无效的。
⑥被依法追究刑事责任的。
(2)《劳动合同法》第四十条规定，用人单位因客观原因提前 30 日以书面形式通知劳动者解除劳动合同，或额外支付劳动者 1 个月工资后，可以解除劳动合同。额外支付的工资应按该劳动者上一个月的工资标准确定。具体情形如下：
①劳动者患病或者非因工负伤，在规定的医疗期满后不能从事原工作，也不能从事由用人单位另行安排的工作的。
②劳动者不能胜任工作，经过培训或者调整工作岗位，仍不能胜任工作的。
③劳动合同订立时所依据的客观情况发生重大变化，致使劳动合同无法履行，经用人单位与劳动者协商，未能就变更劳动合同内容达成协议的。

(3)《劳动合同法》第四十一条规定，有下列情形之一，需要裁减人员20人以上或者裁减不足20人但占企业职工总数10%以上的，用人单位提前30日向工会或全体职工说明情况，听取工会或者职工意见后，裁减人员方案经向劳动行政部门报告，可以裁减人员。

①依照《中华人民共和国企业破产法》（以下简称《企业破产法》）规定进行重整的。

②生产经营发生严重困难的。

③企业转产、重大技术革新或者经营方式调整，经变更劳动合同后，仍需裁减人员的。

④其他因劳动合同订立时所依据的客观经济情况发生重大变化，致使劳动合同无法履行的。

用人单位裁减人员时，应当优先留用下列人员：与本单位订立较长期限的固定期限劳动合同的；与本单位订立无固定期限劳动合同的；家庭无其他就业人员，有需要扶养的老人或者未成年人的。

> **知识点拨**
>
> 用人单位裁员的比例要注意：人数大于20人或比例占到员工总人数的10%以上，只要符合其中一条就需要提前30日向工会说明情况并报告劳动行政部门。要区分报告和报审的不同，报告只要报备，在规定时间内没有收到异议即可执行，不需要等待批准文件。

》典型例题

[单项选择题] 下列情形中，用人单位可以合法解除劳动合同的是（　　）。

A. 劳动者不能胜任工作，经培训或者调整岗位还是不能胜任工作的

B. 员工被认定为工伤且为七级伤残的

C. 劳动者不同意降低月工资收入的

D. 员工患病3个月无法从事工作的

[解析] 劳动者不能胜任工作，经过培训或者调整工作岗位，仍不能胜任工作的，用人单位提前30日以书面形式通知劳动者本人或者额外支付劳动者1个月工资后，可以解除劳动合同。

答案：A

考点2 限制劳动合同解除和终止的规定 ☆

一、劳动合同终止的规定

劳动合同双方当事人可以依据《劳动合同法》第四十四条的规定终止劳动合同：

（1）劳动合同期满的。

（2）劳动者开始依法享受基本养老保险待遇的。

（3）劳动者死亡，或者被人民法院宣告死亡或者宣告失踪的。

（4）用人单位被依法宣告破产的。

（5）用人单位被吊销营业执照、责令关闭、撤销或者用人单位决定提前解散的。

（6）法律、行政法规规定的其他情形。

二、限制劳动合同解除和终止的规定

《劳动合同法》第四十二条规定，当劳动者有下列情形之一时，用人单位不得依照本法第四十条、第四十一条规定解除劳动合同。同时，根据《劳动合同法》第四十五条的规定，劳动合同期满的，劳动合同应当续延至下列相应的情形消失时终止：

（1）从事接触职业病危害作业的劳动者未进行离岗前职业健康检查，或者疑似职业病病人在诊断或者医学观察期间的。

（2）在本单位患职业病或者因工负伤并被确认丧失或者部分丧失劳动能力的。

（3）患病或者非因工负伤，在规定的医疗期内的。

（4）女职工在孕期、产期、哺乳期的。

（5）在本单位连续工作满15年，且距法定退休年龄不足5年的。

（6）法律、行政法规规定的其他情形。

三、用人单位解除劳动合同的要求

用人单位如果单方解除劳动合同，应当事先将解除劳动合同的理由通知工会。

四、解除和终止劳动合同的附随义务

（1）用人单位应当在解除或者终止劳动合同时出具解除或者终止劳动合同的证明，并应当包含劳动合同期限、工作岗位、在本单位的工作年限、解除或者终止劳动合同的日期。

（2）应在解除或者终止劳动合同15日内为劳动者办理档案和社会保险关系转移手续。

（3）用人单位对已经解除或者终止的劳动合同的文本，至少保存2年备查。

>> 典型例题

[单项选择题] 甲公司与小张订立的劳动合同期满终止后，甲公司应保存劳动合同文本至少（　　）备查。

A. 2年
B. 1年
C. 6个月
D. 30日

[解析] 用人单位对已经解除或者终止的劳动合同的文本，至少保存2年备查。

答案：A

考点3 劳动合同解除与终止的经济补偿 ☆☆☆

一、经济补偿的计算标准

（一）经济补偿金的计算

经济补偿金＝获得经济补偿的月数×工资

（二）获得经济补偿的月数标准

按在本单位的实际工作年限计算，每满1年支付1个月工资，6个月以上不满1年的，按1年计算，不满6个月，支付半个月工资。

（三）经济补偿的工资标准

（1）经济补偿金的工资标准根据劳动合同解除（终止）前12个月的平均工资计算。

①如果前12个月的平均工资高于用人单位所在地上年度职工月平均工资3倍的，经济补偿按3倍数额支付，支付经济补偿的年限最高不超过12年。

②如果前12个月的平均工资低于当地最低工资标准的，按照当地最低工资标准计算。

③如果劳动者工作不满12个月，按照实际工作的月数计算平均工资。

（2）经济补偿的月工资按照劳动者应得工资计算（即税前工资），包括计时工资或者计件工资以及奖金、津贴和补贴等货币性收入。

二、经济补偿的范围

（1）用人单位向劳动者提出解除劳动合同并与劳动者协商一致解除劳动合同的。

（2）劳动者依照《劳动合同法》第三十八条规定解除劳动合同的。

（3）用人单位依照《劳动合同法》第四十条规定解除劳动合同的。

（4）用人单位依照《劳动合同法》第四十一条规定实施裁减人员而解除劳动合同的。

（5）除用人单位维持或提高劳动合同约定条件续订劳动合同，劳动者不同意续订的情形外，因劳动合同期满而终止固定期限劳动合同的。

（6）以完成一定工作任务为期限的劳动合同因任务完成而终止的。

（7）用人单位被依法宣告破产或用人单位被吊销营业执照、责令关闭、撤销或者用人单位决定提前解散而终止劳动合同的。

三、经济补偿的特殊情况

劳动者非因本人原因从原用人单位被安排到新用人单位工作的，在原用人单位的工作年限合并计算到新单位。原单位已经支付经济补偿的，新单位不再计算劳动者在原用人单位的工作年限。用人单位符合下列情形之一的，应当认定属于"劳动者非因本人原因从原用人单位被安排到新用人单位工作"：

（1）劳动者仍在原工作场所、工作岗位工作，劳动合同主体由原用人单位变更为新用人单位。

（2）用人单位以组织委派或任命形式对劳动者进行工作调动。

（3）因用人单位合并、分立等原因导致劳动者工作调动。

（4）用人单位及其关联企业与劳动者轮流订立劳动合同。

（5）其他合理情形。

> **知识拓展**
>
> 假设一个劳动者在某企业工作了3年零2个月，每月工资都是4 000元，那么他可以获得经济补偿的月份就是3.5个月，即经济补偿金＝3.5×4 000＝14 000（元）。

》典型例题

[单项选择题] 关于甲公司支付经济补偿的说法，正确的是（　　）。

A. 甲公司因生产经营严重困难而实施裁员，可以不支付经济补偿金

B. 甲公司应当支付的经济补偿金标准为在本公司工作每满 1 年支付半个月工资

C. 甲公司应当支付的经济补偿金标准为在本公司工作每满 1 年支付 1 个月工资

D. 甲公司应当按本地区上年度职工月平均工资 3 倍的标准支付经济补偿金

[解析] 用人单位依照《劳动合同法》第四十一条规定实施裁减人员而解除劳动合同的，应当按规定支付经济补偿，A 项错误；经济补偿按劳动者在本单位工作的年限，每满 1 年支付 1 个月工资的标准向劳动者支付，B 项错误，C 项正确；经济补偿金的工资标准根据劳动合同解除（终止）前 12 个月的平均工资计算，D 项错误。

答案：C

考点4 劳动合同特殊约定 ☆

一、竞业限制约定

企业与劳动者关于竞业限制约定的相关要求见表 14-1。

表 14-1　竞业限制约定的相关要求

项目	具体内容
用人单位权利	对负有保密义务的劳动者，用人单位可以在保密协议或劳动合同中与劳动者约定竞业限制条款
双方责任	(1) 在解除或者终止劳动合同后，用人单位在竞业限制期限内应按月给予劳动者经济补偿 (2) 劳动者违反竞业限制约定的，应当按照约定向用人单位支付违约金 (3) 在竞业限制期限内，用人单位可以单方面要求解除竞业限制协议。但是，如果用人单位不同意，劳动者不能在竞业限制期限内单方面提出解除，除非用人单位超过 3 个月未支付经济补偿金
约定范围	竞业限制的人员限于用人单位的高级技术人员、高级管理人员和其他负有保密义务的人员
约定期限	竞业限制期限最长不得超过 2 年

竞业限制中，用人单位向劳动者支付的经济补偿金与解除劳动合同时应当支付的经济补偿金是不同的。竞业限制的经济补偿是因劳动者在离开企业后，因需要遵守用人单位规定，重新选择就业的范围被限制所获得的补偿，该补偿金的多少由签订竞业限制时双方协商确定。不管员工以何种方式离开企业（被辞退或主动离职等），只要用人单位要求劳动者执行竞业协议，并按时支付经济补偿金，劳动者就必须遵守该协议，如有违反将需要向企业支付违约金，给用人单位造成损失的，还需要支付赔偿金。

二、培训约定

企业与劳动者关于培训约定的相关要求见表 14-2。

表 14-2　培训约定的相关要求

项目	具体内容
用人单位权利	用人单位为劳动者提供专项培训费用，对劳动者进行专业技术等培训的，可以与其订立培训协议，约定在企业的服务期

续表

项目	具体内容
劳动合同的延期	如劳动合同期满，但双方约定的服务期尚未到期的，劳动合同续延至服务期满，双方另有约定的，从其约定
培训费用	培训费用包括培训期间的差旅费、有凭证的培训费用及培训产生的用于该劳动者的其他直接费用
劳动者违约规定	劳动者违反服务期约定，应当按照约定向用人单位支付违约金，但违约金数额不能超过用人单位提供的培训费用，也不能超过服务期尚未履行部分所应分摊的培训费用
调薪规定	在约定的服务期内不影响正常的工资调整机制

【知识点拨】

关于培训约定的违约金问题：假设企业为劳动者支付了5万元培训费，约定的服务期为5年，而劳动者为企业服务了3年后违约，其应支付的违约金不得超过2万元。

【典型例题】

[多项选择题] 下列行为中，应向用人单位支付违约金的有（　　）。

A. 违反培训服务期

B. 违反竞业限制

C. 破坏用人单位财产

D. 重大过失导致用人单位发生严重损失

E. 与他人串通获取利益导致本单位发生损失

[解析] 除约定培训服务期和约定竞业限制的情形外，用人单位不得与劳动者约定由劳动者承担违约金。C、D、E三项属于劳动者应当承担赔偿金的情形。

答案：AB

考点5　劳动合同的履行☆

一、劳动者和用人单位履行劳动合同的义务

（一）劳动者的义务

（1）应当完成劳动合同约定的工作内容，如果从事兼职，不能影响本单位的工作任务。

（2）遵守劳动合同中约定的特定事项的义务，如约定服务期和保守用人单位的商业秘密和与知识产权相关的保密事项。

（3）遵守国家法律法规，遵守用人单位的规章制度。

（二）用人单位的义务

（1）向劳动者及时足额支付劳动报酬。

（2）保护劳动者的生命安全和身体健康。

（3）严格执行劳动定额标准，不得强迫或变相强迫劳动者加班。

二、劳动合同履行的特殊情况

(一) 特殊情况

(1) 用人单位发生分立或者合并等情况，原劳动合同仍然有效，劳动合同由承继其权利和义务的用人单位继续履行。

(2) 用人单位变更名称、法定代表人、投资人或者主要负责人等事项，不影响劳动合同的履行。

(二) 劳动合同的变更

劳动合同变更未采用书面形式，但已经实际履行了口头变更的劳动合同超过1个月，且变更后的劳动合同内容不违反法律、行政法规、国家政策以及公序良俗，当事人以未采用书面形式为由主张劳动合同变更无效的，人民法院不予支持。

三、履行劳动合同的原则☆

用人单位注册地与劳动合同履行地不一致的，按劳动合同履行地的有关规定执行。用人单位注册地的有关标准高于劳动合同履行地的有关标准，且用人单位与劳动者约定按照用人单位注册地的相关规定执行的，从其约定。

> **典型例题**

[多项选择题] 关于用人单位义务的说法，错误的有（　　）。

A. 用人单位安排劳动者加班，应当按照本单位规定的标准向劳动者支付加班费
B. 用人单位应当保护劳动者的生命安全和身体健康
C. 用人单位应当按照劳动合同约定和国家规定，向劳动者及时足额支付劳动报酬
D. 用人单位应当严格执行劳动定额标准
E. 用人单位应当按照劳动者要求提供劳动条件和劳动工具

[解析] 用人单位的义务包括用人单位应当按照劳动合同约定和国家规定，向劳动者及时足额支付劳动报酬。用人单位应当严格执行劳动定额标准，不得强迫或者变相强迫劳动者加班。用人单位应当保护劳动者的生命安全和身体健康。

答案：AE

考点6 劳务派遣的合同和条件☆☆

一、劳务派遣的劳动合同规定

(一) 劳务派遣劳动合同的基本规定

劳务派遣单位属于《劳动合同法》调整的用人单位。劳务派遣单位应与被派遣劳动者订立2年以上的固定期限劳动合同，并按月支付劳动报酬。

(二) 劳务派遣劳动合同的试用期的规定

劳务派遣单位可以依法约定试用期，但与同一被派遣劳动者只能约定一次试用期。

（三）被派遣劳动者无工作期间的规定

被派遣劳动者在无工作期间，劳务派遣单位应当按照所在地人民政府规定的最低工资标准，向其按月支付报酬。

> **知识点拨**
> 劳务派遣单位与同一个被派遣劳动者只能约定一次试用期，无论被派遣的单位、岗位是否有变化，都不能重复约定试用期。

二、劳务派遣协议的规定

（1）劳务派遣单位应与用工的单位订立劳务派遣协议，派遣协议的内容应当包括派遣的岗位性质、岗位名称、派遣人员数量和派遣期限等。

（2）用工单位不得将连续用工期限分割订立数个短期劳务派遣协议。

三、劳务派遣单位应具备的条件

（1）劳务派遣单位的注册资本不得少于人民币200万元。

（2）劳务派遣单位必须向劳动行政部门依法申请行政许可，许可证有效期为3年，无许可证不得经营劳务派遣业务。

（3）用人单位不得设立劳务派遣单位向本单位或者所属单位派遣劳动者，也不得出资或合伙设立劳务派遣单位向本单位或所属单位派遣劳动者。

四、劳务派遣岗位的使用范围和比例

（一）劳务派遣岗位的使用范围

劳动合同用工是我国企业的基本用工形式，而劳务派遣用工是补充形式，只能在辅助性、临时性或者替代性的工作岗位上实施，该三类岗位的定义如下：

（1）辅助性岗位是指为主营工作岗位提供服务的非主营工作岗位。

（2）临时性岗位是指岗位的存续时间不超过6个月的岗位。

（3）替代性岗位是指用工单位的劳动者因休假、脱产学习等原因无法工作时，由其他劳动者替代一段时间的岗位。

（二）劳务派遣岗位的使用比例

劳务派遣用工的数量不得超过用工总量的10%。用工单位决定在辅助性岗位使用被派遣劳动者的，应当经职工代表大会或者全体职工讨论，与职工代表或者工会平等协商确定，在用工单位内公示。

》**典型例题**

[多项选择题]关于劳务派遣的说法，正确的有（　　）。

A. 劳务派遣单位属于劳动合同法调整的用人单位

B. 劳务派遣单位与统一被派遣劳动者每派遣一次可以约定一次试用期

C. 用人单位可以合资设立劳务派遣单位向本单位派遣劳动者

D. 劳务派遣单位不得向被派遣劳动者收取费用

E. 劳务派遣用工是我国企业基本用工形式

[解析] 劳务派遣单位可以依法与被派遣劳动者约定试用期，劳务派遣单位与同一被派遣劳动者只能约定一次试用期，B项错误；用人单位不得设立劳务派遣单位向本单位或者所属单位派遣劳动者，C项错误；劳务派遣用工是我国企业的补充形式，而劳动合同用工是我国的企业基本用工形式，E项错误。

答案：AD

考点7 劳务派遣的权利义务☆☆

一、劳务派遣单位的法定义务

（1）如实将劳务派遣协议的内容告知被派遣劳动者。

（2）依法支付被派遣劳动者的劳动报酬和相关待遇。

（3）依法为被派遣劳动者缴纳社会保险费，并办理社保手续。

（4）依法出具解除或者终止劳动合同的证明。

（5）不得克扣用工单位支付给被派遣劳动者的劳动报酬。

（6）不得向被派遣劳动者收取费用。

（7）不得以非全日制用工形式招用被派遣劳动者。

（8）建立培训制度，对被派遣劳动者进行上岗知识培训。

（9）督促用工单位为被派遣劳动者提供劳动安全卫生条件和劳动保护。

（10）协助处理被派遣劳动者与用工单位的纠纷。

（11）因劳务派遣单位存在违法行为，给被派遣劳动者造成损害的，劳务派遣单位与用工单位承担连带赔偿责任。

（12）跨地区派遣时，应保证被派遣劳动者符合用工单位所在地规定的标准。

二、用工单位的法定义务

（1）应告知被派遣劳动者的劳动报酬和工作要求。

（2）支付加班费、绩效奖金，提供与工作岗位相关的福利待遇。

（3）用工单位不得向被派遣劳动者收取费用。

（4）应执行国家劳动标准，提供相应的劳动条件和劳动保护。

（5）对在岗被派遣劳动者进行工作岗位所必需的培训。

（6）连续用工的，实行正常的工资调整机制。

（7）用工单位不得将被派遣劳动者再派遣到其他用人单位。

[知识拓展]

劳务派遣单位是劳动者的用人单位，负责支付劳动报酬和缴纳社会保险，但这里的"劳动报酬"是指在劳务派遣协议中约定的固定报酬，如果产生额外的加班费、奖金等浮动工资应由用工单位负责支付，在做题时要注意识别。

三、被派遣劳动者的权利

(1) 被派遣劳动者有权享有与用工单位的劳动者<u>同工同酬的权利</u>。
(2) 被派遣劳动者有权在劳务派遣单位或用工单位依法组织或参加工会。
(3) 被派遣劳动者提前 30 日以书面形式通知劳务派遣单位，可以解除劳动合同。
(4) 被派遣劳动者与劳务派遣单位协商一致，可以解除劳动合同。

》 典型例题

[多项选择题] 劳动派遣单位的法定义务包括（　　）。
A. 依法支付被派遣劳动者的劳动报酬
B. 依法向被派遣劳动者提供相应的劳动条件
C. 依法为被派遣劳动者缴纳社会保险费
D. 不得向被派遣劳动者收取费用
E. 依法向被派遣劳动者支付加班费

[解析] B、E 两项属于用工单位的法定义务。

答案：ACD

考点8　退回被派遣劳务者与劳动派遣单位解除或终止劳动合同的规定 ☆

一、劳务派遣单位可以提前解除劳动合同的规定

(1)《劳动合同法》第三十九条的规定。
(2)《劳动合同法》第四十条第一款和第二款的规定。

二、用工单位可以退回被派遣劳动者的规定

(1)《劳动合同法》第四十条第三款的规定。
(2)《劳动合同法》第四十一条的规定。
(3) 用工单位被依法宣告破产、吊销营业执照、责令关闭、撤销、决定提前解散或者经营期限届满不再继续经营。
(4) 劳务派遣协议期满终止的。

三、被派遣劳动者被退回后的规定

(1) 被派遣劳动者被用工单位退回后，劳务派遣单位可以重新派遣，重新派遣时维持或提高劳动合同约定条件，被派遣劳动者不同意的，劳务派遣单位可以解除劳动合同。如劳务派遣单位降低合同约定条件，被派遣者不同意的，派遣单位不得解除劳动合同，但被派遣劳动者提出解除劳动合同的除外。
(2) 被派遣劳动者被退回后在无工作期间，劳务派遣单位应按不低于<u>所在地最低工资标准</u>，向其按月支付报酬。
(3) 劳务派遣单位解除劳动合同时，<u>应当依法向劳动者支付经济补偿</u>。

（4）劳务派遣单位违法解除或者终止被派遣劳动者的劳动合同，应依照《劳动合同法》规定的经济补偿标准的 2 倍向劳动者支付赔偿金。

> **知识点拨**
> 可以退回被派遣劳动者或解除被派遣劳动者劳动合同的情形与前述正常劳动合同的解除情形一致。

》典型例题

[单项选择题] 被派遣劳动者在无工作期间，劳务派遣单位应当按照（　　）向其按月支付报酬。

A. 全国社会平均工资标准

B. 所在地人民政府规定的最低工资标准

C. 劳动者要求的标准

D. 所在地在岗职工平均工资

[解析] 被派遣劳动者被退回后在无工作期间，派遣单位应按所在地最低工资标准按月支付。

答案：B

考点9 非全日制用工 ☆☆

一、非全日制用工的概念

非全日制用工是指以小时计酬为主，劳动者在同一用人单位一般平均每周工作时间累计不超过 24 小时，每日工作时间不超过 4 小时的用工形式。

二、非全日制用工的规定

（1）非全日制用工双方当事人不得约定试用期。

（2）非全日制用工双方当事人可以订立口头协议。

（3）非全日制用工的劳动者可以与一个或者一个以上用人单位订立劳动合同，但是，后订立的劳动合同不得影响先订立的劳动合同的履行。

（4）非全日制用工双方当事人任何一方都可以随时通知对方终止用工，用人单位不向劳动者支付经济补偿。

（5）小时计酬标准不得低于用人单位所在地人民政府规定的最低小时工资标准。

（6）劳动报酬结算支付周期最长不得超过 15 日。

（7）工伤保险是国家唯一强制用人单位为非全日制从业人员缴纳的社会保险。

> **知识拓展**
> 该知识点的出题方式通常是对原文的考查，要特别注意几个时间点和数字的记忆。

> 典型例题

[单项选择题] 关于非全日制用工的说法，正确的是（　　）。

A. 用人单位使用非全日制用工劳动者应当按月支付劳动薪酬

B. 非全日制用工劳动者的小时计酬标准可以低于当地最低小时工资标准

C. 非全日制用工双方当事人不得约定试用期

D. 非全日制用工终止用工时，用人单位应当向劳动者支付终止用工经济补偿

[解析] 用人单位使用非全日制用工劳动者，劳动报酬结算支付周期最长不得超过15日，A项错误；小时计酬标准不得低于用人单位所在地人民政府规定的最低小时工资标准，B项错误；非全日制用工终止用工时，用人单位不向劳动者支付经济补偿，D项错误。

答案：C

考点10 劳动规章制度的规定 ☆☆

一、劳动规章制度的制定

建立劳动规章制度既是用人单位的义务，也是用人单位的权利，用人单位应与工会或者职工代表平等协商确定企业的劳动规章制度，国有企业制定劳动规章应当经职代会讨论通过。

在规章制度和重大事项决定实施过程中，如果工会或者职工认为不适当的，有权向用人单位提出，双方可以通过协商予以修改完善。

二、劳动规章制度的效力、公示和违法处理

（一）劳动规章制度的效力

（1）经过民主程序制定。

（2）内容合法，不违背有关法律法规及政策。

（3）要向劳动者公示。

（二）劳动规章制度的公示

用人单位应当将直接关系到劳动者切身利益的规章制度和重大事项决定公示或者告知劳动者。

（三）劳动规章制度的违法处理

（1）用人单位的规章制度违反规定，劳动者可以解除劳动合同并且获得经济补偿。

（2）由劳动行政部门责令改正。

> 典型例题

[单项选择题] 关于用人单位劳动规章制度的说法，正确的是（　　）。

A. 用人单位制定的劳动规章制度公示后，即对职工具有法律约束力

B. 用人单位制定的劳动规章制度无须告知职工即可实施

C. 在劳动规章制度实施过程中，工会认为不适当的内容，用人单位应当按工会要求予以修改

D. 用人单位制定的劳动规章制度违反法律规定，则由劳动行政部门责令改正

［解析］用人单位劳动规章制度必须经过民主程序，内容合法并公示后才具有法律效力。A项错误。用人单位劳动规章制度必须要向劳动者公示。B项错误。在规章制度和重大事项决定实施过程中，如果工会或者职工认为不适当的，有权向用人单位提出，双方可以通过协商予以修改完善。C项错误。用人单位制定的劳动规章制度出现违法情形时，有两种处理方法：一是允许劳动者以此为由随时提出解除劳动合同，并有获得经济补偿的权利；二是由劳动行政部门责令改正。D项正确。

答案：D

第十五章

社会保险法律

📖 **大纲再现**

理解社会保险法律关系的主体、客体和社会保险法律关系的产生、变更与消灭；理解社会保险法律适用的基本原则、要求和规则；理解我国社会保险法的立法原则和基本内容。

✏️ **大纲解读**

历年考查分数在2分左右，本章主要考查题型为单项选择题，偶尔出现多项选择题。

学习本章首先应从总体上掌握社会保险法律关系的主体以及主体间的相互关系和法律适用原则，在此基础上，理解社会保险包含的五项保险内容以及对不同人群的覆盖范围。本章核心考点比较集中，重点关注几个核心知识点即可。

知识脉络 ▶

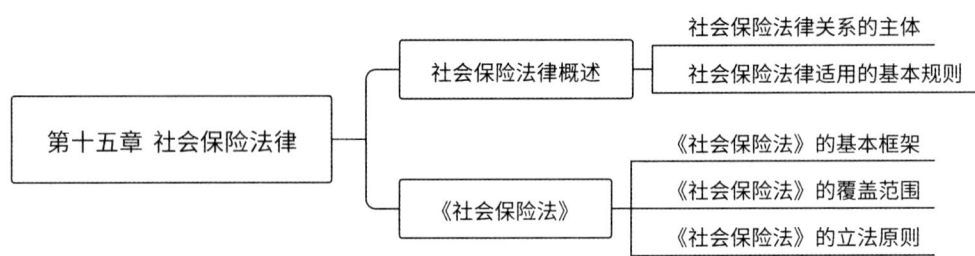

第十五章 社会保险法律

考点1　社会保险法律概述 ☆☆

社会保险是由国家立法规范，是一种强制性社会保障制度。

一、社会保险法律关系的主体

（一）社会保险法律关系主体内容

（1）国家（特殊主体）。

（2）社会保险的管理和经办机构（保险人）。

（3）劳动者及其家庭（被保险人）。

（4）用人单位（投保人）。

（二）社会保险法律关系

社会保险法律关系是指社会保险各主体之间就社会保险的权利义务所产生的法律关系。"各主体之间"是指：

（1）国家和劳动者之间。

（2）社会保险经办机构与劳动者之间。

（3）用人单位与劳动者之间。

（4）社会保险经办机构与用人单位之间。

（5）社会保险经办机构之间。

二、社会保险法律适用的基本规则

（1）上位法的效力高于下位法（宪法具有最高的法律效力，法律效力高于行政法规、地方性法规、规章）。

（2）同位法中新的规定与旧的规定不一致时，适用新的规定。

（3）同位法中特别规定与一般规定不一致时，适用特别规定。

（4）原则上不溯及既往。

》典型例题

[多项选择题]关于社会保险法律适用的基本原则的说法，正确的有（　　）。

A. 法律效力高于行政法规

B. 同位法中特别规定与一般规定不一致时，适用特别规定

C. 地方性法规效力高于本级和下级政府规章

D. 同位法中新的规定与旧的规定不一致时，适用新的规定

E. 原则上追溯既往

[解析]社会保险法律适用的基本原则是：原则上不溯及既往。E项错误。

答案：ABCD

考点2 《社会保险法》 ☆

一、《社会保险法》的基本框架

《中华人民共和国社会保险法》（简称《社会保险法》）于 2011 年 7 月 1 日起施行，国家建立基本养老保险、基本医疗保险、工伤保险、失业保险、生育保险等社会保险制度。

（1）基本养老保险包括职工基本养老保险和城乡居民基本养老保险。

（2）基本医疗保险包括职工基本医疗保险和城乡居民基本医疗保险。

二、《社会保险法》的覆盖范围

《社会保险法》的覆盖范围见表 15-1。

表 15-1 《社会保险法》的覆盖范围

覆盖人群	享受的社会保险
应当参加职工基本养老保险和职工基本医疗保险的用人单位及职工、未在用人单位参加社保的非全日制从业人员及灵活就业人员、无雇工的个体工商户	（1）职工基本养老保险 （2）职工基本医疗保险
所有用人单位及其职工	（1）工伤保险 （2）失业保险 （3）生育保险
用人单位及其职工、无雇工的个体工商户、非全日制从业人员以及其他灵活就业人员	（1）城镇职工基本养老保险 （2）城镇职工基本医疗保险
城镇未就业的居民、农村居民	（1）城乡居民基本养老保险 （2）城乡居民基本医疗保险
被征地农民	按照国务院规定纳入相应的社会保险制度
香港、澳门、台湾居民在内地（大陆）工作	按照规定参加社会保险
已经在香港、澳门、台湾参加当地社会保险，并继续保留社会保险关系的港澳台居民	可以不在内地（大陆）参加基本养老保险和失业保险
在中国境内就业的外国人	依照《社会保险法》参加我国的社会保险

> **知识拓展**
> 公务员的养老保险办法由国务院规定，不在《社会保险法》的覆盖范围内。

三、《社会保险法》的立法原则

（1）贯彻落实党中央的重大决策部署。

（2）使广大人民群众共享改革发展成果。

（3）确立框架，循序渐进。

（4）公平与效率相结合，权利与义务相适应。

>> 典型例题

[单项选择题] 关于社会保险的说法，正确的是（　　）。

A. 在中国境内就业的外国人应当参照《社会保险法》参加社会保险

B. 《社会保险法》确立了企业职工参加商业养老保险的基本模式

C. 《社会保险法》是依据1994年颁布的《中华人民共和国劳动法》制定的

D. 职工自愿参加社会保险是《社会保险法》的一项立法原则

[解析]《社会保险法》确立了企业职工参加基本养老保险、基本医疗保险、工伤保险、失业保险、生育保险等社会保险制度，B项错误；《社会保险法》是自2011年7月1日起施行的，C项错误；社会保险是由国家立法规范，面向劳动者建立的一种强制性社会保障制度，而不是自愿性参与的，D项错误。

答案：A

第十六章

社会保险体系

📖 **大纲再现**

理解基本养老保险、基本医疗保险、工伤保险、失业保险、生育保险等社会保险制度有关的法律、法规、政策规定，以及如何处理社会保险事务。

大纲解读 ✎

历年考查分数在7分左右，本章考查题型以单项选择题、多项选择题为主，其中工伤保险容易考查案例分析题。

本章内容主要包括基本养老保险、基本医疗保险、失业保险、工伤保险、生育保险等五项保险的基金构成、缴费规则、待遇情况和领取条件等。2020年新增了城乡居民养老保险制度和机关事业单位工作人员养老保险，以及职业年金的内容。2022年教材调整了医疗保险缴费内容，需要特别注意。

知识脉络 ▶

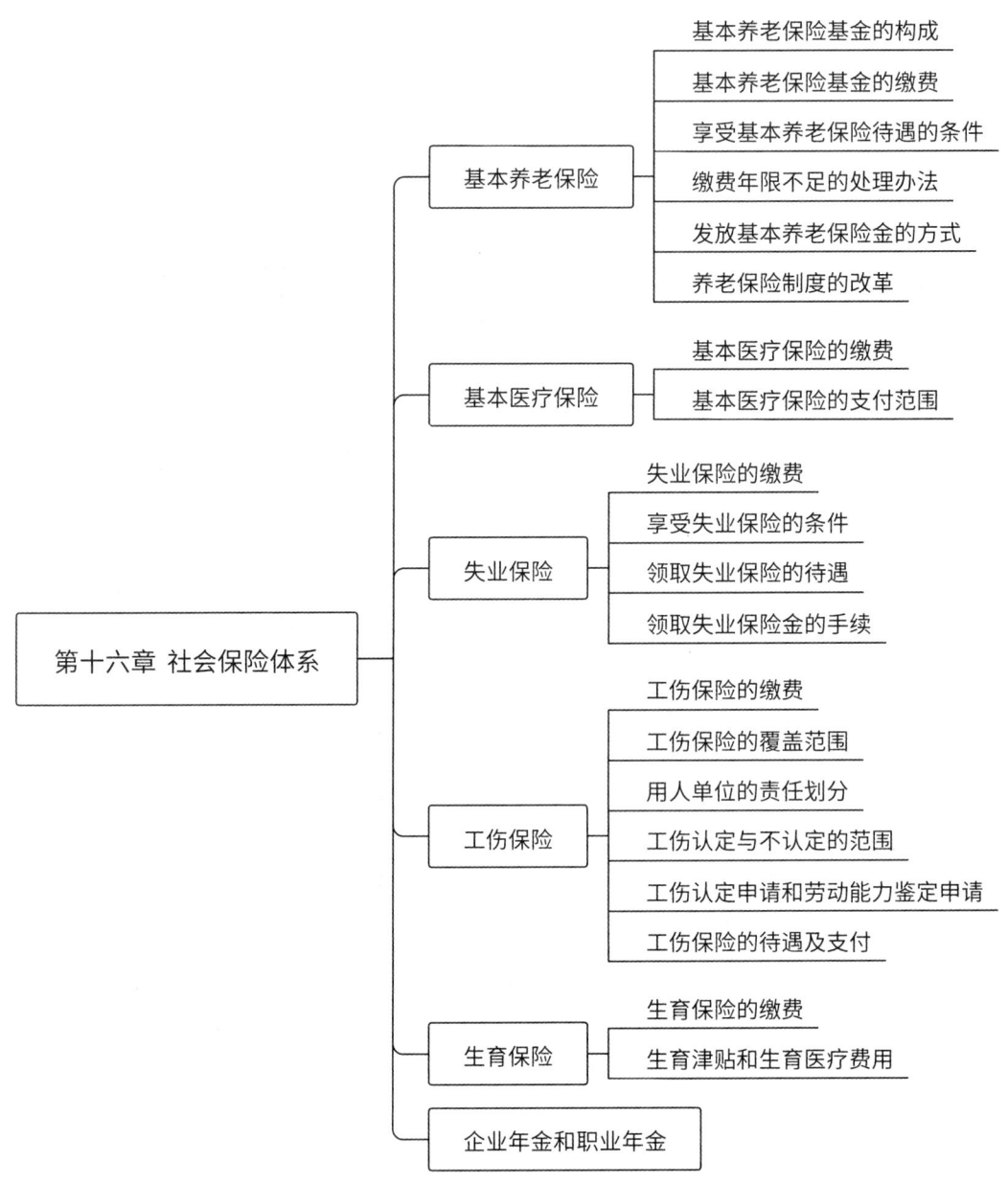

考点1　基本养老保险 ☆

一、基本养老保险基金的构成

(1) 保险账户由个人账户与社会统筹相结合。
(2) 基金组成由个人缴费和用人单位缴费以及政府补贴等组成。

二、基本养老保险基金的缴费

(1) 职工个人缴纳的基本养老保险费，记入个人账户。
(2) 用人单位缴纳的基本养老保险费，记入基本养老保险统筹基金。
(3) 无雇工的个体工商户、灵活就业人员以及未在用人单位参加基本养老保险的非全日制从业人员参加基本养老保险，按国家规定缴纳基本养老保险费的，分别记入个人账户和基本养老保险统筹基金。
(4) 个人账户不得提前支取，记账利率不得低于银行定期存款利率，免征利息税。

> **知识点拨**
>
> 要特别注意基本养老保险的基金来源，除个人和单位缴费外，还包括政府补贴，这是与其他四险不同的地方。基本养老保险的个人和单位缴费比例根据各地区的规定执行，目前全国各地执行的缴费比例不同，具体缴费比例不作考查。

三、享受基本养老保险待遇的条件

（一）必须达到法定退休年龄

男年满60周岁，女年满50周岁，女干部年满55周岁。因病或非因工致残，经劳动鉴定委员会确认完全丧失劳动能力的，退休年龄为男年满50周岁，女年满45周岁。从事高空、井下等工作达到一定年限的，退休年龄为男年满55周岁，女年满45周岁。

（二）累计缴纳年限

基本养老保险费缴费满15年。

（三）养老保险金的领取

(1) 基本养老保险费缴费满15年，达到法定退休年龄，退休后按月发放基本养老金。
(2) 个人死亡的，其个人账户余额可以继承。
(3) 参加基本养老保险的个人，因病或者非因工死亡的，其遗属可以领取抚恤金、丧葬补助金，未达到法定退休年龄时因病或者非因工致残完全丧失劳动能力的，可以领取病残津贴，所需资金由基本养老保险基金发放。

四、缴费年限不足的处理办法

(1) 达到法定退休年龄时累计缴费不足15年的，可以继续缴费至满15年，也可转入城乡居民社会养老保险。
(2) 达到法定退休年龄时累计缴费不足15年，且未转入城乡居民社会养老保险，个人可以书面申请终止职工基本养老保险关系。

(3)《社会保险法》实施前参保、延长缴费5年后仍不足15年的，可以一次性缴费至满15年。

(4) 参加基本养老保险的个人跨省流动就业，达到法定退休年龄累计缴费不足15年的，按照保险领取地的规定确定继续缴费地后按照规定延长缴费。

五、发放基本养老保险金的方式

(1) 社会保险机构直接发放。

(2) 委托银行发放。

(3) 通过邮局寄发。

(4) 依托社区发放。

(5) 设立派出机构发放。

> **典型例题**

[单项选择题] 关于基本养老保险的说法，正确的是（　　）。

A. 缴纳基本养老保险的个人死亡的，其个人账户余额由其他参保人分享

B. 发放待遇可以委托社区现有机构

C. 参保人享受待遇的前提是年满60周岁

D. 基金仅由用人单位缴费和个人缴费组成

[解析] 当缴纳基本养老保险的个人死亡，其个人账户余额可以继承，A项错误；参保人享受待遇的前提是达到法定退休年龄和累计缴纳基本养老保险费满15年，C项错误；养老保险基金由用人单位、个人缴费和政府补贴等组成，D项错误。

答案：B

六、养老保险制度的改革

养老保险制度改革的具体内容见表16-1。

表16-1　养老保险制度的改革

项目		具体内容
机关事业单位工作人员养老保险	适用范围	适用范围是按照公务员法管理的单位，参照公务员法管理的机关（单位）、事业单位及其编制内的工作人员
	缴费模式	实行社会统筹与个人账户相结合的基本养老保险制度。基本养老保险费由<u>单位和个人共同负担</u>
		单位缴费比例为本单位工资总额的20%；个人缴费比例为本人工资的8%，由单位代扣，全部计入个人账户
		个人工资超过当地上年度在岗职工平均工资300%以上的部分，不计入个人缴费基数；低于当地上年度在岗职工平均工资60%的，按当地在岗职工平均工资的60%计算个人缴费工资基数

续表

项目		具体内容
城乡居民养老保险制度	覆盖范围	年满16周岁（不含在校学生），非国家机关和事业单位工作人员及不属于职工基本养老保险制度覆盖范围的城乡居民，可以在户籍地参加城乡居民养老保险
	缴费模式	城乡居民养老保险基金由个人缴费、集体补助、政府补贴构成
	待遇领取	(1) 城乡居民养老保险待遇由基础养老金和个人账户养老金构成，支付终身 (2) 个人账户养老金的月计发标准，目前为个人账户全部储存额除以139（与职工基本养老保险个人账户养老金计发系数相同） (3) 参保人死亡的，个人账户资金余额可以依法继承
		年满60周岁、累计缴费满15年，且未领取国家规定的基本养老保障待遇的，可以按月领取城乡居民养老保险待遇。城乡居民养老保险待遇领取人死亡的，从次月起停止支付其养老金
降低社会保险费率	降低养老保险单位缴费比例	各省养老保险单位缴费比例高于16%的，可以降至16%；目前低于16%的，要研究提出过渡办法
	调整社会保险缴费基数政策	(1) 各省份应以本省城镇非私营单位就业人员平均工资和城镇私营单位就业人员平均工资加权计算的全口径城镇单位就业人员平均工资，核定社会保险个人缴费基数上下限 (2) 个体工商户和灵活就业人员参加企业职工基本养老保险，可以在本省全口径城镇单位就业人员平均工资的60%至300%之间选择适当的缴费基数

【知识点拨】

城乡居民基本养老保险的领取年龄为年满60周岁，不分男女，也没有其他特殊情况。这一点与职工基本养老保险不同，需要注意。

【典型例题】

[单项选择题] 关于城乡居民基本养老保险的说法，正确的是（   ）。

A. 参保条件是年满18周岁，不含在校学生

B. 可以在户籍所在地或工作地参保

C. 最高缴费档次标准原则上不超过当地灵活就业人员参加职工基本养老保险的年缴费额

D. 个人账户养老金的月计发放标准，目前为个人账户全部储存除以130

[解析] 城乡居民基本养老保险的覆盖范围是年满16周岁（不含在校学生），A项错误。可以在户籍地参保，B项错误。个人账户养老金的月计发标准，目前为个人账户全部储存额除以139，D项错误。

答案：C

考点2 基本医疗保险 ☆☆

一、基本医疗保险的缴费

（一）保险基金的构成

基本医疗保险费由个人和用人单位共同缴纳。

(二)缴费比例

(1) 个人缴费为本人工资收入的2%,全部计入个人账户。

(2) 用人单位按照本单位工资总额的6%左右缴费,全部计入统筹账户。

二、基本医疗保险的支付范围

(一)支付范围

(1) 符合基本医疗保险药品目录、医疗服务设施标准、诊疗项目以及急诊、抢救的医疗费用。

(2) 医疗费用依法应当由第三人负担,第三人不支付或者无法确定第三人的,由基本医疗保险基金先行支付,并有权向第三人追偿。

(二)不纳入支付的范围

(1) 应当从工伤保险基金中支付的。

(2) 应当由公共卫生负担的。

(3) 应当由第三人负担的。

(4) 在境外就医的。

(三)账户支付规定

(1) 个人账户:负责支付门诊(小额)医疗费用,归个人使用,可以继承和结转。

(2) 统筹基金:负责支付住院(大额)医疗费用,由社会保险经办机构统筹调剂使用。

(3) 统筹基金支付的起付标准,一般根据当地职工年平均工资的10%左右确定。

(4) 统筹基金执行支付封顶政策,在一个年度内支付一个患者的医疗费用达到一定数额以后就要封顶,最高限额一般为当地职工年平均工资的4倍左右。

>> 典型例题

[单项选择题] 关于我国基本医疗保险的说法,正确的是( )。

A. 用人单位缴费比例为职工工资总额的8%

B. 个人缴费比例为本人工资收入的4%

C. 灵活就业人员不能参加基本医疗保险

D. 基本医疗保险是为了抗御疾病风险而建立的社会保险

[解析] 基本医疗保险是为了抗御疾病风险而建立的社会保险,D项正确;用人单位的缴费比例为职工工资总额的6%左右,A项错误;个人缴费比例为本人工资收入的2%,B项错误;灵活就业人员、无雇工的个体工商户、非全日制从业人员可以缴纳基本养老保险和基本医疗保险,C项错误。

答案:D

考点3 失业保险 ☆

一、失业保险的缴费

(一)保险基金的构成

失业保险由个人和用人单位共同缴纳。

（二）缴费比例

（1）职工的缴费比例为本人工资的1%。

（2）用人单位按本单位工资总额的2%缴纳失业保险费。

二、享受失业保险的条件

（一）领取条件

（1）失业前本人和用人单位已经缴纳失业保险费满1年。

（2）非因本人原因中断就业。

（3）已经按规定进行失业登记，并有求职要求（必经程序）。

（二）停止领取的情形

（1）重新就业的。

（2）享受基本养老保险待遇的。

（3）移居境外的。

（4）应征服兵役的。

（5）无正当理由拒不接受当地人民政府指定部门或者机构介绍的适当工作或培训的。

三、领取失业保险的待遇

（一）领取失业保险的期限

失业保险金待遇的领取期限见表16-2。

表16-2 失业保险金待遇的领取期限

失业前累计缴费年限	领取失业保险金的最长期限
满1年不足5年的	12个月
满5年不足10年的	18个月
10年以上的	24个月
重新就业后再失业的	合并计算最长不超过24个月

（二）待遇标准

（1）失业保险金标准由各省、自治区、直辖市人民政府确定，不得低于城市居民最低生活保障标准。

（2）失业人员在领取失业保险金期间，享受职工基本医疗保险待遇，个人不缴费，从失业保险基金中支付。

四、领取失业保险金的手续

（1）失业保险金自办理失业登记之日起计算。

（2）用人单位应将失业人员的名单自解除或终止劳动关系之日起15日内报社会保险经办机构备案。

>> 典型例题

[单项选择题] 小王失业前，单位为小王缴纳保险的时间大于5年小于10年，小王领取失

业保险金的期限最长为（　　）个月。

A. 16　　　　　　　　　　　　B. 12
C. 18　　　　　　　　　　　　D. 24

[解析] 用人单位和本人累计缴费满1年不足5年的，领取失业保险金的期限最长为12个月；累计缴费满5年不足10年的，领取失业保险金的期限最长不超过18个月；累计缴费10年以上的，领取失业保险金的期限最长为24个月。

答案：C

考点4　工伤保险 ☆☆☆

一、工伤保险的缴费

（一）保险基金的构成

工伤保险基金由用人单位缴纳的工伤保险费、工伤保险基金的利息和依法纳入工伤保险基金的其他资金构成。

（二）缴费规则

(1) 用人单位缴纳工伤保险费，职工不缴纳工伤保险费。

(2) 工伤保险费根据以支定收、收支平衡的原则确定费率，也需要根据国家规定的不同行业工伤风险程度确定行业的差别费率。

(3) 用人单位缴纳工伤保险费的数额为本单位职工工资总额乘以单位缴费费率之积。

> **知识拓展**
> 工伤保险不是固定费率，是根据行业不同以及基金的收支情况浮动的。

二、工伤保险的覆盖范围

我国境内的各类企业、事业单位、民办非企业单位、社会团体、基金会、律师事务所、会计师事务所等组织和有雇工的个体工商户，均应参加工伤保险，为职工缴纳工伤保险费。

> **知识点拨**
> 覆盖范围不需要记忆这么多，只要记住除公务员群体外，各种性质的企事业单位都在覆盖范围之内。

三、用人单位的责任划分

（一）基本责任

用人单位应当将参加工伤保险的有关情况在本单位内公示。职工发生工伤时，用人单位应当采取措施使工伤职工得到及时救治。

（二）特殊情况下的责任

(1) 用人单位合并、分立、转让的，承继单位应承担工伤保险责任，原用人单位已经参加工伤保险的，承继单位做变更登记即可。

（2）企业在进行破产清算时，应依法拨付应由单位支付的工伤保险待遇费用。

（3）如果用人单位是承包经营，工伤保险责任由职工劳动关系所在单位承担。

（4）职工被借调期间受到工伤事故伤害的，由原用人单位承担工伤保险责任，原用人单位与借调单位可以协商约定补偿办法。

（5）职工被派遣出境工作，应根据前往国家或者地区的法律参加当地的工伤保险，其国内工伤保险关系中止；如果不能参加当地工伤保险的，其国内工伤保险关系不中止。

（6）职工（包括非全日制从业人员）在两个或两个以上单位同时就业的，各用人单位应分别为职工缴纳工伤保险费。职工发生工伤，由职工受到伤害时工作的单位依法承担工伤保险责任。

> 典型例题

[多项选择题] 关于用人单位工伤保险责任的说法，正确的有（　　）。

A. 职工在两个用人单位同时就业的，由职工受到伤害时工作的单位承担工伤保险责任
B. 用人单位应当将参加工伤保险的有关情况在本单位内公示
C. 职工被派遣出境工作的，其国内工伤保险关系依法中止
D. 非全日制从业人员可以自愿参加工伤保险，用人单位无工伤保险责任
E. 用人单位在转让前职工发生工伤的，由继承的单位承担工伤保险责任

[解析] 职工被派遣出境工作的，不能参加当地工伤保险的，其国内工伤保险不中止，C项错误。非全日制从业人员的用人单位具有工伤保险责任，D项错误。

答案：ABE

四、工伤认定与不认定的范围

（一）应当认定为工伤的情形

（1）患职业病的。

（2）在工作时间和工作场所内，因工作原因受到事故伤害的。

（3）工作时间前后在工作场所内，从事与工作有关的预备性或者收尾性工作受到事故伤害的。

（4）工作时间和工作场所内，因履行工作职责受到暴力等意外伤害的。

（5）因工外出期间，由于工作原因受到伤害或者发生事故下落不明的。

（6）在上下班途中，受到非本人主要责任的交通事故或者城市轨道交通、客运轮渡、火车事故伤害的。

（7）法律、行政法规规定应当认定为工伤的其他情形。

（二）视同工伤的情形

（1）在工作时间和工作岗位，突发疾病死亡或者在48小时之内经抢救无效死亡的。

（2）在抢险救灾等维护国家利益、公共利益活动中受到伤害的。

（3）职工原在军队服役，因战、因公负伤致残，已取得革命伤残军人证，到用人单位后旧

伤复发的。

（三）不能认定为工伤或视同工伤的情形

(1) 自残或者自杀的。

(2) 醉酒或者吸毒的。

(3) 故意犯罪的。

> **知识点拨**
> 应当认定为工伤的情形必须牢记三个前提条件："工作时间、工作场所、工作原因"，第 (2) 至 (4) 条必须要符合以上三个条件才能够认定工伤，三者缺一不可。

» 典型例题

[单项选择题] 下列不属于工伤认定情况的是（   ）。

A. 甲在上班途中受到本人主要责任造成的交通事故伤害的

B. 甲在工作中被楼上的灯砸伤

C. 甲在工作中触电

D. 甲在下班后完成收尾工作时受到的伤害

[解析] 在上下班途中，受到非本人主要责任的交通事故或者城市轨道交通、客运轮渡、火车事故伤害的，应当认定为工伤。"非本人主要责任"的认定，应当以有关机关出具的法律文书或者人民法院的生效裁决为依据。A项，因本人主要责任的交通事故，故不属于工伤认定的范围。

答案：A

五、工伤认定申请和劳动能力鉴定申请

（一）工伤认定申请

(1) 用人单位应当自职工发生事故伤害之日或者被诊断、鉴定为职业病之日起 30 日内，提出工伤认定申请。

(2) 如果用人单位未按前款规定提出工伤认定申请，工伤职工、其直系亲属或工会组织可以在事故伤害发生之日或被诊断、鉴定为职业病之日起 1 年内，直接向用人单位所在地统筹地区劳动保障行政部门提出工伤认定申请。

(3) 用人单位未在规定的 30 日内提交工伤认定申请，此期间发生的符合《工伤保险条例》规定的工伤待遇等相关费用由该用人单位承担。

(4) 职工或其直系亲属认为所受伤是工伤，但用人单位不认为是工伤的，由用人单位承担举证责任。

（二）劳动能力鉴定申请

(1) 可以由用人单位、工伤职工或其直系亲属向设区的市级劳动能力鉴定委员会提出申请。

(2) 自劳动能力鉴定结论作出之日起 1 年后，所在单位、工伤职工或其直系亲属或经办机

构认为伤残情况发生变化的,可以申请劳动能力复查鉴定。

> **知识点拨**
>
> 该知识点经常考查案例分析题。要注意工伤认定申请可以由工会代为申请,但劳动能力鉴定不能由工会代为申请。

六、工伤保险的待遇及支付

(一) 伤残待遇

(1) 一级至四级伤残,保留劳动关系,退出工作岗位,由工伤保险基金按月发给伤残津贴。

(2) 五级至六级伤残,保留与用人单位的劳动关系,由用人单位安排适当工作。难以安排工作的,由用人单位按月发给伤残津贴。经工伤职工本人提出,该职工可以与用人单位解除或者终止劳动关系,由工伤保险基金支付一次性工伤医疗补助金,由用人单位支付一次性伤残就业补助金。

(3) 七级至十级伤残,劳动、聘用合同期满终止,或者职工本人提出解除劳动、聘用合同的,由工伤保险基金支付一次性工伤医疗补助金,由用人单位支付一次性伤残就业补助金。

(4) 伤残补助金标准和伤残津贴标准见表16-3。

表 16-3 伤残补助金标准和伤残津贴标准

伤残级别	一次性伤残补助金标准	按月支付的伤残津贴标准
一级伤残	27个月的本人工资	本人工资的90%
二级伤残	25个月的本人工资	本人工资的85%
三级伤残	23个月的本人工资	本人工资的80%
四级伤残	21个月的本人工资	本人工资的75%
五级伤残	18个月的本人工资	本人工资的70%
六级伤残	16个月的本人工资	本人工资的60%
七级伤残	13个月的本人工资	—
八级伤残	11个月的本人工资	—
九级伤残	9个月的本人工资	
十级伤残	7个月的本人工资	—

(二) 停止支付工伤保险待遇的情形

(1) 拒不接受劳动能力鉴定的。

(2) 拒绝治疗的。

(3) 丧失享受待遇条件的。

(三) 工伤保险支付范围

(1) 治疗费、住院费、药费。

(2) 伙食补助费、外地的食宿费和交通费。

(3) 康复费用。

(四) 停工留薪期待遇

职工因工伤接受工伤医疗的，在停工留薪期内，原工资福利待遇不变，由所在单位按月支付。停工留薪期一般不超过 12 个月，经设区的市级劳动能力鉴定委员会确认，可以适当延长，但延长不得超过 12 个月。

(五) 因工外出发生事故或下落不明待遇

职工因工外出期间发生事故或者在抢险救灾中下落不明的，从事故发生当月起 3 个月内照发工资，从第 4 个月起停发工资，由工伤保险基金向其供养亲属按月支付供养亲属抚恤金。

(六) 遗属待遇

职工因工死亡，其直系亲属按照规定从工伤保险基金领取丧葬补助金、供养亲属抚恤金和一次性工亡补助金，一次性工亡补助金标准为上一年度全国城镇居民人均可支配收入的 20 倍。

(七) 特殊支付

(1) 当职工多次发生工伤，其待遇按照在同一用人单位发生工伤的最高伤残级别，计发一次性伤残就业补助金和一次性工伤医疗补助金。

(2) 如果职工所在用人单位未依法缴纳工伤保险费，由用人单位负责支付工伤保险待遇，用人单位不支付的，从工伤保险基金中先行支付。

(3) 由于第三人的原因造成工伤，第三人不支付工伤医疗费用或者无法确定第三人的，由工伤保险基金先行支付。

> **知识点拨**
>
> ①要注意伤残的三个等级，一级至四级属于重度伤残，五级至六级属于中度伤残，七级至十级属于轻度伤残，以此理解伤残待遇的内容。
>
> ②本书中涉及 24 个月的知识点有三个：停工留薪期最长不超过 24 个月、失业金最长领取 24 个月、医疗期最长 24 个月。

典型例题

[多项选择题] 下列对因工致残职工劳动关系的处理中，不符合法律规定的有（   ）。

A. 职工因工致残被鉴定为一级至六级伤残的，终止劳动关系，退出工作岗位

B. 职工因工致残被鉴定为一级至四级伤残的，保留劳动关系，退出工作岗位

C. 职工因工致残被鉴定为五级至六级伤残的，解除劳动关系，由单位支付经济补偿

D. 职工因工致残被鉴定为七级至十级伤残的，劳动合同期满可以终止

E. 职工因工致残被鉴定为五级至十级伤残的，用人单位可以随时提出解除劳动合同

[解析] 工伤伤残等级划分为三种，即一级至四级、五级至六级、七级至十级，A、E 两项错误；职工因工致残被鉴定为五级至六级伤残的，经工伤职工本人提出，该职工可以与用人单位解除或者终止劳动关系，C 项错误。

答案：ACE

第十六章 社会保险体系

考点5 生育保险 ☆

一、生育保险的缴费

由用人单位缴费，职工不缴纳生育保险费。用人单位的缴费比例为不超过工资总额的1%。

二、生育津贴和生育医疗费用

（一）生育保险待遇

（1）生育保险待遇包括生育津贴和生育医疗费用。

（2）职工未就业配偶按照国家规定可以享受生育医疗费用，但不享受生育津贴，生育医疗费用从生育保险基金中支付。

（二）生育津贴

（1）生育津贴按照职工所在用人单位上年度职工月平均工资计算，由生育保险基金支付。

（2）对未参加生育保险的企业，按照女职工产假前工资的标准由用人单位支付。

（三）生育医疗费用

（1）生育的医疗费用。

（2）计划生育的医疗费用。

（3）法律、法规规定的其他项目费用。

> **典型例题**

[单项选择题] 关于生育保险的说法，错误的是（ ）。

A. 生育保险待遇包括生育医疗费用和生育津贴

B. 已经参加生育保险的职工，其未就业的配偶可以享受生育津贴待遇

C. 生育保险费由用人单位缴纳

D. 生育津贴按照职工所在用人单位上年度职工月平均工资支付

[解析] 职工未就业的配偶生育子女，可以按照国家规定享受生育医疗费用待遇，不享受生育津贴，B项错误。

答案：B

【总结】

社会保险关系是否可以转移以及缴费年限是否可以累计计算，与职工个人是否缴费、是否建立了个人账户相关，具体内容见表16-4。

表16-4 社会保险关系转移的汇总

社会保险	缴费情况	保险关系转移情况
基本养老保险	单位＋个人缴费＋政府补贴	保险关系随本人转移，缴费年限累计计算
基本医疗保险	单位＋个人缴费	
失业保险	单位＋个人缴费	

续表

社会保险	缴费情况	保险关系转移情况
工伤保险	个人不缴费	保险关系不能转移
生育保险	个人不缴费	

考点6 企业年金和职业年金

企业年金和职业年金的具体内容见表16-5。

表16-5 企业年金和职业年金

项目		具体内容
企业年金	概念	由企业及员工在参加基本养老保险的基础上,自愿建立的补充养老保险制度
	缴费方式	企业年金费用由企业和职工个人共同缴纳
		企业缴费不超过本企业职工工资总额的8%;企业和职工个人缴费合计不超过本企业职工工资总额的12%
职业年金	概念	机关事业单位及其工作人员在参加机关事业单位基本养老保险的基础上,建立的补充养老保险制度
	缴费方式	职业年金费用由单位和职工个人共同承担
		单位缴费比例为本单位工资总额的8%;个人缴费比例为本人缴费工资的4%,由单位代扣

第十七章

劳动争议调解仲裁

大纲再现

理解劳动争议处理制度及其基本特征，理解劳动争议调解仲裁法律制度及其基本内容，分析劳动争议当事人的权利、义务以及举证责任，理解劳动争议处理和劳动争议诉讼的程序，处理劳动争议。

大纲解读

历年考查分数在4分左右，本章主要考查题型为单项选择题、多项选择题，每隔几年会出现案例分析题。

处理劳动争议是人力资源的重要工作，本章首先要求理解劳动争议的特征，对特征的理解有助于快速掌握劳动争议的适用与不适用的范围。同时要重点掌握调解和仲裁两个环节，偶尔会考查劳动争议当事人和诉讼当事人，两者有相似之处，可以结合学习。劳动争议的举证内容非常简单，把握住基本原则即可。总体来讲，本章内容比较简单易懂，仲裁时效（中止、中断）容易被混淆且是常考点，考生要特别注意。

知识脉络 ▶

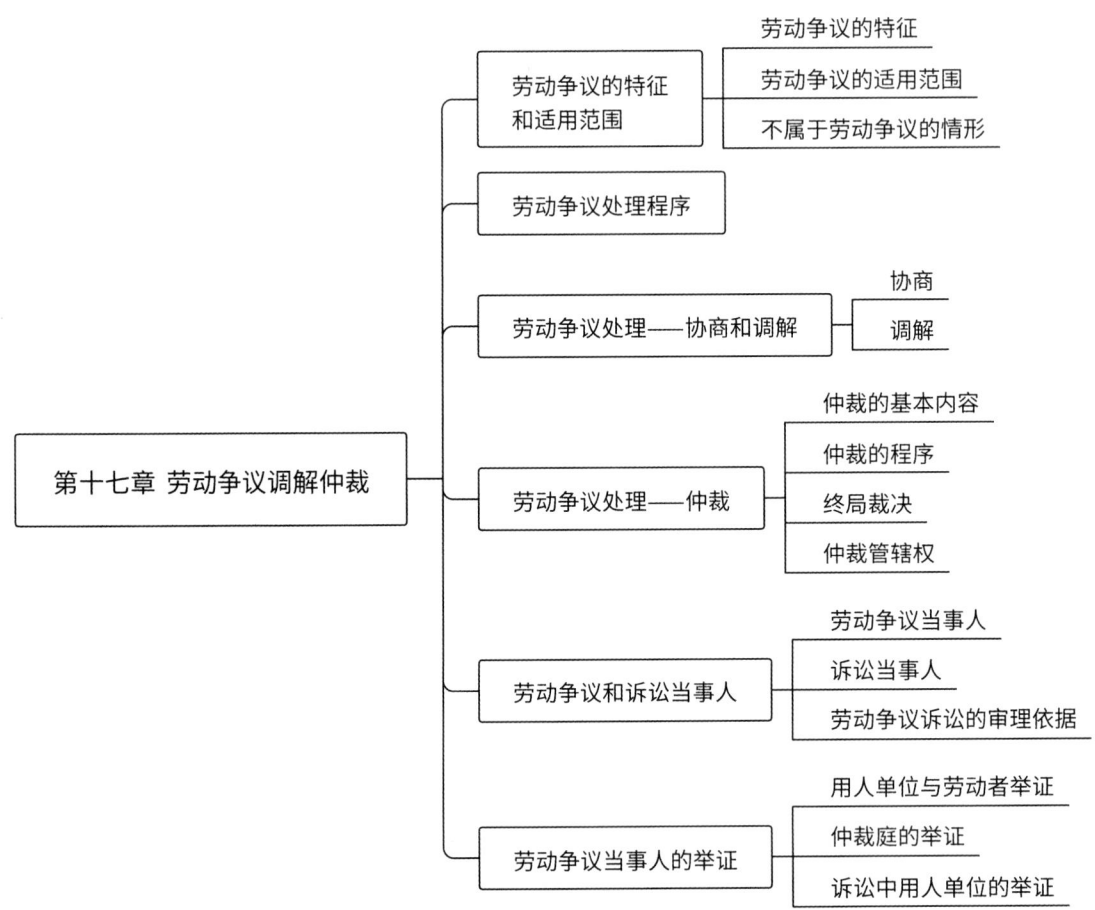

第十七章 劳动争议调解仲裁

考点1 劳动争议的特征和适用范围 ☆☆

一、劳动争议的特征

(1) 劳动争议的当事人是特定的。
(2) 劳动争议主体之间必须存在劳动关系。
(3) 劳动争议的内容必须与劳动权利义务有关。

> **知识点拨**
> 劳动争议的当事人是特定的,即劳动争议的当事人只能是用人单位和劳动者。

二、劳动争议的适用范围

(1) 因订立、变更、履行、解除和终止劳动合同发生的争议。
(2) 因劳动关系的确认发生的争议。
(3) 因除名、离职、辞职和辞退发生的争议。
(4) 因工作时间、休息休假、福利、社会保险、培训以及劳动保护发生的争议。
(5) 因工伤医疗费、劳动报酬、经济补偿或者赔偿金等发生的争议。
(6) 法律、法规规定的其他劳动争议。

三、不属于劳动争议的情形

(1) 劳动者与社会保险经办机构发放社会保险金的纠纷。
(2) 劳动者对劳动能力鉴定委员会的伤残等级鉴定结论的异议纠纷。
(3) 劳动者对职业病诊断鉴定委员会的职业病诊断鉴定结论的异议纠纷。
(4) 劳动者与用人单位因住房制度改革导致的公有住房转让纠纷。
(5) 个人或者家庭与家政服务人员之间的纠纷。
(6) 个体工匠与学徒、帮工之间的纠纷。
(7) 农村承包经营户与受雇人之间的纠纷。

> **知识点拨**
> 劳动争议的主体只在用人单位和劳动者之间,而且争议的内容必须是和劳动的权利义务相关的,以此来理解不属于劳动争议的情形,就会很清晰。

》典型例题

[单项选择题] 下列争议中属于劳动争议的是( )。
A. 小王与社会保险经办机构因发放养老金引起的争议
B. 小张与用人单位因公有住房转让引起的争议
C. 小李与其雇用的家政服务员因报酬标准引起的争议
D. 小赵与用人单位因办理人事档案转移引起的争议

[解析] 劳动争议的主体必须是用人单位与劳动者之间,A、C两项错误;劳动争议的内容必须是与劳动的权利义务相关的,公有住房转让属于经济纠纷,而不是劳动权利义务的内

容，B 项错误。

答案：D

考点2 劳动争议处理程序☆

在法律上，解决劳动争议问题的程序基本为自行协商、调解、仲裁、提起诉讼。劳动争议处理程序的具体内容见图 17-1。

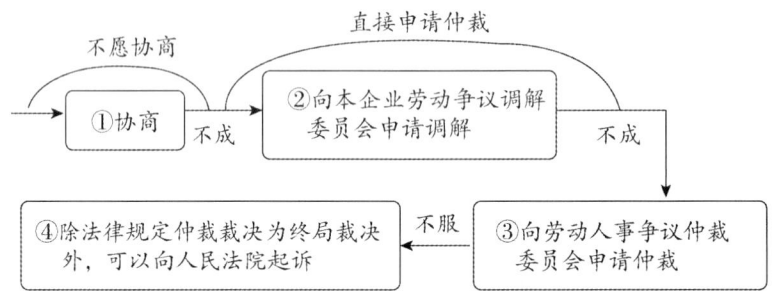

图 17-1 劳动争议处理程序

> **知识拓展**
> 协商和调解不是必经程序，仲裁是必经程序。

考点3 劳动争议处理——协商和调解☆

一、协商

（1）发生劳动争议后，一方当事人可以约见另一方当事人通过面谈等方式进行协商，另一方当事人可以书面或口头回应。

（2）劳动者可以要求所在企业的工会参与或协助其与企业进行协商。

二、调解

（一）调解组织

（1）企业可以设立调解委员会，调解委员会的成员应由职工代表和企业代表组成，职工代表由工会成员担任或由全体职工推荐产生，企业代表由企业负责人指定。

（2）企业劳动争议调解委员会主任应由工会成员或双方推举的人员担任。

（3）劳动争议调解委员会的成员人数由双方协商确定，但双方人数必须对等。

（4）调解程序不是必经程序，企业可以自主决定是否设立调解委员会。

（二）调解申请

（1）当事人可以书面或口头形式向调解委员会提出调解申请。

（2）调解委员会接到调解申请后，对可以受理的应在 3 日内受理。

（3）调解应在受理调解申请之日起 15 日内结束。

（三）调解协议的法律效力

（1）双方签字生效的调解协议对双方当事人具有约束力，当事人应当履行。

(2)因支付工伤医疗费、拖欠劳动报酬、经济补偿或者赔偿金等事项达成调解协议，用人单位如果在协议约定期限内不履行的，劳动者可以持调解协议书依法向人民法院申请支付令。

> **知识拓展**
> 劳动争议调解委员会主任不能由企业负责人任命产生。

考点4 劳动争议处理——仲裁 ☆☆☆

一、仲裁的基本内容

（一）仲裁的概念

因仲裁是劳动争议的必经程序，劳动争议当事人只有在仲裁委员会裁决以后，当事人对裁决不服时，在符合法定条件的情况下，才能向人民法院起诉，否则法院不予受理。

（二）仲裁组织

劳动人事争议仲裁委员会由工会代表、劳动行政部门代表和企业代表三方组成，代表人数应当是单数。劳动人事争议仲裁委员会不是按行政区划层层设立，各委员会之间也不具有行政隶属关系。

二、仲裁的程序

（一）申请仲裁的时效

劳动争议申请仲裁的时效期间为1年，是从当事人知道或应当知道其权利被侵害之日起1年内，超过申请时效期间将不受理。申请仲裁的时效有几项特殊规定，具体如下：

(1)仲裁时效中止。从中止时效的原因消失之日起，仲裁时效期间继续计算。符合仲裁时效中止的条件包括：

①无民事行为能力或者限制民事行为能力劳动者的法定代理人未确定。

②因不可抗力。

③其他正当理由。

(2)仲裁时效中断。从中断时起，仲裁时效期间重新计算。符合仲裁时效中断的条件包括：

①对方当事人同意履行义务的。

②一方当事人通过申请调解、协商等方式向对方当事人主张权利的。

③一方当事人通过向有关部门投诉、向仲裁委员会申请仲裁，向人民法院起诉或申请支付令等方式请求权利救济的。

(3)在劳动关系存续期间因拖欠劳动报酬发生争议的，劳动者申请仲裁不受仲裁时效1年期限的限制。如果劳动关系终止，则从劳动关系终止之日起1年内提出。

(4)劳动关系存续期间产生的劳动报酬争议，如果用人单位能证明已经书面通知劳动者拒付工资的，书面通知送达之日起即为劳动争议发生之日。用人单位不能证明的，劳动者主张之日即为劳动争议发生之日。

(5) 因解除或终止劳动关系产生的争议，如果用人单位不能证明劳动者收到解除劳动关系书面通知时间的，则劳动者主张权利之日即为劳动争议发生之日。

(6) 劳动关系解除或终止后产生的支付经济补偿金、工资等劳动争议，如果劳动者能证明，则用人单位承诺支付的时间即为劳动争议发生之日。不能证明的，劳动关系解除或终止之日即为劳动争议发生之日。

（二）仲裁的申请

可以书面，也可以口头申请，书写书面仲裁申请确有困难的，可以口头申请。

（三）裁决时间

仲裁庭应在收到劳动争议仲裁申请之日起 45 日内结束，对于案情复杂需要延期的，经仲裁委员会主任批准后，可以延长期限不得超过 15 日。

（四）仲裁费用

劳动争议仲裁不收费。

（五）裁决效力

劳动争议当事人对依法终局裁决以外的劳动争议案件的仲裁裁决不服的，可以自收到仲裁裁决书之日起 15 日内向人民法院提起诉讼。

> **知识点拨**
>
> （1）要特别注意"中止"和"中断"的区别。中止是当事人想去仲裁但各种条件不允许（身不能至然心向往之）；中断是某一方在积极就劳动争议的问题努力做出改变，一直在采取着有利于自己的行动。
>
> （2）劳动争议仲裁的审理时间最长应在 60 日内结束（正常是 45 日内），在做题时要特别注意是否有"最长"的表述。

典型例题

[单项选择题] 关于劳动争议仲裁时效的说法，错误的是（　　）。

A. 发生不可抗力导致无法申请仲裁的，仲裁时效中止

B. 因解除劳动关系产生的争议，用人单位不能证明劳动者收到解除通知书时间的，劳动者主张权利之日即为劳动争议发生之日

C. 对方当事人同意履行义务的，仲裁时效重新起算

D. 因拖欠劳动报酬发生的争议不受仲裁时效限制

[解析] 劳动关系存续期间因拖欠劳动报酬发生争议的，不受仲裁时效限制，D 项错误。

答案：D

三、终局裁决

（一）属于终局裁决的情况

（1）因执行国家的劳动标准在休息休假、工作时间、社会保险等方面发生的争议。

（2）追索工伤医疗费、劳动报酬、经济补偿或者赔偿金，不超过当地月最低工资标准 12

个月金额的争议。

（二）不属于终局裁决的情况

（1）劳动者自仲裁裁决书收到之日起 15 日内向人民法院提起诉讼的。

（2）如果用人单位有证据证明仲裁无管辖权、裁决适用法律有误、裁决所根据的证据是伪造的等，自收到仲裁裁决之日起 30 日内向仲裁委员会所在地的中级人民法院申请撤销裁决。

> **知识拓展**
>
> 终局裁决仅对用人单位有效，对劳动者而言，无论是否为终局裁决，只要对裁决结果不服均可在 15 日内提起诉讼。

▶ 典型例题

[单项选择题] 用人单位有证据证明劳动争议仲裁委员会作出的终局裁决违反法定程序，可以自收到仲裁裁决书之日起（　　）日内，向劳动争议仲裁委员会所在地的中级人民法院申请撤销裁决。

A. 7
B. 10
C. 15
D. 30

[解析] 用人单位有证据证明仲裁裁决存在下列情形之一的，可以自收到仲裁裁决之日起 30 日内向仲裁委员会所在地的中级人民法院申请撤销裁决：①适用法律、法规确有错误的；②劳动人事争议仲裁委员会无管辖权的；③违反法定程序的；④裁决所根据的证据是伪造的；⑤对方当事人隐瞒了足以影响公正裁决的证据的；⑥仲裁员在仲裁该案时有索贿受贿、徇私舞弊、枉法裁决行为的。

答案：D

四、仲裁管辖权

有关劳动争议仲裁管辖权的具体内容见表 17-1。

表 17-1　仲裁管辖权

项目	具体内容
管辖方式	实行地域管辖，劳动人事争议仲裁委员会负责本区域内发生的劳动争议
地域选择	劳动合同履行地和用人单位所在地的劳动争议仲裁委员会均有管辖权
特殊情况的管辖权	（1）当双方当事人分别向劳动合同履行地或用人单位所在地劳动人事争议仲裁委员会申请仲裁的，由劳动合同履行地的劳动人事争议仲裁委员会管辖 （2）案件受理后，用人单位所在地和劳动合同履行地发生变化的，仲裁管辖不变
管辖的移送	如果仲裁委员会发现已受理的劳动争议案件不属于其管辖范围的，应当移送至有管辖权的仲裁委员会，并书面通知当事人
管辖异议	当事人提出管辖异议的，应当在答辩期满前书面提出

续表

项目	具体内容
仲裁案卷	仲裁调解和其他方式结案的案卷保存期不少于5年，仲裁裁决结案的案卷保存期不少于10年

》典型例题

[单项选择题] 小李与位于S市的某单位签订劳动合同，之后，小李由单位安排到G市工作，关于仲裁管辖的说法，错误的是（　　）。

A. S市和G市的仲裁委员会都有权管辖

B. 如果小李和单位同时分别向S市和G市的仲裁委员会申请仲裁，从方便劳动者角度出发，应当由S市仲裁委员会管辖

C. 如果在S市仲裁委员会仲裁过程中，单位搬迁到G市，此时仲裁管辖不发生变更

D. 在答辩期满前，当事人可以书面提出管辖异议

[解析] 申请人可以选择向劳动合同履行地或者用人单位所在地的劳动人事争议仲裁委员会中的任何一个提起仲裁申请。当双方当事人分别向劳动合同履行地或用人单位所在地劳动人事争议仲裁委员会申请仲裁的，由劳动合同履行地的劳动人事争议仲裁委员会管辖，B项错误。

答案：B

考点5　劳动争议和诉讼当事人 ☆☆

一、劳动争议当事人

劳动争议当事人是指劳动争议案件中存在劳动关系的用人单位与职工。一些特殊情况如下：

（1）用工单位或者劳务派遣单位与劳动者发生劳动争议的，用工单位和派遣单位为共同当事人。

（2）用人单位分立为若干单位的，其分立前发生的劳动争议，由分立后的实际用人单位为当事人；用人单位分立为若干单位后，对承受劳动权利义务的单位不明确的，分立后的单位均为当事人。

（3）用人单位与其他单位合并的，合并前发生的劳动争议，由合并后的单位为当事人。

（4）发生争议的用人单位被责令关闭、吊销营业执照、撤销以及用人单位决定提前解散、歇业，不能承担相关责任的，依法将其出资人、开办单位或主管部门作为共同当事人。

（5）劳动者与个人承包经营者发生争议，应当将发包的组织和个人承包经营者作为当事人。

二、诉讼当事人

（一）直接起诉事项

劳动者以用人单位的工资欠条为证据直接向人民法院起诉，诉讼请求不涉及劳动关系其他

争议的，视为拖欠劳动报酬争议，不必再进行劳动仲裁程序，而按照普通民事纠纷受理。普通民事纠纷诉讼时效一般为 2 年。

（二）特殊情形下的诉讼当事人

（1）用人单位招用尚未解除劳动合同的劳动者，通常会有三种情况：

①原用人单位以新的用人单位侵权为由向人民法院起诉的，可以列劳动者为第三人。

②原用人单位与劳动者发生的劳动争议，可以列新的用人单位为第三人。

③原用人单位以新的用人单位和劳动者共同侵权为由向人民法院起诉的，新用人单位和劳动者列为共同被告。

（2）劳动者与未办理营业执照、营业期限届满仍然继续经营或者营业执照被吊销的用人单位发生争议的，应当将用人单位或其出资人列为当事人。

（3）未办理营业执照、营业期限届满仍继续经营或者营业执照被吊销的用人单位，以挂靠等方式借用他人营业执照经营的，应当将用人单位和营业执照出借方列为当事人。

（4）劳动者在用人单位与其他平等主体之间的承包经营期间，与发包方和承包方一方或者双方发生劳动争议，依法向人民法院起诉的，应当将发包人与承包人作为当事人。

（5）当事人不服劳动人事争议仲裁委员会作出的仲裁裁决，依法向人民法院提出诉讼，人民法院审查认为仲裁裁决遗漏了必须共同参加仲裁的当事人的，应当依法追加遗漏的人为诉讼当事人。被追加的当事人应当承担责任的，人民法院应当一并处理。

（三）与起有字号的个体工商户之间产生的诉讼

劳动者与起有字号的个体工商户产生劳动争议诉讼的，人民法院应当以营业执照上登记的字号为当事人，但应同时注明该字号业主的自然情况。

三、劳动争议诉讼的审理依据

（1）企业停薪留职人员、下岗待岗人员、未达到法定退休年龄的内退人员以及企业经营性停产放长假人员，因与新用人单位发生争议，按劳动关系处理。

（2）用人单位与退休人员发生用工争议，按劳务关系处理。

（3）仲裁调解书已生效，如果一方当事人反悔提出诉讼，法院不予受理，已经受理的，应裁定驳回起诉。

（4）劳动者追索报酬、工伤医疗费等，若涉及多项但每项数额都不超过当地月最低工资标准 12 个月金额的，应当按终局裁决处理。

> 典型例题

[单项选择题] 关于劳动争议诉讼当事人的说法，正确的是（　　）。

A. 当事人双方对不服劳动争议管理委员会作出的同一裁决，向同一人民法院起诉，双方当事人为原告，劳动争议管理委员会为被告

B. 用人单位以挂靠方式借用他人营业执照经营，用人单位和营业执照出借方为当事人

C. 劳动者与起有字号的个体工商户产生的劳动争议诉讼，应当以业主为当事人

D. 用人单位招用尚未解除合同的劳动者，原用人单位以新的用人单位侵权为由向人民法

院起诉，新的用人单位和劳动者为共同被告

［解析］劳动争议的当事人只能是用人单位和劳动者，A 项错误；劳动者与起有字号的个体工商户产生劳动争议诉讼的，人民法院应当以营业执照上登记的字号为当事人，C 项错误；用人单位招用尚未解除合同的劳动者，原用人单位以新的用人单位侵权为由向人民法院起诉的，可以列劳动者为第三人，D 项错误。

答案：B

考点6 劳动争议当事人的举证 ☆☆

一、用人单位与劳动者举证

（一）用人单位与劳动者的举证原则

劳动争议仲裁或诉讼活动中的举证与其他案件不同，既实行"谁主张，谁举证"，也实行"谁决定，谁举证"的举证责任原则。

（二）用人单位和劳动者的举证责任

（1）发生争议时，当事人对自己的主张有责任提供证据。

（2）如果争议事项有关的证据属于用人单位掌握或管理的，应当由用人单位提供；用人单位不提供的，应当承担不利后果。

（3）开庭过程中，劳动者无法提供由用人单位掌握或管理的与仲裁请求有关的证据，仲裁庭可以要求用人单位在指定期限内提供；如果用人单位在指定期限内不提供的，应当承担不利后果。

二、仲裁庭的举证

如当事人因客观原因不能自行收集证据，可以向仲裁委员会申请，仲裁委员会参照《中华人民共和国民事诉讼法》有关规定进行收集。

三、诉讼中用人单位的举证

在诉讼活动中，因用人单位作出的开除、辞退、除名、解除劳动合同、减少劳动报酬、计算劳动者工作年限等决定而发生的劳动争议，用人单位负举证责任。

> **知识点拨**
>
> 虽然大部分情况都是由用人单位举证，但劳动者也有举证责任，如果选项中涉及"劳动者无举证责任"是错误的。

》 典型例题

［单项选择题］关于举证责任的说法，正确的是（　　）。

A. 在劳动争议诉讼中，因计算劳动者工作年限发生的争议，由劳动者承担举证责任

B. 在劳动争议诉讼中，因用人单位解除劳动合同发生的争议，由用人单位承担举证责任

C. 在劳动争议仲裁中，劳动者不承担举证责任

D. 在劳动争议仲裁中,劳动者不能举证的,由用人单位承担不利后果

[解析] 在诉讼活动中,因用人单位作出的开除、辞退、除名、解除劳动合同、减少劳动报酬、计算劳动者工作年限等决定而发生的劳动争议,用人单位负举证责任。A 项错误。发生争议时,当事人对自己的主张有责任提供证据。C 项错误。如果争议事项有关的证据属于用人单位掌握或管理的,应当由用人单位提供;用人单位不提供的,应当承担不利后果。D 项错误。

答案:B

第十八章

法律责任与行政执法

📖 **大纲再现**

理解劳动法律责任和社会保险法律责任,理解劳动监察的属性、形式、机构、程序、处罚方法,理解人力资源和社会保险行政争议的范围和处理行政争议的相关法律规定,处理行政复议与行政诉讼相关实务。

大纲解读 ✏️

历年考查分数在1.5分左右,本章考查题型以单项选择题为主,偶尔会出现多项选择题。

本章内容以劳动法律责任和社会保险行政争议处理为主,应重点掌握劳动者和用人单位违反劳动法律的责任,以及社会保险行政争议的范围。本章分值较低、考点集中,应注意抓重点内容学习。

知识脉络 ▶

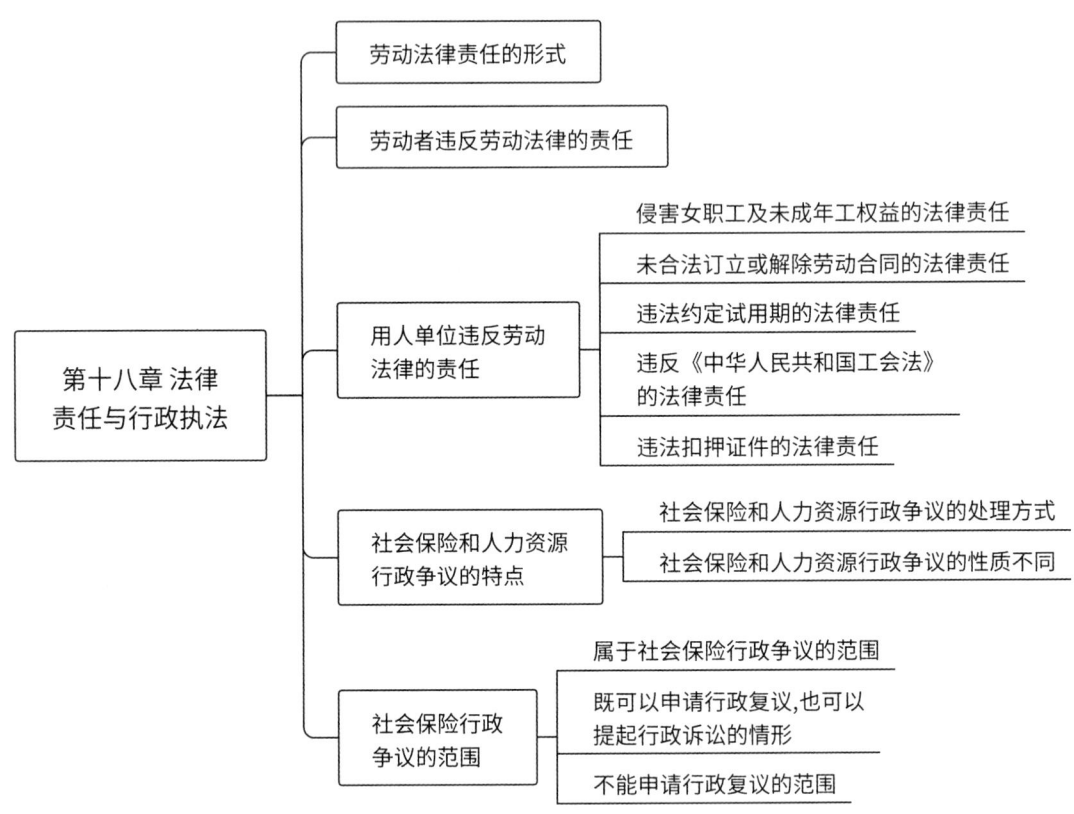

考点1 劳动法律责任的形式

劳动法律责任形式包括行政责任、民事责任和刑事责任。其中,行政责任包括行政处罚和行政处分。

(1) 行政处罚包括警告、责令改正、责令停止、吊销执照、查封、行政拘留等。

(2) 行政处分包括警告、记过、记大过、降级、撤职、留用察看、开除等。

【注】根据历年考试情况,民事责任和刑事责任考查较少,本书不作详细介绍,主要了解行政责任即可。

考点2 劳动者违反劳动法律的责任 ☆

(1) 劳动者存在违法情形,致使劳动合同被依法确认无效,给用人单位造成损害的,劳动者应当承担赔偿责任。

(2) 劳动者违反《劳动合同法》的规定解除劳动合同,或者违反劳动合同中约定的竞业限制、保密义务,给用人单位造成损失的,应当承担赔偿责任。

典型例题

[单项选择题] 关于劳动者应当承担的违反劳动法律责任的说法,正确的是( )。

A. 劳动者违法解除劳动合同,无须承担法律责任

B. 劳动者违反劳动合同中约定的保密义务,应当承担赔偿责任

C. 劳动者解除约定有服务期的劳动合同,应当向用人单位支付赔偿金

D. 劳动者违反劳动合同中有关竞业限制的约定,且给用人单位造成了损失,应当承担赔偿责任

[解析] 劳动者违法解除劳动合同,给用人单位造成损失的,须承担法律责任,A项错误;劳动者违反劳动合同中约定的保密义务,给用人单位造成损失的,应当承担赔偿责任,B项错误;劳动者解除约定有服务期的劳动合同,应当提前30日通知用人单位,C项错误。

答案:D

考点3 用人单位违反劳动法律的责任 ☆

一、侵害女职工及未成年工权益的法律责任

用人单位有下列情形之一的,由劳动行政部门责令改正,按照受侵害的劳动者每人1 000元以上5 000元以下的标准处以罚款:

(1) 安排女职工从事矿山井下劳动、国家规定的第四级体力劳动强度的劳动或者其他禁忌从事的劳动的。

(2) 安排女职工在怀孕期间从事国家规定的第三级体力劳动强度的劳动或者孕期禁忌从事的劳动的。

(3) 安排女职工在经期从事高处、低温、冷水作业或者国家规定的第三级体力劳动强度的

劳动的。

(4) 安排怀孕 7 个月以上的女职工夜班劳动或者延长其工作时间的。

(5) 女职工生育享受产假少于 98 天的。

(6) 安排女职工在哺乳未满 1 周岁的婴儿期间从事国家规定的第三级体力劳动强度的劳动或者哺乳期禁忌从事的其他劳动，以及延长其工作时间或者安排其夜班劳动的。

(7) 安排未成年工从事矿山井下、有毒有害、国家规定的第四级体力劳动强度的劳动或者其他禁忌从事的劳动的。

(8) 未对未成年工定期进行健康检查的。

二、未合法订立或解除劳动合同的法律责任

(1) 用人单位与劳动者建立劳动关系不依法订立劳动合同的，由劳动行政部门责令改正。

(2) 自用工之日起超过 1 个月不满 1 年未与劳动者订立书面劳动合同的，应当向劳动者每月支付 2 倍的工资。

(3) 未依法订立无固定期限劳动合同的，自应当订立无固定期限劳动合同之日起向劳动者每月支付 2 倍的工资。

(4) 未依法提供劳动合同文本，由劳动行政部门责令改正；对劳动者造成损害的，应当承担赔偿责任。

(5) 违法解除或终止劳动合同，应依照《劳动合同法》规定的经济补偿标准的 2 倍向劳动者支付赔偿金。支付了赔偿金的，不再支付经济补偿。赔偿金的计算年限自用工之日起计算。

三、违法约定试用期的法律责任

(1) 违法约定试用期，由劳动行政部门责令改正。

(2) 违法约定的试用期已经履行的，由用人单位以劳动者试用期满月工资为标准，按已经履行的超过法定试用期的期间向劳动者支付赔偿金。

四、违反《中华人民共和国工会法》（以下简称《工会法》）的法律责任

违反《工会法》的以下行为，由劳动行政部门责令改正：

(1) 阻挠劳动者依法参加和组织工会，或者阻挠上级工会帮助、指导劳动者筹建工会的。

(2) 无正当理由调动依法履行职责的工会工作人员的工作岗位，进行打击报复的。

(3) 工会工作人员因依法履行职责被解除劳动合同的。

(4) 劳动者因参加工会活动而被解除劳动合同的。

五、违法扣押证件的法律责任

(1) 扣押劳动者居民身份证等证件，由劳动行政部门责令限期退还劳动者本人，并依照有关法律规定给予处罚。

(2) 以担保或其他名义向劳动者收取财物或劳动者依法解除或终止劳动合同而用人单位扣押劳动者档案或者其他物品的，由劳动行政部门责令限期退还劳动者本人，并以每人 500 元以上 2 000 元以下的标准处以罚款；给劳动者造成损害的，应当承担赔偿责任。

> [知识点拨]
> 关于用人单位违反劳动法律的责任,掌握以上五种比较重要的即可。

» 典型例题

[多项选择题]用人单位应当承担违反劳动法律责任的情形包括(　　)。

A. 用人单位扣押劳动者身份证

B. 劳动者依法解除劳动合同后,用人单位扣押劳动者档案

C. 劳动者因参加工会活动而被解除劳动合同

D. 用人单位未对未成年工定期进行健康检查

E. 用人单位与劳动者订立劳动合同未约定试用期

[解析]法律并未要求用人单位必须与劳动者约定试用期,E项错误。

答案:ABCD

考点4　社会保险和人力资源行政争议的特点

一、社会保险和人力资源行政争议的处理方式

处理社会保险和人力资源行政争议的方式包括待遇复查、行政复议和行政诉讼。

二、社会保险和人力资源行政争议的性质不同

人力资源争议属于行政争议范畴,社会保险争议属于民事争议范畴。

考点5　社会保险行政争议的范围☆☆

一、属于社会保险行政争议的范围

(1) 不依法支付社会保险待遇。

(2) 未依法办理社会保险登记。

(3) 未按规定审核社会保险基数和社会保险费。

(4) 不办理社会保险转移接续手续。

(5) 侵害其他社会保险权益的行为。

二、既可以申请行政复议,也可以提起行政诉讼的情形

(1) 对"工伤认定结论"不服的。

(2) 对"工伤认定申请不予受理"的决定不服的。

(3) 用人单位对经办机构确定的单位缴费率不服的。

(4) 签订服务协议的医疗机构、辅助器具配置机构认为经办机构未履行有关协议或规定的。

(5) 工伤职工或其近亲属对经办机构核定的工伤保险待遇有异议的。

(6) 用人单位对社会保险经办机构先行支付的追偿决定不服或划拨决定不服的。

三、不能申请行政复议的范围

(1) 劳动者与用人单位之间发生的劳动人事争议。
(2) 人力资源社会保障部门作出的行政处分或其他人事处理决定。
(3) 劳动能力鉴定委员会的行为。
(4) 劳动人事争议仲裁委员会的仲裁、调解等行为。
(5) 已就同一事项向其他有权受理的行政机关申请行政复议。
(6) 向人民法院提起行政诉讼,人民法院已经依法受理的。
(7) 法律、法规规定的其他情形。

> **知识拓展**
>
> 对属于社会保险或人力资源行政争议的,当事人既可以选择行政复议,也可以选择行政诉讼,二者没有先后之分,但只能在二者中选择一个进行申请,不能既提起行政复议,又进行行政诉讼。

》 典型例题

[多项选择题] 下列事项中,不能申请行政复议的事项有( )。

A. 劳动争议仲裁裁决　　　　　　　B. 工伤认定结论
C. 工伤保险待遇审核决定　　　　　D. 劳动能力鉴定结论
E. 行政处分

[解析] 对仲裁裁决不服,符合法律规定的,可以向人民法院起诉,不属于行政复议范围,A 项错误;对劳动能力鉴定结论不服可以申请二次鉴定,鉴定结论就是最终结果,D 项错误;行政处分是行政机关对内部公务人员或用人单位对员工的惩戒,E 项错误。

答案:ADE

第十九章

人力资源开发政策

📖 **大纲再现**

理解人力资源开发中的教育培训、评价发现、激励保障、管理使用、流动配置等方面的政策规定,处理职业培训、继续教育、职业资格、职称、职业技能等级、创新创业激励、绩效工资、人员奖励、岗位管理、聘用管理、干部管理、人员流动等方面的管理实务。

大纲解读 ✏️

本章为2020年新增章节,以国家层面对人才的评价、激励、管理、培养作出相关规定,使本科目的知识覆盖范围进一步扩大到公务员与事业单位等组织,不再是单纯以企业单位为主的人力资源管理。因此,对于公务员、事业单位人员的激励、管理、培训等方面的内容是本章的学习重点。

知识脉络 ▶

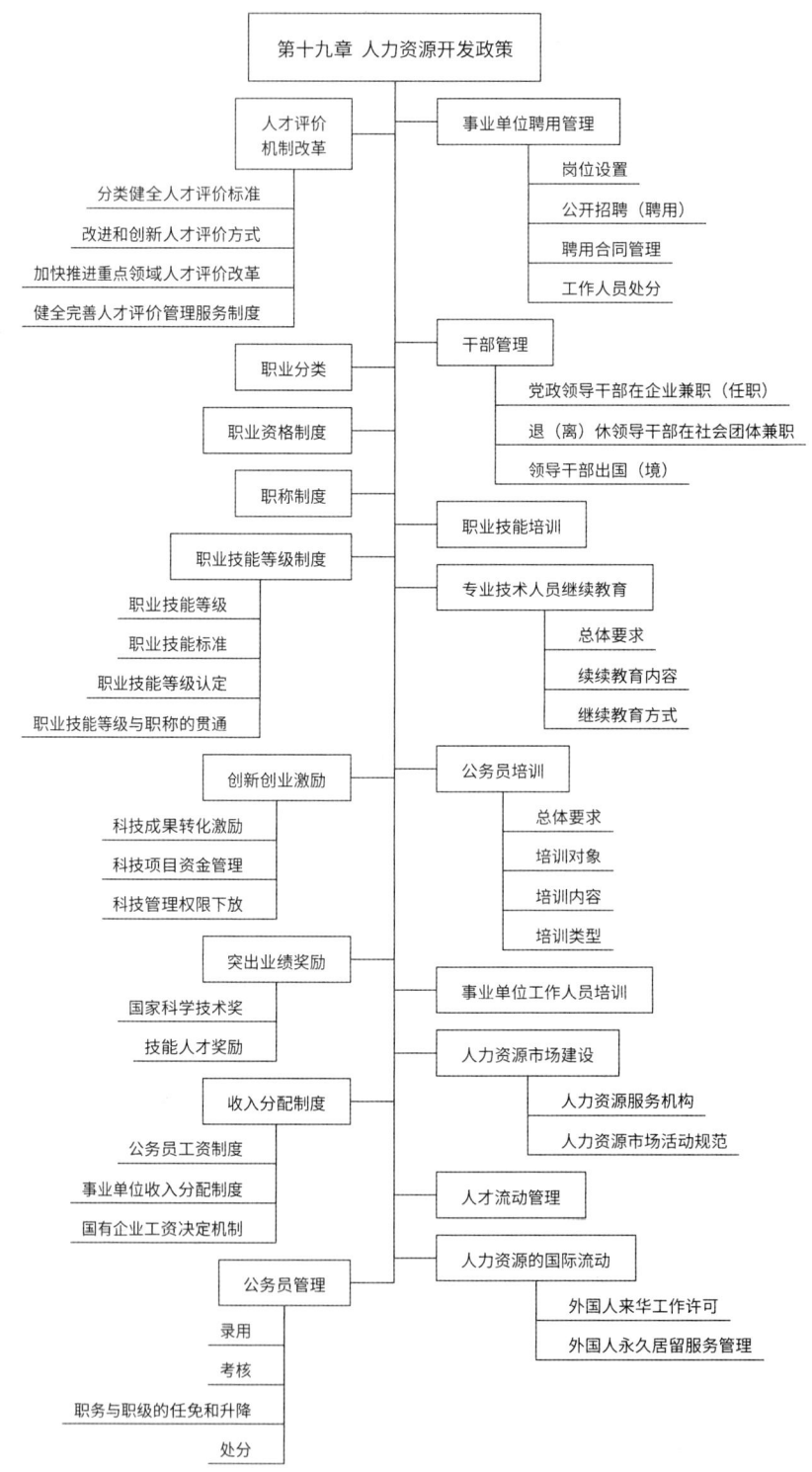

第十九章 人力资源开发政策

考点1　人才评价机制改革 ☆

人才评价是人力资源开发管理和使用的前提。人才评价机制的改革如下。

一、分类健全人才评价标准

健全科学的人才分类评价体系，把品德作为人才评价的首要内容，克服唯学历、唯资历、唯论文等评价倾向，解决评价标准"一刀切"问题。

二、改进和创新人才评价方式

创新多元评价方式，建立以同行评价为基础的业内评价机制，注重引入市场评价和社会评价。

三、加快推进重点领域人才评价改革

加快推进科技人才评价机制改革，科学评价哲学社会科学和文化艺术人才，健全教育人才评价体系，改进医疗卫生人才评价机制，创新技术技能人才评价机制，完善面向企业、基层一线和青年人才的评价机制。

四、健全完善人才评价管理服务制度

保障和落实用人单位自主权，合理界定和下放人才评价权限，推动具备条件的高校、科研院所等企事业单位自主开展评价工作。

>> 典型例题

［单项选择题］突出品德评价，坚持德才兼备，把品德作为人才评价的首要内容，属于人才评价机制改革的（　　）。

A. 分类健全人才评价标准

B. 改进和创新人才评价方式

C. 加快推进重点领域人才评价改革

D. 健全完善人才评价管理服务制度

［解析］分类健全人才评价标准，是指实行分类评价，以职业属性和岗位要求为基础，健全科学的人才分类评价体系。突出品德评价，坚持德才兼备，把品德作为人才评价的首要内容。科学设置评价标准，注重凭能力、业绩和贡献评价人才，克服唯学历、唯资历、唯论文等评价倾向，合理设置和使用论文等评价指标，解决评价标准"一刀切"问题。

答案：A

考点2　职业分类 ☆

职业的分类结构见表19-1。

表 19-1 职业的分类结构

项目	具体内容
总述	2015年颁布的第二版《职业分类大典》的职业分类结构为8个大类、75个中类、434个小类、1 481个职业
分类	第一大类：党的机关、国家机关、群众团体和社会组织、企事业单位负责人 第二大类：专业技术人员。遵循职业分类一般原则和技术规范，着重考量职业的专业化、社会化和国际化水平 第三大类：办事人员和有关人员。依据我国公共管理与社会组织中从业者的实际业态分类，强化公共管理、企事业管理等领域行政业务、行政事务属性 第四大类：社会生产服务和生活服务人员 第五大类：农、林、牧、渔业生产及辅助人员 第六大类：生产制造及有关人员 第七大类：军人 第八大类：不便分类的其他从业人员

》 典型例题

[单项选择题] 遵循职业分类一般原则和技术规范，着重考量职业的专业化、社会化和国际化水平，属于职业分类结构中的（　　）。

A. 企事业单位负责人

B. 专业技术人员

C. 办事人员和有关人员

D. 生产制造及有关人员

[解析] 专业技术人员遵循职业分类一般原则和技术规范，着重考量职业的专业化、社会化和国际化水平。

答案：B

考点3　职业资格制度☆

职业资格制度的具体内容见表19-2。

表 19-2 职业资格制度

项目		具体内容
职业资格	水平评价类职业资格	所涉职业（工种）应具有较强的专业性和社会通用性，技术技能要求较高，行业管理和人才队伍建设确实需要
	准入类职业资格	所涉职业（工种）必须关系公共利益或涉及国家安全、公共安全、人身健康、生命财产安全，且必须有法律法规或国务院决定作为依据
国家职业资格证书		职业资格由人力资源社会保障部门通过学历认定、资格考试、专家评定、职业技能鉴定等方式进行评价，对合格者授予国家职业资格证书

续表

项目	具体内容
国家职业资格目录	国家职业资格目录实行清单式管理，目录之外一律不得许可和认定职业资格，目录之内除准入类职业资格外一律不得与就业创业挂钩，目录接受社会监督，保持相对稳定，实行动态调整。当前国家职业资格目录共计140项职业资格

>> 典型例题

[单项选择题] 关于职业资格制度的表述，错误的是（ ）。

A. 职业资格包括准入类和水平评价类两种

B. 国家职业资格目录一经确定应保持稳定不再调整

C. 国家职业资格目录实行清单式管理，目录之外一律不得许可和认定职业资格

D. 当前国家职业资格目录共计140项职业资格

[解析] 国家按照规定的条件和程序将职业资格纳入国家职业资格目录，实行清单式管理，目录之外一律不得许可和认定职业资格，目录之内除准入类职业资格外一律不得与就业创业挂钩；目录接受社会监督，保持相对稳定，实行动态调整。B项错误。

答案：B

考点4 职称制度 ☆☆☆

职称制度的具体内容见表19-3。

表19-3 职称制度

项目		具体内容
职称和职称制度		职称是专业技术人才学术技术水平和专业能力的主要标志。职称制度是专业技术人才评价和管理的基本制度
职称评审标准		职称评审标准分为国家标准、地区标准和单位标准。地区标准、单位标准不得低于国家标准
职称评审委员会	组建要求	各职称评审委员会按照职称系列或者专业组建，不得跨系列组建综合性职称评审委员会。职称评审委员会分为初级、中级、高级职称评审委员会
	备案规定	国家对职称评审委员会实行核准备案管理制度。职称评审委员会备案有效期不得超过3年，有效期届满应当重新核准备案
	人员要求	职称评审委员会组成人员应当是单数，根据工作需要设主任委员和副主任委员 (1) 按照职称系列组建的高级职称评审委员会评审专家不少于25人 (2) 按照专业组建的高级职称评审委员会评审专家不少于11人 (3) 各地区组建的高级职称评审委员会的人数，经省级人力资源社会保障行政部门同意，可以适当调整 (4) 评审专家每届任期不得超过3年

续表

项目		具体内容
职称申报审核	申报条件	(1) 申报职称评审的人员应当遵守宪法和法律，具备良好的职业道德，符合相应职称系列或者专业、相应级别职称评审规定的申报条件 (2) 离退休人员不得申报参加职称评审 (3) 事业单位工作人员受到记过以上处分的，在受处分期间不得申报参加职称评审 (4) 申报人一般应当按照职称层级逐级申报职称评审 (5) 取得重大基础研究和前沿技术突破、解决重大工程技术难题，在经济社会各项事业发展中作出重大贡献的专业技术人才，可以直接申报高级职称评审 (6) 对引进的海外高层次人才和急需紧缺人才，可以合理放宽资历、年限等条件限制 (7) 对长期在艰苦边远地区和基层一线工作的专业技术人才，侧重考察其实际工作业绩，适当放宽学历和任职年限要求
	申报程序	申报人所在工作单位应当对申报材料进行审核，并在单位内部进行公示，公示期不少于5个工作日，对经公示无异议的，按照职称评审管理权限逐级上报
	特殊人员申报	(1) 非公有制经济组织的专业技术人才申报职称评审，可以由所在工作单位或者人事代理机构等履行审核、公示、推荐等程序 (2) 自由职业者申报职称评审，可以由人事代理机构等履行审核、公示、推荐等程序
组织职称评审	人员要求	职称评审委员会组建单位组织召开评审会议。评审会议由主任委员或者副主任委员主持，出席评审会议的专家人数应当不少于职称评审委员会人数的2/3。职称评审委员会经过评议，采取少数服从多数的原则，通过无记名投票表决，同意票数达到出席评审会议的评审专家总数2/3以上的即为评审通过。未出席评审会议的评审专家不得委托他人投票或者补充投票
	评审要求	(1) 根据评审工作需要，职称评审委员会可以按照学科或者专业组成若干评议组，每个评议组评审专家不少于3人，负责对申报人提出书面评议意见；也可以不设评议组，由职称评审委员会3名以上评审专家按照分工，提出评议意见 (2) 评审会议结束时，由主任委员或者主持评审会议的副主任委员宣布投票结果，并对评审结果签字确认，加盖职称评审委员会印章 (3) 评审会议应当做好会议记录 (4) 评审会议实行封闭管理，评审专家名单一般不对外公布 (5) 评审专家与评审工作有利害关系或者其他关系可能影响客观公正的，应当申请回避 (6) 职称评审委员会组建单位对评审结果进行公示，公示期不少于5个工作日 (7) 不具备职称评审委员会组建条件的地区和单位，可以委托经核准备案的职称评审委员会代为评审 (8) 专业技术人才跨区域、跨单位流动时，其职称按照职称评审管理权限重新评审或者确认，国家另有规定的除外

续表

项目	具体内容
职称制度改革	(1) 加快推进各系列职称制度改革 (2) 出台深度贫困地区职称倾斜政策 (3) 不断健全完善改革配套文件 (4) 指导各地制定出台职称制度改革实施意见 (5) 研究制定民营企业职称评审办法

>> 典型例题

[多项选择题] 关于参加职称申报审核的表述,错误的是(   )。

A. 离退休人员不得申报参加职称评审

B. 解决重大工程技术难题等作出重大贡献的专业技术人才,可以直接申报高级职称评审

C. 事业单位工作人员受到记过以上处分不得申报参加职称评审

D. 自由职业者不能申报参加职称评审

E. 申报人所在工作单位应当对申报材料进行审核和公示,公示期不得少于5个工作日

[解析] 事业单位工作人员受到记过以上处分的,在受处分期间不得申报参加职称评审,C项错误;自由职业者申报职称评审,可以由人事代理机构等履行审核、公示、推荐等程序,D项错误。

答案:CD

考点5 职业技能等级制度☆

一、职业技能等级

职业技能的等级包括五个级别:一级/高级技师、二级/技师、三级/高级工、四级/中级工、五级/初级工。

我国建立了"新八级工"职业技能等级制度,"新八级工"包括学徒工、初级工、中级工、高级工、技师、高级技师、特级技师和首席技师。

二、职业技能标准

(1) 强调工匠精神和敬业精神。

(2) 落实"考培分离""鉴培分离"。

(3) 支持技能人才成长。将"连续从事本职业工作年限"要求修改为"累计从事本职业或相关职业工作年限"。

(4) 突出安全生产。

三、职业技能等级认定

职业技能等级认定要依据国家职业技能标准或行业、企业评价规范组织开展,由用人单位和社会培训评价组织按照有关规定开展职业技能等级认定。

四、职业技能等级与职称的贯通

（1）支持工程技术领域高技能人才参评工程系列专业技术职称。

（2）具有高级工以上职业资格或职业技能等级，在现工作岗位上近3年年度考核合格，突出高技能人才工作特点等要求，对作出突出贡献的高技能人才可破格申报专业技术职称评审。

考点6　创新创业激励☆

一、科技成果转化激励

（1）科技人员兼职和离岗创业。

（2）激励科技人员创新创业。

（3）担任领导职务的科技人员的科技成果转化奖励。

（4）下放科技成果处置权。

二、科技项目资金管理

（1）提高间接费用比重。

（2）劳务费开支不设比例限制。

（3）结转结余资金留用处理。

（4）下放预算调剂权限。

三、科技管理权限下放

（1）项目过程管理权。

（2）科研人员的技术路线决策权。

（3）科研项目经费管理使用自主权。

> 典型例题

[单项选择题] 对科技人员创新创业激励的方式不包括（　　）。

A. 科技成果转化激励　　　　　　B. 科技项目资金管理

C. 科技管理权限下放　　　　　　D. 科技技能大赛和中华技能大奖

[解析] 对科技人员创新创业激励的方式包括科技成果转化激励、科技项目资金管理、科技管理权限下放三个方面。

答案：D

考点7　突出业绩奖励☆

一、国家科学技术奖

（1）国家最高科学技术奖。

（2）国家技术发明奖。

（3）国家自然科学奖。

(4) 国家科学技术进步奖。

(5) 中华人民共和国国际科学技术合作奖。

国家最高科学技术奖、中华人民共和国国际科学技术合作奖不分等级。

国家自然科学奖、国家技术发明奖、国家科学技术进步奖分为一等奖、二等奖两个等级；对做出特别重大科学发现或者技术发明的公民，对完成具有特别重大意义的科学技术工程、计划、项目等做出突出贡献的公民、组织，可以授予特等奖。

>> 典型例题

[单项选择题] 下列不属于国家科学技术奖的是（　　）。

A. 国家最高科学技术奖

B. 国家自然科学奖

C. 国家技术发明奖

D. 全国技术能手和中华技能大奖

[解析] 国家科学技术奖包括国家最高科学技术奖、国家自然科学奖、国家技术发明奖、国家科学技术进步奖、中华人民共和国国际科学技术合作奖。D项属于技能人才奖励。

答案：D

二、技能人才奖励

技能人才奖励的具体内容见表19-4。

表19-4　技能人才奖励

项目	具体内容
全国技术能力和中华技能大奖	评选的职业（工种）范围为国家职业技能标准中设有高级（国家职业资格三级）以上等级的职业（工种）。全国范围的评选表彰活动每两年开展一次，每次评选表彰人数由人力资源社会保障部门确定
世界技能大赛获奖选手奖励	(1) 获奖选手由人力资源社会保障部授予"全国技术能手"称号 (2) 获得金牌的选手，由相关职业资格认定机构颁发高级技师职业资格证书；获得银、铜、优胜奖牌的选手，由相关职业资格认定机构颁发技师职业资格证书 (3) 获得金、银、铜、优胜奖牌的选手，按有关规定发放不同档次的奖金 (4) 获奖选手参加中华技能大奖评选、享受国务院政府特殊津贴人员选拔时，在同等条件下优先

考点8　收入分配制度☆☆☆

一、公务员工资制度

公务员工资制度的具体内容见表19-5。

表 19-5 公务员工资制度

项目		具体内容
公务员职级工资制	基本工资结构	职务工资：主要体现公务员的工作职责大小。一个职务对应一个工资标准，领导职务和相当职务层次的非领导职务对应不同的工资标准
		级别工资：主要体现公务员的工作实绩和资历。公务员的级别为27个。每一职务层次对应若干个级别，每一级别设若干个工资档次
	基本工资正常晋升办法	公务员年度考核称职及以上的，一般每五年可在所任职务对应的级别内晋升一个级别，一般每两年可在所任级别对应的工资标准内晋升一个工资档次。公务员的级别达到所任职务对应最高级别后，不再晋升级别，在最高级别工资标准内晋升级别工资档次
	实行级别与工资等待遇适当挂钩	厅局级副职及以下职务层次的公务员，任职时间和级别达到规定条件后，经考核合格，可以享受上一级职务层次非领导职务的工资等待遇
机关工人岗位技术等级（岗位）工资制	基本工资结构	技术工人实行岗位技术等级工资制，基本工资包括岗位工资和技术等级（职务）工资两项： (1) 岗位工资：根据工作难易程度和工作质量确定，按初级工、中级工、高级工三个技术等级和技师、高级技师两个技术职务设置，分别设若干工资档次 (2) 技术等级（职务）工资：根据技术水平高低确定，一个技术等级（职务）对应一个工资标准
	基本工资正常晋升办法	机关工人年度考核合格及以上的，一般每两年可在对应的岗位工资标准内晋升一个工资档次
津贴补贴制度		(1) 岗位津贴制度 (2) 地区附加津贴制度 (3) 艰苦边远地区津贴制度
工资水平正常增长机制		国家根据工资调查比较的结果，结合国民经济发展、财政状况、物价水平等情况，适时调整机关工作人员基本工资标准
实行年终一次性奖金		对年度考核称职（合格）及以上的工作人员，发放年终一次性奖金，奖金标准为本人当年12月份的基本工资

> 典型例题

[单项选择题] 关于公务员职级工资制的说法，错误的是（　　）。

A. 职务工资主要体现公务员的工作职责大小

B. 级别工资主要体现公务员的工作实绩和资历

C. 公务员年度考核称职及以上的，一般每两年可在所任职务对应的级别内晋升一个级别

D. 公务员基本工资包括职务工资和级别工资两项

[解析] 公务员年度考核称职及以上的，一般每五年可在所任职务对应的级别内晋升一个级别，一般每两年可在所任级别对应的工资标准内晋升一个工资档次。C项错误。

答案：C

二、事业单位收入分配制度

事业单位实行岗位绩效工资制度。岗位绩效工资由岗位工资、薪级工资、绩效工资和津贴补贴四部分组成，其中岗位工资和薪级工资为基本工资。

岗位绩效工资的具体内容见表 19-6。

表 19-6 岗位绩效工资

项目	具体内容
岗位工资	岗位工资主要体现工作人员所聘岗位的职责和要求。事业单位岗位分为工勤技能岗位、管理岗位和专业技术岗位
薪级工资	薪级工资主要体现工作人员的工作表现和资历。对不同岗位规定不同的起点薪级。工作人员根据工作表现、资历和所聘岗位等因素确定薪级
绩效工资	绩效工资主要体现工作人员的实绩和贡献。绩效工资分为： (1) 基础性绩效工资：主要体现地区经济发展水平、物价水平、岗位职责等因素，一般按月发放 (2) 奖励性绩效工资：主要体现工作量和实际贡献等因素，采取灵活多样的分配方式和办法，根据绩效考核发放
津贴补贴	事业单位津贴补贴分为特殊岗位津贴补贴和艰苦边远地区津贴 (1) 特殊岗位津贴补贴主要体现对事业单位苦、脏、累、险及其他特殊岗位工作人员的政策倾斜。国家对特殊岗位津贴补贴实行统一管理 (2) 执行艰苦边远地区津贴所需经费，属于财政支付的，由中央财政负担

> 典型例题

[单项选择题] 根据地区经济发展水平、物价水平、岗位职责等因素，按月发放的，属于事业单位岗位绩效工资的是（　　）。

A. 岗位工资　　　　　　　　　　　B. 薪级工资
C. 基础性绩效工资　　　　　　　　D. 津贴补贴

[解析] 绩效工资分为基础性绩效工资和奖励性绩效工资。基础性绩效工资主要体现地区经济发展水平、物价水平、岗位职责等因素，一般按月发放。奖励性绩效工资主要体现工作量和实际贡献等因素，采取灵活多样的分配方式和办法，根据绩效考核发放。

答案：C

三、国有企业工资决定机制

国有企业工资决定机制的具体内容见表 19-7。

表 19-7 国有企业工资决定机制

项目	具体内容
工资总额确定办法	按照国家工资收入分配宏观政策要求，根据企业发展战略和薪酬策略、年度生产经营目标和经济效益，综合考虑劳动生产率提高和人工成本投入产出率、职工工资水平市场对标等情况，结合政府职能部门发布的工资指导线，合理确定年度工资总额

续表

项目	具体内容
工资与效益联动机制	当年工资总额增长幅度可在不超过经济效益增长幅度范围内确定。企业经济效益下降的，除受政策调整等非经营性因素影响外，当年工资总额原则上相应下降
工资效益联动指标	劳动生产率指标一般以人均增加值、人均利润为主，根据企业实际情况，可选取人均营业收入、人均工作量等指标

>> 典型例题

[单项选择题] 关于国有企业的工资决定机制的说法，错误的是（　　）。

A. 企业经济效益增长，工资总额相应比例增加

B. 企业经济效益下降，工资总额相应比例下降

C. 企业未实现增值保值，工资总额不得增长或适度下降

D. 如果员工数量增加，原则上工资总额应增加

[解析] 国有企业的当年工资总额增长幅度可在不超过经济效益增长的幅度范围内确立，与员工数量无关，D项错误。

[答案：D

考点9 公务员管理 ☆☆

一、录用

报考公务员，应当具备下列资格条件：具有中华人民共和国国籍；年龄为十八周岁以上，三十五周岁以下；拥护中华人民共和国宪法，拥护中国共产党领导和社会主义制度；具有良好的政治素质和道德品行；具有正常履行职责的身体条件和心理素质；具有符合职位要求的工作能力；具有大学专科以上文化程度；省级以上公务员主管部门规定的拟任职位所要求的资格条件；法律、法规规定的其他条件。

二、考核

（一）考核方式

公务员的考核分为定期考核、专项考核和平时考核等方式。定期考核以平时考核、专项考核为基础。

（二）定期考核

非领导职务公务员的定期考核采取年度考核的方式。定期考核的结果分为优秀、称职、基本称职和不称职4个等次。定期考核的结果应当以书面形式通知公务员本人。

定期考核的结果作为调整公务员职位、职务、职级、级别、工资以及公务员奖励、培训、辞退的依据。

（三）平时考核

公务员平时考核以公务员的职位职责和所承担的工作任务为基本依据。

公务员平时考核结果分为好、较好、一般和较差4个等次。好等次公务员人数原则上掌握

在本机关参加平时考核的公务员总人数的40%以内。评定为好等次的公务员,应当在本机关范围内公开。好等次名额应当向基层一线和艰苦岗位公务员倾斜。

三、职务与职级的任免和升降

(一)职务、职级任免

公务员领导职务实行选任制、委任制和聘任制。公务员职级实行委任制和聘任制。领导成员职务按照国家规定实行任期制。

选任制公务员在选举结果生效时即任当选职务;任期届满不再连任的,任期内辞职、被罢免、被撤职的,其所任职务即终止。

委任制公务员试用期满考核合格,职务、职级发生变化,以及其他情形需要任免职务、职级的,应当按照管理权限和规定的程序任免。

(二)职务、职级升降

公务员领导职务应当逐级晋升。特别优秀的或者工作特殊需要的,可以按照规定破格或者越级晋升。

> **知识拓展**
>
> 选任制主要针对领导层,通过民主选举产生。委任制是指正常参加公务员考试后录用的方式。聘任制也属于行政编制,但签订劳动合同、缴纳社会保险和职业年金等方面与委任制不同,退出机制更加灵活,是公务员制度的一种创新形式。

》典型例题

[单项选择题]公务员领导成员职务按照国家规定实行( )。

A. 选任制　　　　B. 委任制　　　　C. 聘任制　　　　D. 任期制

[解析]公务员领导职务实行选任制、委任制和聘任制。公务员职级实行委任制和聘任制。领导成员职务按照国家规定实行任期制。

答案:D

四、处分

处分的具体内容见表19-8。

表19-8　处分

处分的种类	处分的内容	受处分的期间
警告	不得晋升职务和级别	6个月
记过	不得晋升职务和级别;不得晋升工资档次	12个月
记大过	不得晋升职务和级别;不得晋升工资档次	18个月
降级	不得晋升职务和级别;不得晋升工资档次	24个月
撤职	不得晋升职务和级别;不得晋升工资档次;按照规定降低级别	
开除	不得晋升职务和级别;自处分决定生效之日起,解除人事关系	—

行政机关公务员受开除以外的处分，在受处分期间有悔改表现，并且没有再发生违法违纪行为的，处分期满后，应当解除处分。解除处分后，晋升工资档次、级别和职务不再受原处分的影响。

解除降级、撤职处分的，不视为恢复原级别、原职务。

> **知识点拨**
> 受处分的种类和期间要重点记忆，可将两者结合起来。每个级别以6个月递增。

❯❯ 典型例题

[单项选择题] 行政机关公务员在处分期间依然可以晋升工资档次的处分是（　　）。

A. 警告　　　　　　B. 记过　　　　　　C. 降级　　　　　　D. 撤职

[解析] 行政机关公务员在受处分期间不得晋升职务和级别，其中，受记过、记大过、降级、撤职处分的，不得晋升工资档次；受撤职处分的，应当按照规定降低级别。

答案：A

考点10　事业单位聘用管理 ☆☆

一、岗位设置

（一）岗位类别

事业单位岗位分为工勤技能岗位、专业技术岗位和管理岗位三种类别。

（二）岗位等级

根据岗位性质、职责任务和任职条件，对事业单位工勤技能岗位、专业技术岗位、管理岗位分别划分通用的岗位等级。特设岗位的等级根据实际需要，按照规定的程序和管理权限确定。

（三）岗位结构比例及等级确定

对事业单位工勤技能岗位、专业技术岗位、管理岗位实行最高等级控制和结构比例控制。

二、公开招聘（聘用）

经用人单位负责人员集体研究，按照考试和考核结果择优确定拟聘人员。对拟聘人员应在适当范围进行公示，公示期一般为7~15日。

用人单位与拟聘人员签订聘用合同前，按照干部人事管理权限的规定报批或备案。用人单位法定代表人或者其委托人与受聘人员签订聘用合同，确立人事关系。

三、聘用合同管理

（一）聘用合同的订立

（1）事业单位与工作人员订立的聘用合同，期限一般不低于3年。

（2）初次就业的工作人员与事业单位订立的聘用合同期限3年以上的，试用期为12个月。

（3）事业单位工作人员在本单位连续工作满10年且距法定退休年龄不足10年，提出订立聘用至退休的合同的,事业单位应当与其订立聘用至退休的合同。

(二)聘用合同的解除

(1)事业单位工作人员连续旷工超过 15 个工作日,或者 1 年内累计旷工超过 30 个工作日的,事业单位可以解除聘用合同。

(2)事业单位工作人员年度考核不合格且不同意调整工作岗位,或者连续两年年度考核不合格的,事业单位提前 30 日书面通知,可以解除聘用合同。

(3)事业单位工作人员提前 30 日书面通知事业单位,可以解除聘用合同。但是,双方对解除聘用合同另有约定的除外。

(4)事业单位工作人员受到开除处分的,解除聘用合同。

(5)自聘用合同依法解除、终止之日起,事业单位与被解除、终止聘用合同人员的人事关系终止。

四、工作人员处分

事业单位工作人员违法违纪,应当承担纪律责任的,依照规定给予处分。

(一)处分的种类和受处分的期间

事业单位工作人员处分的种类和受处分的期间见表 19-9。

表 19-9 处分的种类和受处分的期间

处分的种类	受处分的期间
警告	6 个月
记过	12 个月
降低岗位等级或者撤职	24 个月
开除	—

(二)处分的内容

(1)事业单位工作人员受到警告处分的,在受处分期间,不得聘用到高于现聘岗位等级的岗位;在作出处分决定的当年,年度考核不能确定为优秀等次。

(2)事业单位工作人员受到记过处分的,在受处分期间,不得聘用到高于现聘岗位等级的岗位,年度考核不得确定为合格及以上等次。

(3)事业单位工作人员受到降低岗位等级处分的,自处分决定生效之日起降低一个以上岗位等级聘用,按照事业单位收入分配有关规定确定其工资待遇;在受处分期间,不得聘用到高于受处分后所聘岗位等级的岗位,年度考核不得确定为基本合格及以上等次。

(4)行政机关任命的事业单位工作人员在受处分期间的任命、考核、工资待遇按照干部人事管理权限,参照以上几条规定执行。

(5)事业单位工作人员受到开除处分的,自处分决定生效之日起,终止其与事业单位的人事关系。

> **知识点拨**
> ①"聘用合同管理"是该知识点的核心内容,对于相关的数字要重点记忆。
> ②"处分的种类和受处分的期间"要与公务员处分的种类和受处分的期间区别开,两者有差异。

» 典型例题

[单项选择题] 下列不符合解除事业单位与工作人员订立的聘用合同的情形是（　　）。

A. 事业单位工作人员提前 30 日书面通知事业单位

B. 事业单位工作人员连续旷工超过 15 个工作日

C. 事业单位工作人员 1 年内累计旷工超过 30 个工作日

D. 事业单位工作年度考核不合格,事业单位提前 30 日书面通知

[解析] 事业单位工作人员年度考核不合格且不同意调整工作岗位,或者连续两年年度考核不合格的,事业单位提前 30 日书面通知,可以解除聘用合同。

[答案：D]

考点11 干部管理☆

一、党政领导干部在企业兼职（任职）

（1）现职和不担任现职但未办理退（离）休手续的党政领导干部<u>不得在企业兼职（任职）</u>。

（2）对辞去公职或者退（离）休的党政领导干部确因工作需要到企业兼职（任职）的,应当按照干部管理权限规定严格审批。辞去公职或者退（离）休后 3 年内,<u>不得到本人原任职务管辖的地区和业务范围内的企业兼职（任职）</u>,也不得从事与原任职务管辖业务相关的营利性活动。

（3）按规定经批准在企业兼职的党政领导干部,不得在企业领取薪酬、奖金、津贴等报酬,不得获取股权和其他额外利益。

二、退（离）休领导干部在社会团体兼职

退（离）休领导干部在社会团体兼任职务（包括领导职务和名誉职务、常务理事、理事等）,须按干部管理权限规定审批或备案后方可兼职。确因工作需要,本人又无其他兼职,且所兼职社会团体的业务与原工作业务或特长相关的,经批准可兼任 1 个社会团体职务；任期届满拟连任的,必须重新履行有关审批手续,兼职不超过 2 届；兼职的任职年龄界限为 70 周岁。除工作特殊需要外,不得兼任社会团体法定代表人,不得牵头成立新的社会团体或兼任境外社会团体职务。

三、领导干部出国（境）

（一）领导干部出国（境）审查

按照干部管理权限,需要做好审批审核、备案、登记等工作。

(二) 领导干部出国（境）证件管理

督促因公出国（境）的领导干部，按规定在回国（境）后 7 天内，将所持因公出国（境）证件交由发证机关指定的部门统一保管或注销；督促因私出国（境）的领导干部，按规定在回国（境）后 10 天内，将所持因私出国（境）证件交由所在单位组织人事部门集中保管。

> **典型例题**
>
> [单项选择题] 关于党政领导干部在企业（社会）团体兼职的说法，正确的是（   ）。
> A. 不担任现职的党政领导干部，可以在企业兼职取酬
> B. 经批准到企业兼职的党政领导干部，可以在企业领取报酬
> C. 已退休的党政领导干部，最多可以在 1 个社会团体兼职
> D. 辞去公职的党政领导干部到企业兼职，无需经过组织人事部门的审批备案
>
> [解析] 现职和不担任现职但未办理退（离）休手续的党政领导干部不得在企业兼职（任职），A 项错误；按规定经批准在企业兼职的党政领导干部，不得在企业领取薪酬、奖金、津贴等报酬，不得获取股权和其他额外利益，B 项错误；对辞去公职或者退（离）休的党政领导干部确因工作需要到企业兼职（任职）的，应当按照干部管理权限规定严格审批，D 项错误。
>
> 答案：C

考点12 职业技能培训 ☆

职业技能培训以<u>政府补贴培训、企业自主培训、市场化培训</u>为主要供给，以公共实训机构、职业院校、职业培训机构和行业企业为主要载体，以<u>就业技能培训、岗位技能提升培训和创业创新培训</u>为主要形式。

考点13 专业技术人员继续教育 ☆

一、总体要求

（一）教育对象
专业技术人员继续教育对象为国家机关、企业、事业单位以及社会团体等组织的专业技术人员。

（二）投入机制
继续教育实行政府、社会、用人单位和个人共同投入机制。

二、继续教育内容

继续教育内容包括公需科目和专业科目。
（1）公需科目，包括专业技术人员<u>应当</u>普遍掌握的法律法规、理论政策、职业道德、技术信息等基本知识。
（2）专业科目，包括专业技术人员从事专业工作应当掌握的新理论、新知识、新技术、新方法等专业知识。
（3）专业技术人员参加继续教育的时间，<u>每年累计应不少于 90 学时</u>，其中，专业科目一

般不少于总学时的 2/3。

三、继续教育方式

专业技术人员通过下列方式参加继续教育的,计入本人当年继续教育学时:参加远程教育;参加培训班、研修班或者进修班学习;参加相关的继续教育实践活动;参加学术会议、学术讲座、学术访问等活动;符合规定的其他方式。

》典型例题

[单项选择题]按照国家相关政策,关于专业技术人员继续教育的说法,正确的是( )。

A. 每年累计总学时应不少于 120 学时

B. 内容包括公需科目、基础科目和专业科目

C. 专业科目内容包括从事专业工作所需要的新理论、新知识、新技术、新方法等

D. 专业科目一般不低于总学时的 1/2

[解析]每年累计总学时应不少于 90 学时,A 项错误。内容包括公需科目和专业科目,B 项错误。专业科目一般不低于总学时的 2/3,D 项错误。

答案:C

考点14 公务员培训 ☆☆

一、总体要求

公务员培训情况、学习成绩作为公务员考核的内容和任职、晋升的依据之一。

二、培训对象

公务员培训的对象是全体公务员。担任县处级以上领导职务的公务员每 5 年应当参加党校、行政学院、干部学院,或经厅局级以上单位组织(人事)部门认可的其他培训机构累计 3 个月以上的培训。提拔担任领导职务的公务员,确因特殊情况在提任前未达到培训要求的,应当在提任后 1 年内完成培训。

其他公务员参加脱产培训的时间一般每年累计不少于 12 天。培训经考核合格后,获得相应的培训结业证书。

公务员按规定参加组织选派的脱产培训期间,其工资和各项福利待遇与在岗人员相同,一般不承担所在机关的日常工作、出国(境)考察等任务。因特殊情况确需请假的,必须严格履行手续。

公务员个人参加社会化培训,费用一律由本人承担,不得由财政经费和单位经费报销,不得接受任何机构和他人的资助或者变相资助。

三、培训内容

突出政治素质,把深入学习贯彻习近平新时代中国特色社会主义思想作为公务员培训的重中之重,引导公务员增强"四个意识",坚定"四个自信",做到"两个维护",自觉在思想上、政治上、行动上同以习近平同志为核心的党中央保持高度一致。

四、培训类型

公务员培训类型的具体内容见表 19-10。

表 19-10 公务员的培训类型

培训类型	培训人群	培训目的	培训时间
初任培训	新录用公务员	提高公务员思想政治素质和依法依规办事等适应机关工作的能力	在试用期内完成，时间一般<u>不少于 12 天</u>
任职培训	晋升领导职务的公务员	提高公务员胜任职务的政治能力和领导能力	任职前或任职后<u>一年内</u>进行。县处级副职以上的培训时间一般<u>不少于 30 天</u>，乡科级的培训时间一般<u>不少于 15 天</u>
专门业务培训	从事专项工作需要进行专业知识和技能培训的公务员	提高公务员业务工作能力	—
在职培训	全体公务员	及时学习领会党中央决策部署、提高政治素质和工作能力、更新知识	—

没有参加初任培训或者初任培训考核不合格的新录用公务员，不能任职定级。没有参加任职培训或者任职培训考核不合格的公务员，应当根据不同情况，按有关规定处理。专门业务培训考核不合格的公务员，不得从事专门业务工作。

》**典型例题**

[单项选择题] 关于公务员培训类型的说法，错误的是（　　）。

A. 初任培训应在试用期完成，时间不少于 12 天

B. 任职培训应在任职前完成，时间不少于 30 天

C. 专门业务培训针对从事专项工作需要进行专业知识和技能培训的公务员

D. 在职培训针对全体公务员

[解析] 任职培训在任职前或任职后一年内进行，县处级副职以上的培训时间不少于 30 天，乡科级的培训时间不少于 15 天，B 项错误。

答案：B

考点15 事业单位工作人员培训 ☆☆

事业单位工作人员有接受培训的权利和义务，一般每年度参加各类培训的时间累计不少于<u>90 学时</u>或者<u>12 天</u>。事业单位工作人员培训类型的具体内容见表 19-11。

表 19-11 事业单位工作人员的培训类型

培训类型	培训人群	培训时间
岗前培训	新聘用的工作人员（公共科目和专业科目）	一般在聘用之日起 6 个月内完成，最长不超过 12 个月，<u>累计时间不少于 40 学时或者 5 天</u>

263

续表

培训类型	培训人群	培训时间
在岗培训	正常在岗的工作人员（公共科目和专业科目）	一个聘期内至少参加一次不少于20学时或者3天的公共科目脱产培训
转岗培训	转变岗位的工作人员	在岗位类型或职责变化前完成，或在变化后3个月内完成，累计时间不少于40学时或者5天
专项培训	对参加重大项目、重大工程、重大行动等特定任务的工作人员	培训时间可计入规定岗前培训累计时间中

》典型例题

[单项选择题] 关于事业单位工作人员岗前培训的说法，错误的是（　　）。

A. 只针对新聘用工作人员

B. 培训内容涉及公共科目和专业科目

C. 一般从聘用之日起6个月内完成

D. 培训的累计时间不少于20学时或者3天的公共科目脱产培训

[解析] 岗前培训一般在聘用之日起6个月内完成，最长不超过12个月，累计时间不少于40学时或者5天，D项错误。

答案：D

考点16 人力资源市场建设☆

一、人力资源服务机构

人力资源服务机构包括公共人力资源服务机构和经营性人力资源服务机构。

（一）公共人力资源服务机构

公共人力资源服务机构是指县级以上人民政府设立的公共就业和人才服务机构。

（二）经营性人力资源服务机构

经营性人力资源服务机构是指依法设立的从事人力资源服务经营活动的机构。

经营性人力资源服务机构从事职业中介活动的，应当依法向人力资源社会保障行政部门申请行政许可，取得人力资源服务许可证，自开展业务之日起15日内应当向人力资源社会保障行政部门备案。人力资源社会保障行政部门应当自收到经营性人力资源服务机构从事职业中介活动的申请之日起20日内依法作出行政许可决定。

经营性人力资源服务机构设立分支机构的，应当自工商登记办理完毕之日起15日内，书面报告分支机构所在地人力资源社会保障行政部门。变更名称、住所、法定代表人或者终止经营活动的，应当自工商变更登记或者注销登记办理完毕之日起15日内，书面报告人力资源社会保障行政部门。

二、人力资源市场活动规范

人力资源服务机构接受用人单位委托招聘人员，应当要求用人单位提供招聘简章、营业执照或者有关部门批准设立的文件、经办人的身份证件、用人单位的委托证明,并对所提供材料的真实性、合法性进行审查。

经营性人力资源服务机构应当在服务场所明示下列事项,并接受人力资源社会保障行政部门和市场监督管理、价格等主管部门的监督检查:营业执照;服务项目;收费标准;监督机关和监督电话。从事职业中介活动的,还应当在服务场所明示人力资源服务许可证。

人力资源服务机构应当建立服务台账,如实记录服务对象、服务过程、服务结果等信息。服务台账应当保存2年以上。

考点17 人才流动管理☆

(1) 完善政府人才流动宏观调控机制。
(2) 引导人才向艰苦边远地区和基层一线流动。
(3) 深化区域人才交流开发合作。
(4) 维护国家重点领域人才流动秩序。

考点18 人力资源的国际流动☆

一、外国人来华工作许可

在中华人民共和国境内依法设立的用人单位聘用外国人,必须申请和办理外国人来华工作许可,许可对象为聘用外国人的用人单位和外国人。

(一) 许可依据

《中华人民共和国出境入境管理法》第四十一条规定,外国人在中国境内工作,应当按照规定取得工作许可和工作类居留证件。任何单位和个人不得聘用未取得工作许可和工作类居留证件的外国人。

(二) 受理和决定机构

(1) 受理机构。省级人民政府和新疆生产建设兵团外国人工作管理部门及其授权的地方人民政府外国人工作管理部门及委托的机构。
(2) 决定机构。省级人民政府和新疆生产建设兵团外国人工作管理部门及其授权的地方人民政府外国人工作管理部门。

(三) 数量限制

外国高端人才(A类)无数量限制,外国专业人才(B类)根据市场需求限制,其他外国人员(C类)数量限制按国家有关规定执行。

(四) 申请条件

(1) 用人单位基本条件包括:依法设立,无严重违法失信记录;聘用外国人从事的岗位应是有特殊需要,国内暂缺适当人选,且不违反国家有关规定的岗位;支付所聘用外国人的工资、薪金不得低于当地最低工资标准;法律法规规定应由行业主管部门前置审批的,需经过批准。

(2) 申请人基本条件包括:应年满18周岁,身体健康,无犯罪记录,境内有确定的用人单位,具有从事其工作所必需的专业技能或相适应的知识水平;所从事的工作符合我国经济社会发展需要,为国内急需紧缺的专业人员;法律法规对外国人来华工作另有规定的,从其规定。

(3) 外国高端人才 (A类)。外国高端人才是指符合"高精尖缺"和市场需求导向,中国经济社会发展需要的科学家、科技领军人才、国际企业家、专门特殊人才等,以及符合计点积分外国高端人才标准的人才。外国高端人才可不受年龄、学历和工作经历限制。

(4) 外国专业人才 (B类)。外国专业人才是指符合外国人来华工作指导目录和岗位需求,属于经济社会发展急需的人才,具有学士及以上学位和2年及以上相关工作经历,年龄不超过60周岁;对确有需要,符合创新创业人才、专业技能类人才、优秀外国毕业生、符合计点积分外国专业人才标准的以及执行政府间协议或协定的,可适当放宽年龄、学历或工作经历等限制。

(5) 其他外国人员 (C类)。其他外国人员是指满足国内劳动力市场需求,符合国家政策规定的其他外国人员。

(五) 批准条件

(1) 具备如下条件的,予以批准:属于外国人工作管理部门职权范围的;符合上述来华工作外国人条件的;申请材料真实、齐全、符合要求的。

(2) 有如下情形之一的,不予批准:申请材料不齐全的;申请材料不符合要求的;申请材料虚假的;申请人不符合来华工作条件的;不适宜发给外国人来华工作许可的其他情况。

二、外国人永久居留服务管理

(1) 明确外国人永久居留证功能作用。永久居留证是外国人在中国境内居留的身份证件,可以单独使用。外国人可持证在中国境内办理金融、教育、医疗、交通、通信、就业和社会保险、财产登记、诉讼等事务。持证人在中国居留期限不受限制,可以凭本人护照和永久居留证出境入境。

(2) 完善工作生活相关待遇。永久居留外国人在中国境内工作免办外国人工作许可,可按规定参加技术职务任职资格和职业资格考试;在购房、办理金融业务、申领驾照、子女入学、交通出行、住宿登记等方面依法享受中国公民同等待遇;在中国境内工作的,依法参加相应社会保险,缴存和使用公积金;在中国境内居住但未工作,且符合统筹地区规定的,可参照国内城乡居民参加居住地城镇居民基本医疗保险和城乡居民基本养老保险,享受社会保险待遇;在海关通关时,携带的自用物品按照海关规定办理相关手续。

(3) 落实资格待遇。

》 典型例题

1. [多项选择题] 关于拥有中国永久居留资格的外籍人员的权利义务的说法,正确的有 ( )。

A. 在中国居留没有期限限制

B. 在中国境内工作的,有权依法参加社会保险

C. 在购房、子女入学等方面享受中国公民同等的待遇

D. 在中国境内工作的,必须办理外国人来华工作许可证

E. 可以在中国境内申请驾照

[解析] 永久居留外国人在中国境内工作免办外国人工作许可，可按规定参加技术职务任职资格和职业资格考试，D项错误。

2. [单项选择题] 关于外国人来华工作许可的相关规定，说法错误的是（　　）。

A. 外国人在中国境内工作，应当按照规定取得工作许可和工作类居留证件

B. 外国人在中国境内工作，应年满16周岁

C. 任何单位和个人不得聘用未取得工作许可和工作类居留证件的外国人

D. 外国高端人才（A类）可不受学历限制

[解析] 申请人基本条件应年满18周岁，身体健康，无犯罪记录，境内有确定的用人单位，具有从事其工作所必需的专业技能或相适应的知识水平。B项错误。

答案：1. ABCE　2. B

亲爱的读者：

如果您对本书有任何 **感受、建议、纠错**，都可以告诉我们。

我们会精益求精，为您提供更好的产品和服务。

祝您顺利通过考试！

扫码参与问卷调查

经济师考试研究院